Otto Förster
Gernot Spielvogel
Gerhard Nägele

Auf der Suche nach dem Gold *der Kelten*

EIN HISTORISCHES ABENTEUER

15.03.03

WILHELM HEYNE VERLAG
MÜNCHEN

HEYNE SACHBUCH
19/806

Umwelthinweis:
Dieses Buch wurde auf chlor-
und säurefreiem Papier gedruckt.

Taschenbucherstausgabe 01/2002
Copyright © 1997 by Deutsche Verlags-Anstalt GmbH, Stuttgart
Wilhelm Heyne Verlag GmbH & Co. KG, München
http://www.heyne.de
Printed in Germany 2002
Umschlagillustration: Rheinisches Landesmuseum, Trier (oben);
Nikolaus Bürgin, Photostudion Koma, Basel (unten)
Umschlaggestaltung: Hauptmann und Kampa Werbeagentur, CH-Zug
Herstellung: Udo Brenner
Satz: Schaber Satz- und Datentechnik, Wels
Druck und Verarbeitung: Ebner Ulm

ISBN: 3-453-19726-7

Inhaltsverzeichnis

Die Geschichte eines Abenteuers 9

Eine seltsame Idee entsteht... 15

Auf literarischer Schatzsuche 28
Literaturperlen des 18. und 19. Jahrhunderts 29
Überraschendes aus antiken Quellen 31

Steckbrief des meistgesuchten Metalls 34
Wo das Gold herkommt 34
Gold: Fluch oder Segen? 37
Ein wenig Gold-Mineralogie 41
Transport, Ablagerung und Konzentration 44

Das Goldland der Kelten 48
Die Geschichte der Landschaft 48
Die Kelten: Herkunft und Sesshaftwerdung 52
Schöngeising: ein keltischer Mikrokosmos 60
Die Blütezeit der keltischen Kultur 78
Der Niedergang der keltischen Welt 87

Etwas über die Geschichte der Goldmetallurgie 95
»Traumstoff« Gold 95
5000 Jahre Goldmetallurgie 99
Gold als Werkstoff 103

Goldgewinnung, ein zeitloses Handwerk 106
Mittelalterliche Goldwäsche nördlich der Alpen 108
Neuzeitliche Goldgewinnung 114

Antike Goldproduktion 121
Ein Goldbergwerk in Ägypten 121
Goldgewinnung bei den Römern 123
Goldgewinnung bei den Kelten 130

Die Druiden und das göttliche Metall 137
Das traditionelle Bild des Druiden 137
Die keltischen Priester und das Gold 138
Macht und Gefahr des druidischen Wissens 145

Die Römer: Psychogramm eines Volkes 148
»Die Plünderer des Erdkreises« [Tacitus, Agr. 30,5] 148
Betroffene melden sich zu Wort 152

**Die Ära der Puritaner:
das »Goldene Zeitalter« Roms** 156
»Armes« Rom – nur 1000 Pfund Gold für die Kelten 156
Graue Wolken über der puritanischen Republik 160

**Caesar: Verschwender, Bankrotteur und
Kriegsverbrecher** 163
Korruption ist teuer 163
Goldreichtum, das Verhängnis der Gallier 166
Goldschwemme in Rom:
Inflation in Wirtschaft und Gesellschaft 174

Ein entscheidender Griff nach dem Eldorado 180
Die Alpen als natürliche Bastion Italiens 180
Die Besetzung der Alpenländer 181
Auftrag des Kaisers: Chefsache »Eldorado« 185

**»Der verfluchte Hunger nach Gold«
[Vergil, Aen. 3,57]** 195
Eine Kultur wird vernichtet 195
Wer war der Sieger? 198
Keltische Kulturelemente: beständig wie Gold 200

Anhang 207

Verzeichnis der zitierten antiken Quellen 208

Bibliographie 210
Wörtlich oder sinngemäß zitierte Literatur 210
Weiterführende Literatur 213

Abbildungsnachweis 216

Register 219

Die Geschichte eines Abenteuers

> »Das weitaus meiste Gold gibt es offensichtlich
> im Norden Europas.«
> HERODOT 3,116

Was der griechische Historiker vor fast 2500 Jahren so kurz und knapp festgehalten hat, wurde für uns drei Autoren dieses Buches Anlass zu einem einzigartigen Abenteuer, wie man es vielleicht nur einmal im Leben erfahren kann. Von diesem Abenteuer mit seinen ganzen aufregenden Hintergründen erzählt unser Buch, und gewiss wird sich niemand darüber wundern, dass angesichts der Vielfalt des Themas sowohl unsere Forschungen wie auch unser Bericht dazu nur von einem Team geleistet werden konnten. Unsere Gruppe bestand aus zwei Geologen/Mineralogen sowie einem Historiker und Archäologen, und neben historischen Dokumenten zogen wir zusätzlich Erkenntnisse und Methoden der Erdwissenschaften heran.

Es geht uns hier – der Buchtitel sagt es – um Gold, und zwar um solche Mengen des Edelmetalls, dass es einst geradezu einen Goldrausch ausgelöst hatte. Einer der Ausgangspunkte dieses Fiebers soll das nördliche Alpenvorland gewesen sein... Und das erscheint auf den ersten Blick doch kaum glaublich!

Wie viele Leute Gold unter ihren Füßen haben – wir meinen dies wörtlich! –, wissen wir nicht genau; aber es sind mehr, als wir zu träumen gewagt hätten. Denn es ist wirklich so, dass friedliche Landschaften und idyllische Naherholungsgebiete, an deren Waldrändern sich heute Fuchs und Hase gute Nacht sagen, noch vor wenigen hundert Jahren Quellen vielversprechenden Reichtums waren – und vor etwa 2000 Jahren sogar heiß umkämpfte Plätze, Orte, an denen Weltgeschichte geschrieben worden ist!

Dass in den Flüssen des Voralpenlandes Gold gewaschen wurde, ist schon lange bekannt; das gilt auch für Rhein und Donau, und an Böhmen und das Sudetengebiet erinnert man sich in diesem Zusammenhang ebenfalls. Wenn Informierte und Kritiker angesichts der Geringfügigkeit der Goldvorkommen vielleicht lächeln mögen, so gestehen wir gerne, dass es uns zunächst ähnlich erging; auch wir taten die süddeutsche Goldwäscherei als heimatkundliche Kuriosität ab. Aber vor vielen Jahrhunderten war das anders – wirklich ganz anders!

Wir werden in diesem Buch zeigen, warum heutzutage die Goldausbeute in den Flüssen nicht mehr besonders groß sein kann. Wir werden aber auch zeigen, wo es auch jetzt noch lohnend wäre, zu suchen, zu graben und zu waschen.

Wenn Sie in Österreich, der Schweiz, in Süddeutschland, am Rhein oder in Böhmen leben, sind Sie jedenfalls mitten in einem ehemaligen Eldorado im wörtlichen Sinn! Lassen Sie diese Aussage ruhig etwas auf sich wirken…

1851 wurde Gold in Australien gefunden, und eine Einwanderungswelle begann. Und wer dächte nicht auch an den berühmten kalifornischen Goldrausch von 1848, bei dem übrigens, als nicht minder goldenes Nebenprodukt, die Jeans erfunden wurden.

Um die Jahrhundertwende gaben sich darum Glücksritter, Abenteurer, Salonlöwen und ganz »normale« Menschen aus allen Ecken der Welt ein unvergessenes Stelldichein beim Klondike Goldrush am Yukon River nahe Dawson City. Und bald darauf griff das Goldfieber auf Alaska über, den ganzen Yukon entlang, und fand seinen Höhepunkt an der Küste des Beringmeers bei der Ortschaft Nome. Doch dies war nicht der einzige berühmte Goldrausch…

Im tropischen Süden, in Brasilien, begann er in den achtziger Jahren des vorigen Jahrhunderts, als man Gold im Amazonasgebiet fand, das man auch heute noch abbaut. Diese Goldgräber-Szene ist zwar nicht so international wie die beim Klondike Goldrush, doch umso tragischer, denn hier schuften Sklaven, auch Kindersklaven. Ein Mitglied unseres Autorenteams sah dies mit eigenen Augen.

Gleichfalls national geprägt, und mit allen Merkmalen eines echten Goldrausches, ist die Goldsuche auf den Philippinen. Man konnte im Fernsehen Bilder sehen, die auf chaotische Verhältnisse schließen lassen. Fluch des Goldes?

Auch den Buren in Südafrika hatte der Goldreichtum kein Glück gebracht, dafür ihren Nachkommen. Bei ihnen ist die Goldgewinnung professionell und wird industriell betrieben. Bis etwa 1985 produzierten die Minen vom südafrikanischen Witwatersrand $^2/_3$ der Weltförderung!

Unter welchen Bedingungen dies zustandekommt, werden wir schildern: einer von uns arbeitete eine Zeit lang in der tiefsten Mine der Welt in Südafrika, um diese moderne Abbautechnik mit eigenen Augen sehen zu können. Heute ist das Gold aus solchen Minen, z.B. aus Western Deep Levels, jedoch oft zu teuer. Deshalb haben Länder wie Russland, Australien, die USA und Kanada auf Gold-Tagebergbau an der Erdoberfläche umgestellt, um wieder größere Fördermengen erzeugen zu können.

Gegen moderne industrielle Goldförderung sind die in frühgeschichtlichen und historischen Zeiten gewonnenen Mengen natürlich klein, doch waren sie für die damaligen Kulturen bedeutend genug.

Doch auch im weltberühmten Klondike bei Dawson City wurde in jenen turbulenten Jahren weitaus weniger Gold gefunden als heutzutage! Aber wer, außer Insidern, spricht deshalb heutzutage von einem Goldrausch am kanadischen Yukon? (Auch hier war eines unserer Teammitglieder vor Ort.)

Blicken wir in die Vergangenheit zurück und denken an Gold aus geschichtlich überlieferter Zeit, so kommen uns gewiss Stellen der Bibel in den Sinn.

So war Ägypten mit Gold gesegnet, die Schätze König Salomons waren berühmt, und gelegentlich wird im Alten Testament auch das geheimnisvolle Goldland Ophir erwähnt. Biblische Erzählungen bezeugen auch, wie Gold die Menschen verderben kann, doch muss es daneben Völker gegeben haben, denen Gold nicht den Verstand raubte: »Seht, ich biete gegen sie die Meder auf, die das Silber nicht achten und auch das Gold nicht begehren« heißt es im Alten Testament bei Jesaja [13,17].

Sozusagen alle Nationen und Reiche am Mittelmeer schätzten jedoch das Metall der Metalle. Ein Beleg ist etwa die Argonautensage, eine der berühmtesten Abenteuergeschichten der antiken Mythologie, welche davon erzählt, wie Jason das Goldene Vlies sucht und erbeutet. Oder dann die lange für übertrieben gehaltenen Schilderungen des Goldschatzes Philipps II. von Makedonien, des Vaters Alexanders des Großen, bis man dann 1977, als archäologische Bestätigung dieser Sagen, im nordgriechischen Vergina das Grab des Königs mit seinen prachtvollen goldenen Kunstwerken entdeckte.

Berühmt für ihren Goldreichtum und ihr handwerkliches Können waren auch die Skythen, ein Reitervolk aus der ukrainischen Steppe, und ein weiteres Beispiel für die Faszination des Goldes ist die Sage vom phrygischen König Midas, dem alles, was er berührte, zu Gold wurde.

Auf andere Weise wurde das Gold den Indianerkulturen Mittel- und Südamerikas zum Verhängnis. 1531 hatte Francisco Pizzarro das Inkareich erobert, und von da an raubte, plünderte und mordete die spanische Conquista.

Tonnenweise wurde Gold nach Spanien verfrachtet, und es schien kein Einhalten zu geben; unbeirrt suchte man nach dem »wirklich reichen« Goldland, dem sagenhaften Eldorado.

Doch wie steht es mit dem europäischen Eldorado, von dem bereits kurz die Rede war? Gewiss hätten auch Kenner der abendländischen Geschichte während langer Zeit kaum gedacht, dass Kelten bereits vor 2500 Jahren im Norden der damaligen Welt (möglicherweise nicht weit von Ihrer Haustür) Gold förderten und kunstvoll bearbeiteten! Und warum wohl schickte Rom seine Elitetruppen über die Alpen – wirklich nur, um aufsässige Einheimische zu »befrieden«?

Jedenfalls werden sich Vorstellungen, die man bei uns seit Jahrhunderten als gesichert ansah, neuerdings nicht selten als Trugbilder erweisen.

Wenn es heutigen Geologen oder Historikern möglich wäre, per Zeitmaschine Kollegen aus dem 18. oder 19. Jahrhundert zu besuchen, dann würden sie dort wegen ihrer Ansichten wohl nicht ernstgenommen oder sogar in psychiatrische Behandlung gebracht: etwa sich die Kelten als zivilisierte Menschen mit beachtlichen Kulturleistungen vorzustellen, hätte früher, während langer Zeit, nur Heiterkeit erregt. Einmal von antiken Autoren als Barbaren abgestempelt, behielten sie ihr negatives Image über Jahrhunderte. Dass sie jedoch hervorragende Spezialisten auf vielen Gebieten besaßen, beginnt erst in jüngerer Zeit deutlich zu werden.

Schriftliche Aufzeichnungen sind wohl das A und O der Geschichte, doch wer weiß, ob nicht gerade das Wichtigste gar nicht aufgeschrieben wurde – oder werden durfte…?

Wenn darum keine Aufzeichnungen vorliegen, muss die Archäologie stärker herangezogen werden. Doch Bruchstücke und geringe Spuren können auch nur ein grobes Bild einer Kultur vermitteln! Doch: liefern nur Bodenfunde wirklich die besten Informationen über eine Zivilisation?

Um uns davon eine Vorstellung zu machen, müssen wir darum, über solche Funde hinaus, sehr oft Bilder entwerfen – und zwar mit unserer Phantasie, welche Fehlendes sinnvoll ergänzen und eine lebendige Vorstellung vermitteln muss.

Und dazu noch folgende Überlegung, die gar nicht so selbstverständlich ist: Wenn wir es mit ehemals lebendigen Strukturen zu tun haben, mit Pflanzen, Tieren, Menschen oder Gesellschaften, müssen wir das einst *Lebendige* an die *erste* Stelle setzen! Dies gilt für viele Fachbereiche der Wissenschaften:

– *Geologie* beschäftigt sich sozusagen mit Landschaftsfriedhöfen: mit Bergen, Seen oder Meeren; sie interessiert sich zudem für Fossilien, also für tote Lebewesen.

– Auch die *Archäologie* arbeitet im wesentlichen auf »Friedhöfen«, den Schauplätzen vergangener Kulturen.

– Und Aufzeichnungen in *historischen Quellen* handeln ebenfalls von Vergangenem, welches oft bis in unsere Zeit weiterwirkt.

Das mag alles stimmen, doch gilt auch, dass wir mit »Friedhofspaziergängen« allein nicht weiterkommen, sondern uns immer wieder mit dem Leben selbst befassen müssen.

In der Geologie leistet dies der »Aktualismus«: Man beobachtet, was heute an Ort und Stelle geschieht, und schließt auf frühere Vorgänge.

Unser Bericht vom vergessenen Eldorado der Antike soll darum mit dem Zitat eines Kenners der alten Welt beginnen, einem Mann, der das reiche Ägypten ums Jahr 424 v. Chr. bereiste und von den goldgesegneten Skythen berichtete: mit Herodot, den schon Cicero den Vater der Geschichtsschreibung nannte: *»Das weitaus meiste Gold gibt es offensichtlich im Norden Europas.«* [Herodot 3,116]

Eine seltsame Idee entsteht...

Bei strahlendem Herbstwetter flanierten zwei Spaziergänger am östlichen Ufer der Amper in Bayern, zwischen den kleinen Orten Schöngeising und Wildenroth. Es waren die Geologen Otto Förster, einer der Mitautoren dieses Buches, und Toni Heinzinger. Dem Trubel an den Ufern des nahegelegenen bayerischen Ammersees, der die Amper speist, waren sie ausgewichen und befanden sich nun in einer ruhigen Gegend.

Als sie die Gräben und Wälle der Sunderburg hinter sich zurückgelassen hatten, kam ihr Gespräch auf Kelten, Römer und Bajuwaren, die hier, an der steil abfallenden Amperschlucht, einst gewohnt hatten.

Doch trotz dieser ruhigen Umgebung wirkten in der Erinnerung der beiden Geologen noch immer Bilder und Eindrücke von lärmigen und unheimlichen Orten nach, an denen sie noch vor kurzer Zeit gearbeitet hatten: Goldminen und Goldfelder in Afrika und Brasilien.

Otto Förster glaubte immer noch, das flaue Gefühl im Magen zu spüren, wenn der Förderkorb ruckte und anfing, ein paar Männer mit 60 km/h durch einen über 2000 Meter tiefen Schacht in die tiefste Goldmine der Welt zu transportieren. Und noch einen Rekord gab es hier in Südafrika: Der Förderkorb hing an einem zwei km langen Stahlkabel, dem längsten freitragenden Stahlkabel der Welt!

Weit sichtbar liefen die Förderräder im Maschinenturm der Mine »Western Deep Levels«, Lokomotiven setzten sich oben in Bewegung, gewaltige Seiltrommeln mit mehreren Dezimeter dicken, mehrfach geflochtenen Stahlseilen rotierten; riesige Tur-

binen, die Bewetterungsanlagen, pumpten mit Orkanstärke Luft in die Schächte und Stollen.

Lichter flammten auf, gaben den Blick frei auf Stahlgitter, Gleise, Bagger, Förderbänder und schier endlose Lorenzüge. Menschen in schmutziger Arbeitskleidung nahm man erst später wahr: Zwerge in einer Gigantenwelt. Brüllender Lärm brach sich mehrfach in dunklen, feuchten Tunnels, stickige, übelriechende Dunstwolken erschwerten das Atmen. In nur wenigen Augenblicken waren alle und alles klatschnass.

In eine unterirdische Stadt fuhren sie, eine vor Aktivität vibrierende Industriestadt, in der die Produktionsviertel durch Schächte und Stollen verbunden waren. Es gab hier Stellwerke, Güter- und Rangierbahnhöfe, es gab Hunderte von Kilometern Schienennetz, auf denen Schmalspurbahnen die Bergleute, Güter und Erze beförderten. Über die gähnenden Abgründe mancher Kavernen und tiefer führender, stockdunkler Schächte liefen Sessellifte.

Sekunde um Sekunde verstrich. In einem unheimlichen Takt folgten die Stationen mit dem monströsen mechanischen Leben. Wärmer und wärmer strahlten die Felswände; lastender legte sich der Luftdruck auf die Brust. Nach nur zwei Minuten in über 2000 Metern Tiefe – einem Sturz vergleichbar – wich das krampfhafte Atmen einem gepressten Keuchen. Schweißgebadet war das Prospektionsteam im Förderkorb, und man munterte sich gegenseitig auf, um der nun spürbaren Erdwärme standzuhalten: beinahe 50°C.

Der stählerne Lift ruckte, das Ende des Förderschachtes war erreicht. Aber an rasches Aussteigen war nicht zu denken, da der Förderkorb an dem 2 km langen Stahlkabel wie an einem Gummiseil fast eine Minute auf und ab schwang. Endlich stand er still. Doch ihr Ziel hatten sie noch lange nicht erreicht. Zu Fuß gelangten die zwei Geologen und zwei Assistenten über Seitenstollen bald noch tiefer. Weiter ging es mit einer Schmalspurbahn, dann im Sessellift, und zuletzt erreichten sie per Schrägaufzug die Zielebene in 3000 Metern Tiefe. Die Bewetterungsanlage hatte hier größte Mühe, die Umgebung auf 40°C Arbeitstemperatur herabzukühlen. Druckdoppeltüren galt es zu überwinden, zwischen denen dunkles Wasser nicht nur durchwatet, sondern manchmal durchtaucht werden musste.

Nach zwei Stunden erreichten sie endlich das Ende der unterirdischen Stadt. Selbst die in weiten Abständen leuchtenden Grubenlichter gab es nicht mehr, jetzt mussten sie mit den Helmlampen auskommen.

Nur wenige Minuten konnten sie hier unten bleiben; jeder Handgriff war vorher wohl durchdacht worden, und trotz der jetzt einsetzenden bleiernen Müdigkeit galt es rasch zu arbeiten.

Dunkel glänzten die triefenden, grob behauenen Wände zum Forschungsstollen. Noch versprachen Markierungen und einzelne Rohre der Bewetterungsanlage und Energieversorgung Verbindung zur lebensbewahrenden Maschinerie. Eine Stahlwand versperrte den Weg. Hinter dem Schleusentor schien es direkt ins Innere der Erde zu gehen.

Abb. 1: Untertage im Goldbergwerk in Südafrika. Bergleute vor Ort stopfen Dynamit in die Sprenglöcher. Der Abbau ist nur etwa 80 cm hoch, um mit dem Golderz möglichst wenig taubes Gestein zu fördern.

Als die Schleusentür aufschwang, strömte ihnen ein Schwall dunklen Wassers entgegen. Rasch durchstieg Otto Förster die Öffnung. Bis zum Bauch reichte ihm das über 40°C warme Grubenwasser; die Luft, oder besser: der Wasserdampf, erreichte fast 60°C. Die Schleuse wurde geschlossen. Nur der schwankende Strahl der Helmlampe tastete noch nach der Wand, aus der er Proben holen wollte. Kein Schimmern oder Leuchten im Gestein half, die aufkeimende Panik zu bezwingen; das reichlich vorhandene Gold war nicht mit freiem Auge zu sehen.

Wie in Trance bearbeitete er die nur Millimeter dünnen Kohlelagen, die Basis der weltberühmten Goldkonglomerate des Witwatersrands: jüngstes Archaikum, 2,7 bis 2,8 Milliarden Jahre alt.

Solche Bedingungen verband Otto Förster, einer unserer beiden Spaziergänger an der Amper, mit Goldförderung, doch niemals hätte er erwartet, was ihm in wenigen Minuten begegnen sollte...

Toni Heinzinger, sein Begleiter, war gleichfalls in Gedanken: ihn suchten Erinnerungen an Zaire heim:

Deutlich konnte er noch jetzt hören, wie die Mitglieder seines Expeditionstrupps um seine Ausrüstung und seine privaten Gegenstände würfelten und schacherten. In Zaire, und noch dazu im Busch, sind die Lebensumstände eben anders als im weit entfernten Europa – man könne ja berichten, Mr. Heinzinger sei von Guerillas überfallen worden oder mit dem Geländewagen in eine unzugängliche Schlucht gestürzt... Mehrere Vorschläge solcher Art musste der kranke Toni Heinzinger mitanhören; man redete sehr laut, manchmal sogar erregt, denn Sterbende im Malaria-Fieberkoma sind üblicherweise nicht mehr fähig, ihre Umgebung wahrzunehmen. Der »Sterbende« geriet jedoch in Wut und beschloss, seinen Mitarbeitern einen Strich durch die Rechnung zu machen.

Er musste auflachen, als er sich an die völlig verblüfften und zu Tode erschrockenen Gestalten erinnerte, die nicht begreifen konnten, dass der vermeintlich Sterbende in der Lage war aufzustehen, und auf sie zukam.

Dann rückten wieder andere Szenen in sein Bewusstsein: weite, unberührte Hügel und Täler mit roter Erde, grünem Busch, mäandrierenden Bächen und nicht weit davon Grube an Grube und Graben neben Graben, in denen dunkelhäutige Menschen arbeiteten. Man durchsuchte das verwitterte Gestein der umliegenden Hügel, der Alluvionen, nach Zinnstein, diversen Schwermineralen – und Gold. Keine zwei Meter tief reichten gewöhnlich die Gräben, und die aufgeworfenen Wälle maßen selten über eineinhalb Meter Höhe.

Solche Übertage-Felder hatte er schon öfter gesehen. Bilder von den Diamanten- und Goldfeldern Brasiliens kamen ihm in den Sinn. Wie verbissen dort die Alluvionen durchwühlt wurden! Die Mineros glichen eher Arbeitssklaven als modernen Tagebergbauarbeitern. Sklavenarbeit am Ende des 20. Jahrhunderts? Toni Heinzinger nickte grimmig, er wusste genau, dass es dort noch Sklaven gab, besonders Kindersklaven.

Wieder kehrten seine Gedanken nach Afrika zurück, er sah Schaufeln, Schubkarren, Siebe und Waschbänke, Waschpfannen und Gefäße, in denen feine dunkle Sande mit Quecksilber vermischt und vom Gold getrennt wurden. Das Gold-Quecksilber-Gemisch wurde über Feuer erhitzt, bis sich Edelmetall ausschied...

Der Weg führte die beiden Wanderer nun hinab in einen dichten Mischwald, in dem Fichten überwogen. Otto Förster deutete lachend auf einen Wegweiser: »Zu den Opfersteinen« stand auf dem weißgestrichenen Holzpfeil. Die beiden kannten die tonnenschweren Steine, die von einigen Leuten der Umgebung für bronzezeitliche Kultsteine gehalten wurden.

Als sie auf dem Trampelpfad zu den zwei Felsbrocken kamen, blieb Toni Heinzinger immer wieder stehen, blickte um sich und schüttelte den Kopf.

»Otto, sieh dir das an, diese Gräben und Wälle! Wenn wir jetzt in Zaire oder Brasilien wären, würde ich sagen: Hier ist nach Gold gesucht worden!«

Abb. 2: Die »Opfersteine« auf einer der Altterrassen der Amper südwestlich Schöngeising. Die eiszeitlichen Findlinge liegen am Südrand des dortigen Goldfelds. Auf dem mächtigeren der beiden Blöcke sitzt zum Größenvergleich Otto Förster.

Dass an einigen bayerischen Flüssen vor Jahrhunderten Seifengold gewaschen wurde, wussten sie bereits seit ihren Studentenjahren. Dabei war aber nie von der Amper die Rede gewesen. Und abgesehen davon: Wer sollte so hoch oben in den Steilhängen, auf den Altterrassen des Flusses nach Gold gesucht haben?

Wochen später: ein bleigrauer Himmel lag über den Auenwäldern, es nieselte. Niemand war auf den Feldwegen zur malerischen Amperschlucht unterwegs, die Parkplätze waren leer. Erst übermorgen sollte laut Wettervorhersage wieder schönes Sommerwetter einkehren. Die beiden schwer bepackten Männer mussten nicht damit rechnen, dass ihnen Forstbeamte, Bauern oder Spaziergänger begegnen würden.

Abenteuerlich wirkten sie in ihren Parkas und Gummistiefeln, beladen mit Hacken und Schaufeln, Eimern und Schüsseln. Der etwa eineinhalb Meter lange Aluminiumkasten hätte Aufmerksame misstrauisch machen können. Wenn aber jemand erst ihre gesamte Ausrüstung gesehen hätte...

Obwohl schwer bepackt, schritt Otto Förster kräftig aus. Er hatte vor, etwa einen Kubikmeter Geröll auszuwaschen. Sein Begleiter war dieses Mal Gernot Spielvogel-Herrmann, ebenfalls Geologe, der es kaum erwarten konnte, den vielen Gesprächen und Plänen der letzten Wochen nun endlich Taten folgen zu lassen. Lächelnd blickte er auf seine alte Goldwaschpfanne. Zumindest Erinnerungen konnte er hier auffrischen, obschon die Umgebung gar nicht den Orten in Kanada ähnelte, an denen er zum ersten Mal mit Goldgewinnung in Berührung gekommen war.

Längst hatte er die Straße nach Dawson City verlassen und folgte zunächst den Wegen, dann den Pfaden durch die Klondike Claims. Einen Bonanza Creek und Discovery Creek gibt es wirklich! Vor Monaten noch befand er sich selbst an den Plätzen, wo das Prospektorenteam George Carmack, Jim Slookum und Charlie Tagish 1896 den berühmten Klondike Goldrush ausgelöst hatte. Es gefiel ihm besser, die mäandrierenden Bäche inmitten schier undurchdringlicher Weidendickichte, Birkenhaine und Erlengruppen zu verfolgen, als auf den haushohen Kieshalden der Riesenbagger aus den 20er und 30er Jahren Fotos vom Umweltfrevel zu machen.

Verfallene Blockhäuser tauchten wie Geisterbehausungen mitten im Busch auf, bald stand er vor alten verrosteten Rädern, Trommeln und Siebeinrichtungen oder zusammengebrochenen hölzernen Wasserleitungen. Den großen Traum vom schnellen Reichtum hatte nur ein völlig intakter Briefkasten an einem Pfahl überlebt; die Reste des Blockhauses, der Nebengebäude und diverser Ausrüstungsgegenstände dagegen steckten in einem überwachsenen Müllhaufen.

Doch rasch endete dieser Goldrausch-Nostalgie-Spaziergang, wenn er einen aktiven Claim betreten wollte – und von den Arbeitern dort wider Erwarten eingeladen wurde. Denn vor den meisten Claims verhinderten Verbotsschilder und Einschüchterungsplakate jeden Annäherungsversuch.

Brüllender Maschinenlärm durchbrach die Auenwaldidylle. Mit Hochdruckspritzen wurden Geröll und Sand aufgespült, in Rotationstrommeln polterte grober Kies, Planierraupen rasselten, Siebanlagen rüttelten, Wasser spritzte – Arbeitsaufruhr, nicht stunden-, sondern monatelang, ohne Pause. Man arbeitete rund um die Uhr ohne Schlaf bis zur völligen Erschöpfung. Die langen hellen Tage des hohen Nordens musste man nutzen, und bald würden Temperaturen unter –30°C alle Aktivitäten zum Erliegen bringen. Das ist Goldrausch heute!

Auf den Klondike Goldfields und um Dawson City wird heute mehr Gold gefunden als während des berühmten historischen Goldrauschs, und entlang des Yukon River kann man immer noch neue Claims finden. Einige Male unterbrach darum Gernot Spielvogel-Herrmann seine Kajakexpedition auf dem Yukon, um in den Nebenflüssen und ihren Bächen ein wenig Gold zu waschen. Fast jedes Mal fand er ein paar Goldflitterchen in seiner Waschpfanne...

Und nun, hier im bayerischen Ausflugsgebiet, weit weg von Kanada und Alaska: Führten sie sich denn nicht selbst an der Nase herum?

Dort, wo am Waldrand ein schmaler Bach fließt, hinter dem der Hang zur Amperschlucht ansteigt, hielten sie an und legten ihre Last ab. Den eineinhalb Meter langen, 30 Zentimeter breiten Aluminiumkasten verlängerten sie durch einen Auszug um einen halben Meter und platzierten diese »Waschbank« so im Bach, dass das strömende Wasser gerade ausreiche, um eine Schaufel Kies durchzuspülen.

Unterhalb eines Gitters am Boden der Waschbank verfingen sich feiner Sand und schwere Mineralkörner zwischen den Härchen eines dichten Wollfließes. Das darauf haftende Material füllten sie in die Goldwaschpfannen, wuschen es mit kreisenden Bewegungen am Rand des Baches aus, bis feiner dunkler Sand auf dem Boden der Pfanne zurückblieb. Mit Plastikflaschen, an

Abb. 3: Goldwäsche in einem Bach am Waldrand südwestlich Schöngeising am Fuß der Amperhöhen. Die Prospektions-Waschbank ist an einem kleinen natürlichen Stau im Bach befestigt. Das Wasser spült auf dem oberen Teil der Bank geschütteten Kies über das Gitter. Die Schwermineralkörner und die Goldflitter fallen hindurch und bleiben im darunter liegenden Vlies haften.

Abb. 4: Wenn etwa 3 Eimer Sand in der Waschbank durchgearbeitet sind, wird das Vlies in einem Gefäß gründlich ausgespült, sodass sich der Sand mit den Schwermineralien herauslöst. Dieser Rückstand wird in einer Goldwaschpfanne solange ausgewaschen, bis nur noch das bräunlich rötliche Schwermineralkonzentrat mit dem Gold übrig ist.

denen feine Spritzdüsen steckten, spülten sie behutsam die Bodensätze in kleine, verschließbare Glasröhrchen.

Zuerst wandten sie dieses Verfahren beim Bodenmaterial des Baches an, dann bei Kies aus dem Hang. Eimer um Eimer trugen sie zur Waschbank und wiederholten stundenlang die Prozedur.

Die Plackerei wurde schon fast selbstverständlich – und keiner der beiden stellte mehr ihr Tun infrage. Beginnt so das Goldfieber?

Tage später: Auf dem Mikroskoptisch leuchtet eine gläserne Schale unter dem hellen Licht der Lampe. »Gernot, bitte schau doch mal durchs Okular. Rechts oben, oberhalb des Visiers! Was siehst du?«

»Donnerwetter! Mensch, Otto – das ist Gold! Gold!«

Jetzt waren die beiden überzeugt: Es gibt dort tatsächlich Gold, Gold am Hochufer eines oberbayerischen Flusses! Toni Heinzinger hatte sich nicht geirrt – vor den Toren Münchens liegen Goldfelder.

In den folgenden Wochen durchsuchte Otto Förster lokale Chroniken auf Erwähnungen oder Daten über Goldwäsche an der Amper. Doch auch die Befragung alter Einwohner im Raum Wildenroth und Schöngeising brachte dasselbe Ergebnis: nichts, nicht die geringste Erwähnung und keinerlei Erinnerung.

Mittlerweile beschäftigten auffällige Zusammenhänge (oder eher Ahnungen) die beiden Geologen, die sie immer wieder zu den Resten von Römerstraßen, Befestigungsanlagen und Grabhügeln nach Schöngeising trieben. Standen diese Relikte vielleicht in einem Zusammenhang mit den Spuren des Tagebergbaus? Und war es Zufall, dass diese »Opfersteine« mitten im durchwühlten Gelände hoch über der Amper lagen?

Kelten hatten in den Jahrhunderten vor der Zeitenwende das Voralpenland bewohnt. Kelten waren berühmt für ihren goldenen Schmuck und ihre Goldmünzen. Woher kam aber das viele Edelmetall?

Da es in Süddeutschland so gut wie keine Goldminen gab, war zu vermuten, dass die Kelten das Metall aus Flüssen, von Flussufern und im Tagebergbau gewannen. Vor allem durchsuchten sie wohl die Kiesfächer in den Flussbetten, wie es auch im Mittelalter und bis in die Neuzeit üblich war.

Aber warum wurden die alten Flussterrassen weit oberhalb des Flusses durchgewaschen? Wussten die Kelten etwa schon, dass auch in jenen Schichten, die von den Geologen als Tertiär und Obere Meeresmolasse bezeichnet werden, Gold verborgen ist?

Fragen über Fragen drängten sich auf. Am Ende trieben die zwei Forscher ihre Spekulationen so weit, auch die Grabhügel und die Reste der *Sunderburg* mit den umliegenden Goldgewinnungsspuren in Verbindung zu bringen.

Um aber nicht in einem Dickicht aus Hypothesen zu enden, beschlossen sie, einen Geschichtswissenschaftler um Rat zu fragen.

Glücklicherweise kannte Otto Förster einen promovierten Historiker, Gerhard Nägele, der sich ausführlich mit Prähistorie, provinzialrömischer Geschichte und Archäologie beschäftigt hatte. Deshalb war er auch an Kelten und Römern in Bayern besonders interessiert.

Zu dritt standen sie diesmal bei den »Opfersteinen«, und Otto Förster erklärte, warum es sich bei den Graben- und Wallformen nicht um Windbruchspuren handeln könne. Er demonstrierte am Beispiel des schrägen Wurzelbodens einer umgestürzten Fichte, dass Windbrüche Löcher mit einer Art »Luv-« und »Leeseite« hinterlassen. Dadurch könne man sie eindeutig von ausgehobenen Gräben und Aufschüttungen unterscheiden. Besonders eindringlich wies er auf sicherlich jahrzehntealte Windbruchspuren und ihre »Luv- und Lee-Charakteristik« hin.

Gerhard Nägele nickte, aber die skeptische Falte über seiner Nasenwurzel wollte sich nicht glätten. Ihn beschäftigte im Moment mehr der ungeklärte Ursprung der Opfersteine.

Nachdem Otto Förster gezeigt hatte, dass das Material der aufgeworfenen Hügelformen deutlich grober war als in den aufgerissenen Windbrüchen, ja dass in den Hügeln das Sandmaterial fast ganz fehlte, meinte Gerhard Nägele:

»Gut, in Ordnung, das mit den Grabungsstrukturen kann ich nachvollziehen. Aber diese Steine dort... Ich habe selbst gehört, wie sie ein phantasiereicher Heimatforscher als vorgeschichtliche Opfersteine interpretiert hat. Diese Rinnen hier können aber auch als Reibespuren von Ketten gedeutet werden und nicht als Blutrinnen. In einem Zeitungsartikel las ich vor Jahren, dass im vorigen Jahrhundert ein Bauunternehmer aus der Gegend die Steine per Fuhrwerk abtransportieren wollte.«

Aus der Traum von den Opferzeremonien keltischer Druiden, die auf tonnenschweren Menhiren ihre Götter gnädig stimmen wollten. Auch die anderen Spekulationen schienen damit hinfällig zu werden. Die Illusionen wichen der Realität.

Trotzdem zeigten die zwei Geologen dem Historiker noch ihr selbstgewaschenes Ampergold. Und Gerhard Nägele kam nicht mehr los von der Idee. Denn noch nie hatte er die zweifellos vorhandene Römerstraße, die Römersiedlung in Schöngeising, die Relikte der Keltenburg, die keltischen Viereckschanzen in der Nähe und die zahlreichen Grabhügel in einem großen Zusammenhang mit möglichen Goldfeldern betrachtet. Da geriet in seinem Geschichtsbild vieles in Bewegung.

Nochmals ließ er sich die Spuren der einstigen Metallsucher zeigen, dieses Mal rings um die nahegelegenen Grabhügel. Dann stiegen sie hinauf zu den Wällen und Gräben der *Sunderburg*...

Schon weniger skeptisch klang sein: »Allmählich kann ich mir vorstellen, dass alle diese Überreste und Spuren alle miteinander zu tun haben. So habe ich das Ganze noch gar nicht betrachtet. Die Befestigungsanlagen hat man sicher zum Schutz angelegt, warum nicht zum Schutz von Goldfeldern? Der Fall beginnt mich zu interessieren – ich bin dabei. Morgen mache ich mich auf die Suche nach einschlägiger Literatur.«

Auf literarischer Schatzsuche

Gerhard Nägeles Aufgabe war nicht leicht: Da waren die beiden Geologen auf eine Idee gekommen, die zwar faszinierte, für die er aber auf Anhieb keine historischen Belege kannte. Zugegeben: die beiden hatten einen großen Fisch an der Angel, doch ohne seine Hilfe konnten sie den kapitalen Brocken nicht an Land ziehen. Von ihm erwarteten sie nun, dass er zu ihren Hypothesen konkrete Belege finde. Das Ganze hatte zunächst mehr mit Detektiv-Instinkt als mit wissenschaftlicher Arbeit zu tun. Was ließ sich zum Thema zunächst finden? Lediglich ein Aufsatz aus einer Numismatikerzeitschrift, in dem über alte Münzen berichtet wird, die aus süddeutschem Flussgold geprägt worden waren.

Deshalb führte sein nächster Weg in die Bayerische Staatsbibliothek in München. Wie viele Bücher hatte er hier vor Jahren für seine Studien entliehen! Manche wichtigen Bände konnte er gewiss noch aus dem Gedächtnis bestellen, wenn…

Ja, wenn man ihn ließe! Denn das alte System war vor einiger Zeit durch ein elektronisches ersetzt worden. Auch hier hatten sich Computer eingeschlichen! Und der Meister war wieder zum Lehrling geworden…

Auf Verdacht bestellte er. Er erzählte später, er habe sozusagen einen ungezielten Schrotschuss abgegeben… Doch nach einigen vergeblichen Versuchen lieferte ihm der Computer wider Erwarten sinnvolle Daten.

Acht Bücher standen zunächst auf seiner Wunschliste. Nach ein paar Tagen bekam er fünf. Drei davon waren Treffer, die zwei anderen hatten mit seinen Bestellungen überhaupt nichts zu tun… Der Ausspruch eines Journalisten über seine Erfahrungen mit dem Computer kam ihm in den Sinn: »Es geht schneller, aber es dauert länger.«

Daheim in seinem Arbeitszimmer gab es weitere Überraschungen: Bei der Durchsicht seiner eigenen Literatursammlung entdeckte er einige wichtige Hinweise, und antike Autoren, die er vorher noch nie befragt hatte, gaben jetzt plötzlich eine Reihe einschlägiger Auskünfte. Das Edelmetall erwies sich als neuer Schlüssel zu wichtigen historischen Zusammenhängen, die er bisher zu wenig beachtet hatte: Gold als »Sesam-öffne-dich«.

Kurze Zeit später traf sich das Team erneut. Als Gerhard Nägele mit seinen verschiedenen Büchern erschien, war klar, dass jetzt ein Marathonlauf beginnen würde. Die zwei Bücherstapel auf Otto Försters Arbeitstisch waren nur der Anfang...

Literaturperlen des 18. und 19. Jahrhunderts

Auch wenn die Büchersuche der ersten Wochen Überraschungen lieferte, glich das Ergebnis nur ein paar Goldflittern oder höchstens einem winzigen Häufchen Goldstaub.

Denn noch immer war die Frage ungeklärt, ob an der Amper tatsächlich Gold gewaschen wurde. Das zweite Problem war: Selbst wenn es gelänge, keltische Goldwäsche im nördlichen Alpenvorland nachzuweisen – wie war es dann möglich, dass die Goldsucher der letzten Jahrhunderte die fundträchtigen Stellen wiederfanden? Konnte man von einer Kontinuität ausgehen, oder war alles dem Zufall überlassen?

Die anschwellende Literatur half zunächst wenig bei der Beantwortung der wichtigsten Fragen, und so waren Spekulationen wieder Tür und Tor geöffnet. Der eine dachte an verstecktes Archivmaterial, der andere träumte von geheimen Beständen einer aufgelösten Klosterbibliothek, die irgendwo ein trauriges Dasein fristeten. Ausgedehnte Diskussionen ließen zwar manches deutlicher werden, aber das zentrale Thema der Untersuchungen wurde mehr und mehr von Phantasien überwuchert.

Und dann lag er eines Tages auf dem Schreibtisch: der Jahresbericht der Geographischen Gesellschaft München aus dem Jahr 1880, darin ein längerer Aufsatz mit dem vielversprechenden

Titel: »Die Goldwäscherei an den südbayerischen Flüssen«. Eine kleine Sensation für das Team, denn hier wurden vom Autor Alois Geistbeck viele ungelöste Fragen beantwortet.

Dabei begann der Text gar nicht vielversprechend: »Mit dem edelsten aller Metalle, dem Golde, ist Deutschland von der Natur nur spärlich bedacht worden.« [19:91]

Doch die schon wieder nagenden Zweifel wurden bereits durch den letzten Satz auf der ersten Seite des Aufsatzes zerstreut: »Indess lehrt schon die ehedem größere Verbreitung der Goldbergwerke und Goldwäschereien in Deutschland..., dass die Goldausbeute früher bedeutend größer gewesen sein muss als heute.« [19:91]

Das klang ermutigend! Und Alois Geistbeck hielt auch, was er im Titel seines Aufsatzes versprach. Er lieferte ausführliche Informationen bis zurück ins 7. Jahrhundert. Und mit einem Schlag waren die Probleme hinsichtlich der Kontinuität der süddeutschen Goldgewinnung beseitigt.

Ähnlich ging es mit der Frage nach Goldwäsche an der Amper:

»...1745 erhielt der... kurfürstliche Kämmerer und Geheimrath von Perfall auch Waschpatente auf... die Amper von Stegen bis zur Mündung...«, war da zu lesen, und zusätzlich hieß es, dass »...der bereits genannte Freiherr von Perfall aus dem Goldsande der Windach, einem Zuflusse der Amper... einen Dukaten« [19:98] geprägt habe.

Weil man annehmen darf, dass der Freiherr sich nicht auf bloßen Verdacht hin eine Waschlizenz für die Amper und ihren Nebenfluss ausstellen ließ, ist es ziemlich sicher, dass er Informationen oder schriftliche Belege für die »Waschwürdigkeit« der beiden Flüsse besaß.

Jetzt waren alle Bedenken über die Kontinuität der süddeutschen Goldgewinnung und Goldwäsche an der Amper beseitigt.

Abgesehen davon lieferte Alois Geistbecks Aufsatz eine große Zahl weiterer Informationen und Verweise auf ältere Literatur, und es wurde nun möglich, in Archiven nach landesherrlichen »Contracten« und Waschpatenten Ausschau zu halten. Da es sich bei der Goldgewinnung immer um ein Regal handelte, also ein dem Landesherrn vorbehaltenes Recht, konnte man ganz nebenbei auch viel über den Umgangston zwischen Regent und Untertan, über die finanzielle Situation des Landes und die teils unwürdigen Arbeitsbedingungen der Goldwäscher erfahren.

Der wichtigste Hinweis in Geistbecks Aufsatz ist der auf Johann Georg Loris »Sammlung des Bergrechts, mit einer Einleitung in die baierische Bergrechtsgeschichte«. Dieses prachtvoll ausgestattete Werk (1764) ergänzt Geistbecks Ausführungen in hervorragender Weise. Lori, der sein Buch in einer sechsseitigen Einleitung seinem »Durchleuchtigsten Fürsten und Herrn«, Kurfürst Maximilian III. Joseph von Bayern, widmete, hat darin eine erstaunliche Zahl alter Urkunden zusammengestellt und kommentiert.

Abgesehen von einer großen Fülle zusätzlicher Literatur sind es also Alois Geistbecks Aufsatz und Johann Georg Loris »Bergrecht«, die in erster Linie Informationen für ein wichtiges Kapitel dieses Buches geliefert haben. Die beiden Autoren seien daher allen, die sich ausführlicher mit der Geschichte der Goldgewinnung in Süddeutschland beschäftigen wollen, wärmstens empfohlen.

Überraschendes aus antiken Quellen

Wie war es aber mit den Kelten selbst: Gibt es in der antiken Literatur vielleicht Nachweise, dass die Kelten ihr Gold selbst in den Bergen abgebaut oder an den Flüssen gewaschen haben, aus dem sie Schmuck herstellten und Münzen prägten? Oder, war es doch Beutegold?

In den letzten zwanzig Jahren haben verschiedene große Ausstellungen das keltische Leben vorgestellt, doch war etwa der Katalog zu »Das keltische Jahrtausend« (Rosenheim 1993) wenig aufschlussreich. Zum Münzwesen ist z.B. lediglich zu lesen: »So weiß man immer noch wenig über die Herkunft und Gewinnung des Metalls...« [53:220] Mehr Informationen waren nicht zu holen – umso enttäuschender, weil sich diese Ausstellung gerade mit den Kelten des süddeutschen Alpenvorlands beschäftigt hatte, um die es auch in diesem Buch geht.

Doch welche antiken Autoren haben sich überhaupt mit dem Thema »Kelten« beschäftigt?

Leider gibt es bis zur Zeit Caesars nur wenige Nachrichten über die Bewohner Mittel- und Westeuropas. Die antike Welt orientierte sich fast ausschließlich am Mittelmeerraum und den östlich angrenzenden Gebieten. Zudem waren die Alpen damals nicht nur eine geographische Barriere, sondern auch eine Kulturgrenze.

Von einigen griechischen Autoren, wie z. B. Pytheas aus Massilia und Timaios aus Tauromenion, wissen wir zwar, dass sie sich ausführlicher mit Nord-, Mittel- und Westeuropa beschäftigt, ja sogar selbst Studienreisen dorthin unternommen haben, aber leider sind ihre Aufzeichnungen bis auf kümmerliche Fragmente verlorengegangen. Eine Ausnahme stellt glücklicherweise der griechische Historiker Polybios dar, in dessen »Historien« sich ein Exkurs über keltische Lebensgewohnheiten erhalten hat, und wichtigste Informationen aus erster Hand finden sich beim Philosophen, Historiker und Naturforscher Poseidonios aus Apameia. Sein Werk schloss sich an die »Historien« des Polybios an, und er hatte selbst Reisen in die Länder am westlichen Mittelmeer unternommen, doch hat sich leider nur wenig von seinen Aufzeichnungen erhalten. Zum Glück haben aber der Geograph Strabo und der Historiker Diodor einiges aus seinem Werk abgeschrieben, und selbst Caesar verdankt ihm noch viel von seinem Wissen.

Wie steht es denn bei Caius Iulius Caesar selbst, von dem eigentlich die meisten Informationen kommen müssten? Hat er doch in den fünfziger Jahren des 1. Jahrhundert v. Chr. den weitaus größten Teil seiner Zeit damit zugebracht, das keltische Gallien zu unterwerfen. Tatsächlich enthalten seine Kommentare über den Krieg in Gallien nicht nur militärische Berichte, sondern auch Schilderungen von Land und Leuten.

Macht man sich aber gezielt an die Lektüre, stellt man mit Erstaunen fest, dass das Wort »Gold« in Caesars Beschreibung der gallischen Ereignisse nicht ein einziges Mal vorkommt. Ob der Feldherr etwas zu verheimlichen hatte? Denn aus der Lektüre von Poseidonios, Diodor und anderen – damals noch erhaltenen – Autoren konnte jeder erfahren, dass es in Gallien Gold gab... Der Vollständigkeit halber aber doch der Hinweis, dass Caesar in einem kurzen Bericht über das keltische Britannien die dort kursierenden Goldmünzen erwähnt.

Erst 150 Jahre später stellte Sueton, dem wir eine Reihe von Biographien römischer Kaiser verdanken, eine Beziehung zwischen Caesar und dem gallischen Keltengold her, doch soll hier dazu nicht mehr verraten werden, da sonst bestimmte Ergebnisse unseres Buches vorweggenommen wären.

Alles in allem lässt sich aufgrund der Beschäftigung mit den genannten und ein paar weiteren antiken Autoren folgendes formulieren: Man findet zwar nur sehr wenige Hinweise darauf, dass die Kelten ihr Gold selbst gewonnen haben, doch reichen diese aus, um definitiv sagen zu können, dass das Keltengold tatsächlich aus *eigener Produktion* stammte.

Steckbrief des meistgesuchten Metalls

Wo das Gold herkommt

Gold, das Element Au (lat. aurum), gibt es in vielen Gesteinen und Böden der Erdoberfläche. Zwar sind unglaubliche Mengen in Form von Ionen im Salzwasser der Ozeane gelöst, doch spricht man von »Goldfinden« erst bei hohen Konzentrationen, aus denen Edelmetall gewonnen werden kann. Anreicherungen des Erzes nennt man Lagerstätten, und die jeweiligen wirtschaftlichen und sozialen Voraussetzungen einer Zivilisation entscheiden, ob eine Lagerstätte abbauwürdig erscheint. In späteren Kapiteln werden wir zeigen, dass billige menschliche Arbeitskräfte bei der Goldgewinnung oft entscheidender waren als technisch hochentwickelte Maschinen.

Das Gold, um das es in diesem Buch geht, entstand nicht an den heutigen Fundstellen, sondern es wurde von fließendem Wasser dorthin transportiert. Erdwissenschaftler nennen solche Plätze allgemein sedimentäre Lagerstätten. Meist liegt dieses verfrachtete Gold im Kies und in den Sandbänken (sog. Seifen) von Bächen und Flüssen, das darin enthaltene Gold heißt Seifengold. Dazu das Wörterbuch: »…›sifen‹ meinte mittelhochdeutsch so viel wie tröpfeln, sickern, rieseln. ›Sife‹ bezeichnete den rinnenden Bach und die von ihm durchflossene Bergschlucht. Sifen, seifen als Tätigkeitsverb, wurde zum Begriff für auswaschen, ausschwemmen.« [47:10]

Doch woher kommt das Gold in den Seifen? Wenn man Gold in den Flüssen des Voralpenlandes findet, muss es wohl aus den Bergen stammen. Aber nicht in jedem Gebirge ist Goldgewinnung möglich; so wie nicht jeder Berg aus dem gleichen Gestein aufgebaut ist, verbirgt sich Gold nicht in jeder Gesteinsart.

In einer bestimmten Art Gestein sind aber die Chancen, Gold zu finden, sehr groß: in kristallinem Gestein wie z. B. Granit. Findet man im Granit auch noch Quarzgänge (»Adern«), dann liegt manchmal eine Goldlagerstätte nicht weit. Wasser aus Tausenden Metern Tiefe brachte das gelöste Gold in die Quarzgänge der kristallinen Gesteine.

Wir wollen zunächst das Muttergestein, in dem die Goldadern vorkommen, näher betrachten. Kristalline Gesteine bilden den tiefen, meist nicht sichtbaren Sockel der Gebirge, so auch der Alpen, eines geologisch jungen Gebirges. Solche Gesteine können Hunderte von Millionen Jahre älter sein als die oben liegenden Kalkschichten. Dies ist in den nördlichen Kalkalpen der Fall. Die kristallinen Gesteine stammen oft von älteren Gebirgen, die längst abgetragen waren, bevor jüngere entstanden.

In der Endphase einer Gebirgsbildung werden Gesteinsschichten gehoben, die Hunderte von Metern dick sind. Sie werden viele Kilometer weit verfrachtet, dabei gefaltet und übereinander geschoben. Bei diesem Vorgang können goldhaltige Gesteine an die Erdoberfläche gehoben werden: Wasser, Schnee und Eis beginnen ihr Zerstörungswerk, die Erosion. Wenn andere Gesteine wie Kalke, Ton- oder Sandsteine die goldführenden Schichten überdecken, dauert es Jahrhunderte oder -tausende, bis die Erosion die erzhaltigen Schichten erreicht.

Wenn Berge abgetragen werden, betrifft dies also auch goldhaltige Gesteine. Quellen, Bäche und Flüsse transportieren dann goldhaltiges Gestein vom Muttergestein weg, und das ständige Aufeinanderprallen und Scheuern während des Transports zerschlägt die Gesteinsbrocken, sodass das Gold nach und nach freigesetzt und weiter verfrachtet werden kann.

Gold ist schwer, etwa zwanzigmal schwerer als Wasser, und wiegt ungefähr achtmal so viel wie Gestein. Deshalb tendiert es während des Transports ständig dazu, sich abzusetzen. Lässt die Transportkraft des Wassers in Wirbeln, an Sandbänken oder Strömungshindernissen nach, fallen die Goldteilchen aus. Es bildet sich eine Seife, eine sedimentäre Lagerstätte.

Meist entstehen bauwürdige Goldlagerstätten erst durch Anreicherung während des Transports. Die reichsten der Welt gehören zu diesem Typ: russische Goldseifen an der Lena, die Claims am Klondike und in Kalifornien und nicht zuletzt die Witwatersrand-Lagerstätten in Südafrika.

Wir haben davon berichtet, dass die südafrikanischen Goldminen besonders tief liegen – zwischen 600 und 4000 Metern unter der Erdoberfläche –, doch: wie kommt das Gold in diese Tiefe?

Geologen erklären dies so: Seifen können von Geröll, Sand und Ton überdeckt werden. Der transportierende Fluss kann sein Bett ändern; dies ist sogar die Regel. Das Altwasser steht noch eine Weile, bevor es verlandet, und nach Hunderttausenden oder Millionen von Jahren haben die Ablagerungen von Meeren oder Seen (Tone, Kalke, Sande) die alten Seifen überdeckt, die gleichzeitig immer tiefer abgesunken sind. Durch Überlagerungsdruck und chemische Vorgänge entstehen Tonsteine, Kalksteine und Sandsteine. Die ehemaligen Goldseifen sind nun goldhaltige Festgesteine geworden. Auch solche Gesteine waren beim Bau der Alpen beteiligt.

Als die entstehenden Alpen von der Erosion angegriffen wurden, gelangten vor ca. zehn Millionen Jahren goldhaltige Sande in ein langgezogenes, mehrere hundert Kilometer weites Becken, das bald einem Meer, bald einem riesigen See vor den Alpen glich. Den Abtragungsschutt, der in das Becken geriet, aber auch die Zeit, in der sich dies abspielte, nennen Geologen »Tertiär«. Der Schutt im tertiären Becken wurde durch geologische Prozesse zu meist weichen und leicht zerstörbaren Sandsteinschichten umgeformt, der Molasse.

In der folgenden Eiszeit haben dann Hunderte von Metern mächtige Gletscher diese tertiären Molasseschichten zu langgestreckten Tälern ausgehoben, und das abfließende Wasser am Ende eines solchen Gletschers verfrachtete u.a. auch goldhaltiges Gestein. Als das Klima sich wieder erwärmte, die Gletscher schmolzen und sich in die Berge zurückzogen, hinterließen sie langgestreckte Seen und Flusstäler. Beispiele dafür sind der Ammersee und die Amper bzw. der Starnberger See und die Würm.

Die Gletscher und ihr Schmelzwasser verfrachteten aber auch den Schutt der eisgestressten Berge. Diese Kies- und Sandschüttungen bedeckten die Schichten des Tertiärs und heißen »Quartär«. In solchen Kies- und Sandschüttungen nach Gold zu suchen, ist meist nicht rentabel, da diese Schotter fast sämtliche Gesteinsschichten der Alpen in kunterbunter Mischung, aber kaum Gold enthalten.

Überall dort aber, wo das Wasser der Flüsse die Sandschichten des Tertiärs, besonders die jüngeren Teile der Molasse, annagt, wird Gold freigesetzt. Ein Teil wird sofort abgelagert, der größte Teil jedoch verfrachtet, weit fortgetragen und meist erst am Unterlauf der Flüsse abgesetzt. Dort liegen dann die ergiebigsten Goldseifen.

Schon vor Jahrtausenden haben Menschen in den Sandbänken der Flüsse Gold gewaschen. Ob nur die Faszination durch das glänzende Metall sie dazu veranlasst hat oder auch andere, z. B. kultische Gründe, wissen wir nicht. Wirtschaftliche Motive haben anfangs wohl eine geringe Rolle gespielt.

Gold: Fluch oder Segen?

Bevor wir auf die chemischen und physikalischen Eigenschaften von Gold eingehen, wollen wir uns ein wenig mit seinem ideellen, dem symbolischen Charakter beschäftigen.

Beim Gold handelt es sich tatsächlich um den Stoff, aus dem die Träume der Menschen zu allen Zeiten waren. Darum versucht der Mensch mit allen Mitteln, an diesen »Traumstoff« zu kommen. Und auch wenn er im Besitz des ersehnten Metalls ist, bleibt völlig offen, ob er es zu seinem oder seiner Umwelt Nutzen oder Schaden verwendet. »Es gibt keinen Zweifel, dass Gold einen ambivalenten Charakter besitzt. Es kann genauso Glück wie Verderben hervorrufen.« [02:22]

Schon der römische Historiker Tacitus hat es in seinem Werk über Germanien und seine Bewohner zum Ausdruck gebracht: »Ob ihnen geneigte oder erzürnte Götter Silber und

Gold verweigert haben, kann ich nicht entscheiden.« [Tacitus, Germ. 5]

Und der antike Naturwissenschaftler Plinius sieht in erster Linie nur das Unheil, das aus dem Gold kommt: »Könnte man doch das Gold – den verfluchten Hunger, wie es die berühmtesten Autoren nannten – völlig aus dem menschlichen Leben verbannen! Von allen anständigen Menschen wird es verwünscht, und es wird nur zum Verderben der Menschheit gefunden. Wie viel glücklicher war das Zeitalter, als es nur Tauschhandel gab...« [Plinius, Nat. Hist. 33, 6]

In Jules Vernes berühmtem Zukunfts-Roman »20000 Meilen unter den Meeren« fährt das Tauchboot Nautilus mit einer besonderen Füllung der Ballasttanks. Versunkene Schätze vom Meeresgrund – und damit tonnenweise Gold – dienen Kapitän Nemo lediglich zum Austarieren des Tauchboots. Zukünftige Menschen würden nach Jules Vernes Vorstellung etwas Sinnvolleres zu tun haben, als »nutzlosem« Gold hinterherzujagen. Die meisten Ideen des Science-Fiction-Propheten sind längst Gegenwart geworden – und auch bereits wieder Vergangenheit. Beim Gold aber unterlag er einem gewaltigen Irrtum.

Denn noch immer jagen Menschen dem glänzenden Metall hinterher, und daran wird sich auch in Zukunft nicht viel ändern.

Doch zu einem echten Goldrausch kommt es eher selten, doch ist er nie Zufall. Ist eine derart ausbrechende Gier nach Gold nicht ein deutlicher Hinweis auf den Gesundheitszustand einer menschlichen Gemeinschaft? Oder sollte es sich dabei lediglich um Übermut handeln?

»Gold ist eine verteufelte Sache«, lässt Bruno Traven in seinem Roman »Der Schatz der Sierra Madre« Howard den Alten sagen. »Es ändert den Charakter. Man kann noch so viel finden, so viel aufzupacken haben, dass man es allein gar nicht wegschleppen kann, immer denkt man daran, noch etwas hinzu zu bekommen. Und um noch etwas hinzu zu bekommen, hört man auf, zwischen Recht und Unrecht zu unterscheiden. Und wer nicht selber draußen war, der glaubt es nicht.« [01:23]

Und der letzte Inka-Herrscher Athahualpa soll 1533 kurz vor seiner Hinrichtung über die spanischen Eroberer gesagt haben: »Sie wollen nur Gold. Sie winseln um Gold, sie schreien um Gold, sie zerfleischen einander um Gold. Frage sie um den Preis deiner Freiheit, und du wirst sie mit Gold kaufen können. Es gibt nichts in der Welt, was sie dir nicht für Gold geben würden, ihre Weiber, ihre Kinder, ihre Seele und sogar die Seelen ihrer Freunde.« [01:21]

Wie aktuell kann die Gefahr des Giftstoffes »Gold« plötzlich wieder werden! Wie ein gefährliches Virus, das nur vorübergehend abklingt, sich irgendwohin zurückzieht, um neue Kräfte zu sammeln, scheint sich der Keim des Goldfiebers zu verhalten.

Während der Arbeiten an diesem Buch überraschten uns zwei Meldungen vom Frühjahr bzw. Herbst 1995:

Unter dem Titel »Berge versetzen für ein paar Tonnen Gold« wurde berichtet, dass in der Türkei – nicht weit von den Ruinen des antiken Pergamon entfernt – ein ganzer Berg abgetragen werden soll, man hoffte, dabei ganze zwölf Tonnen Gold zu gewinnen, was einem Würfel von lediglich 84 cm Kantenlänge entspreche. Die Folgen für die Umwelt und andere Nachfolgelasten sind kaum abschätzbar.

Die zweite Meldung vom Herbst 1995 betrifft ein Gebiet, um das es u. a. auch in diesem Buch geht: »Gefährlicher Goldrausch im Herzen Böhmens«, konnte man in verschiedenen Publikationen lesen. Es hieß, die tschechische Tochtergesellschaft eines kanadischen Konzerns lasse bei Kasperske Hory (Bergreichenstein) Probeschürfungen durchführen, um eine zukünftige Goldausbeute abschätzen zu können. Erste Ergebnisse sprächen von 5 bis 6 g Gold pro Tonne Gestein.

Haben Bevölkerung und Behörden aus den Erfahrungen früherer Zeiten gelernt? – Während sich in Sebestov (Sommerau) und Hartmanice (Hartmanitz) schon Bürgerinitiativen formierten, die ihre Umgebung vor hochgefährlichem Bergbau mit Zyanidlaugung bewahren wollten, stritt sich in Prag das Wirtschafts- mit dem Umweltministerium. Angeblich hat der tschechische Wirtschaftsminister die Genehmigung zur Ausbeutung des Goldes mit Erlaubnis der Umweltbehörde bereits erteilt. Die Bürgerinitiativen jedoch bekommen Schützenhilfe vom Umweltminister, der das »wahnwitzige Projekt« notfalls mit Polizeigewalt verhindern will.

Doch wieso »wahnwitzig«? Offensichtlich wird daran gedacht, in den betroffenen Gegenden Täler mit Staudämmen vollständig abzuriegeln, um die Abwässer aus der Zyanidlaugung dahinter zu lagern! Es würden stinkende, hochgiftige Seen entstehen, deren Gefährlichkeit offensichtlich wäre.

Und wie reagierte man auf bayerischer Seite? Die Umweltverbände der bayerischen Nachbarkreise Regen und Grafenau haben sich dem Kampf gegen eine solche Art von Goldgewinnung angeschlossen.

Es bleibt abzuwarten, was aus beiden Projekten wird. Seit den spektakulären Pressenachrichten war aus den Medien nichts mehr davon zu erfahren. Sollte sich die Vernunft gegenüber der Profitgier durchgesetzt haben?

Dass es auch eine andere Möglichkeit gibt, einer goldenen Vergangenheit eine »vergoldete« Gegenwart folgen zu lassen, bewies der Tourismusverband Ostbayern e.V. Er hat das Jahr 1996 zum »Goldjahr« für seine Region erklärt und Touristen die Möglichkeit geboten, in Bächen des Bayerischen Waldes oder auf den Sandbänken der Isar bei Landshut Gold zu waschen.

Höhepunkt der Veranstaltungen war eine Ausstellung im Bergbau- und Industriemuseum Ostbayern in Schloss Theuern bei Amberg, die unter dem Motto »Gold im Herzen Europas« die Gewinnung, Verarbeitung und Verwendung des Edelmetalls dokumentierte. Dabei wurde auch auf die frühest nachweisbare Verwendung von Gold in Böhmen an der Wende vom 4. zum 3. Jahrtausend v. Chr. eingegangen.

Auch mit dem Gold der Kelten aus dem ostbayerischen und böhmischen Raum beschäftigte sich die Ausstellung. So wurde u.a. der Goldmünzenschatz von Großbissendorf gezeigt, der 1986 auf einem privaten Grundstück entdeckt worden war; darunter befanden sich 384 keltische Regenbogenschüsselchen. Auch eine Nachbildung des 1771 in Podmokly in Böhmen gefundenen keltischen Goldschatzes war zu sehen. Er bestand einst aus 5000 Goldmünzen mit einem Gewicht von über 30 kg, doch ist bedauerlicherweise kein Stück davon im Original erhalten, weil das gesamte Edelmetall eingeschmolzen worden war, um daraus neue Münzen zu prägen.

Im Ausstellungskatalog finden sich aber leider nur sehr vage Aussagen zur prähistorischen Goldgewinnung: »Wahrscheinlich reicht sie bis zu den Kelten zurück« [27:17], kann man dort erfahren, und: »Die Kelten sollen das Gold für ihre Goldmünzen… aus den… Flüssen gewaschen haben.« [28:73]

Ein wenig Gold-Mineralogie

Wenden wir uns nun den naturwissenschaftlich nachweisbaren Eigenschaften des Goldes zu und nehmen das Element Au – latein. *aurum* – unter die Lupe. Betrachten wir gediegenes Gold, Freigold genannt; es ist das wichtigste Golderz.

Hundertprozentig reines Gold, elementares Au, kommt in der Natur kaum vor, es hat fast immer einen edlen Begleiter: Silber, in geringeren Mengen sind Platin, Kupfer und andere Metalle beigemischt.

Berggold kann in perfekten Würfeln oder Oktaedern vorkommen; häufiger findet man es in blech-, draht- oder sogar baumförmigen Gruppierungen, meist aber als unregelmäßige Körner, Blättchen und Schuppen. Von Nuggets spricht man, wenn es um formlose Klümpchen von Stecknadelkopf- bis Faustgröße geht.

Goldschichten können so dünn sein, dass Licht grün hindurchscheint. Je höher der Silbergehalt, desto mehr verblasst das typische Gelb. Scheint Gold rötlich, dann ist Kupfer beigemengt. Glanz und Farbe bleiben an der Luft erhalten, denn Gold oxidiert nicht.

Während Meerwasser, Säuren und Laugen den meisten Metallen gefährlich werden, widersteht ihnen Gold hartnäckig.

Noch nach Hunderten, ja Tausenden von Jahren behielten Goldgegenstände vom Meeresgrund ihre Schönheit und Form, während von Bronze-, Silber- und Eisengegenständen fast nichts übrig blieb. Auflösen lässt sich Gold nur vom »Königswasser« – einem aggressiven Gemisch aus konzentrierter Salpeter- und Salzsäure.

Natürlich ist Goldchemie nicht ganz so einfach, wie hier dargestellt, aber hier ist nicht der Ort, komplizierte chemische Vorgänge darzustellen. Allgemein gilt: Gold wird von schwachen Säuren nicht angegriffen, wohl aber von Halogeniden, also Stoffen wie Chlor und Fluor, Brom und Jod; Lösungsmittel für Gold sind starke Oxidationsmittel (Chlorwasser, Königswasser) oder eine Kaliumcyanidlösung. Kaliumcyanid, verwandt mit Blausäure, wird in der modernen Goldchemie zur Gewinnung und Reinigung von Gold verwendet.

Es mag seltsam erscheinen, dass sich in den Weltmeeren gewaltige Mengen Gold finden. Zwar enthält ein Kubikmeter Meerwasser nur 0,001 bis 0,01 Milligramm, doch verfügen Ozeane und Meere zusammen über 1370 Millionen Kubik-Kilometer Wasser. Man darf allerdings nicht an winzige Goldstäubchen denken, die im Wasser schwimmen, sondern an Ionen, elektrisch geladene Atome.

Das in den Ozeanen gelöste Gold würde einen Würfel von mindestens 41,5 und maximal 89 Metern Kantenlänge ausmachen! Und solch einen Schatz lässt man auf unserem Planeten einfach liegen? Natürlich wollte man etwas vom »Goldschatz der Ozeane« heben. Dies versuchte der deutsche Wissenschaftler Fritz Haber bereits in den zwanziger Jahren – doch das Verfahren stellte sich als unrentabel heraus.

Wenn man Salz durch Eintrocknen der Flüssigkeit ausscheiden kann, ist dies mit Gold theoretisch genauso einfach, aber es verschwindet dabei in einer fast unendlichen Menge von Meersalz.

Welche Eigenschaften hat das Gold? Es lässt sich leicht ritzen, sogar mit einem Holzstückchen; denn Au belegt mit Härte 2,5–3 nur einen unteren Rang auf der Härteskala, an deren unterem Ende Speckstein mit Härte 1 und am oberen Diamant mit Härte 10 stehen. Die geringe Härte verleiht dem Metall aber geschätzte Eigenschaften: Man kann es leicht mechanisch bearbeiten, es lässt sich dünner walzen und hämmern als jedes andere Metall – so unfassbar dünn, dass Licht durchdringen kann.

Wer Gold schmelzen will, muss es auf immerhin 1063°C erhitzen; die entstehende Flüssigkeit leuchtet keineswegs goldgelb, sondern grün. Zum Vergleich: Für Eisen benötigt man ca. 1400°C, für Blei lediglich 327°C.

Gold wird sehr leicht von Quecksilber »aufgenommen«, man nennt diesen Vorgang Amalgamieren.

Reines Gold wiegt 19,32mal so viel wie die gleiche Menge Wasser. Dies wird für die Reinheitsprüfung von Edelmetallen benutzt. Angeblich hat Archimedes im 3. Jahrhundert v. Chr. diese Anwendung in seiner Badewanne entdeckt.

Trotz seiner Schönheit und Beständigkeit ist Gold im täglichen Leben kaum zu gebrauchen, da es zu weich ist.

Die meisten Staaten prägen darum Goldmünzen mit zehn Prozent Kupferanteil. Eine Legierung von 70 Teilen Gold und 30 Teilen Silber war in der Antike sehr beliebt; man nannte sie »Elektron« oder »Electrum«. Elektrum ist die härteste Gold-Silber-Legierung und von heller goldgelber Farbe.

Wenn man sich ein goldenes Schmuckstück genauer ansieht, fällt ein winziger Stempelabdruck mit einer dreistelligen Zahl auf. Sie bezeichnet den Feingehalt. Bei Goldmünzen mit zehn Prozent Kupfer liest man: »900«, antike Goldschmiede müssten heute »700« auf ihre Elektron-Geschmeide stempeln. Es handelt sich also um Anteile in Tausendsteln, die den Feingehalt in Gold angeben.

Karat, eine ältere Bezeichnung für den Goldgehalt, beruht auf einer Skala von 24 Teilen. 24-karätiges Metall ist pur, Rotgold, häufig 18-karätig, enthält 18 Teile Gold und sechs Teile Kupfer, hat demnach also einen Feingehalt von »750«. Doch woher die Bezeichnung Karat? Sie leitet sich von *keration* ab, dem altgriechischen Wort für *Hörnchen*. Gemeint war damit die gekrümmte Form der Schote des Johannisbrotbaums; denn Metalle und Edelsteine wurden in der Antike mit den Samen dieses Baumes aufgewogen.

Mit das reinste Gold stammt aus Australien, es erreicht eine Feinheit von »995«, dasjenige aus Südamerika »650« oder 15,6 Karat, und aus den Minen Südafrikas kommt Gold mit einer Feinheit von »850« bis »950«.

Gold leitet elektrischen Strom sehr gut, wird aber in dieser Eigenschaft, die in der Elektronik eine wichtige Rolle spielt, von seinem ständigen Begleiter geschlagen – vom Silber.

Transport, Ablagerung und Konzentration

Jedes Jahr geht bei München Gold im Wert von etwa 120 000 DM den Bach hinunter… Der »Bach« heißt Isar, und es handelt sich um ziemlich reines Gold mit einem mittleren Feingehalt von »937«; die restlichen 63 Teile sind Silber. Die Goldteilchen, die von der Isar in die Donau gespült werden, sind allerdings mit freiem Auge kaum zu erkennen: Um ein Gramm des Metalls zu erhalten, müssten 20 000 bis 200 000 Flitterchen aufgefangen werden.

Das goldhaltige Wasser ist aber nicht nur eine Laune der Isar. Ähnliches gibt es seit Jahrtausenden in fast allen Flüssen, die in den Alpen entspringen. Die Donau kommt zwar nicht aus den Alpen, enthält aber das Wasser von Iller, Lech, Amper mit Windach, Isar, Inn und Salzach.

Heute transportieren die Flüsse wesentlich weniger Gold als früher; das liegt an den seit der Mitte des 19. Jahrhunderts einsetzenden Flussregulierungen. Die unverbauten, ungebändigten Flüsse der vergangenen Jahrhunderte enthielten erheblich mehr Goldflitterchen. Darum wusch man nicht nur in den Flussbetten, sondern durchsuchte auch Überschwemmungsgebiete, Altwässer und alte Flussablagerungen.

Wenn also jährlich Gold im Wert von etwa 120 000 DM an München vorbeifließt, so gehen immerhin einige Kilogramm verloren. Wir sind dabei von ca. sechs Kilogramm ausgegangen – der zur Zeit (1996) gültige Goldhandelspreis beträgt knapp 20 000 DM pro Kilogramm!

Alle Flüsse des nördlichen Alpenvorlandes zusammen dürften heute ca. 30 Kilogramm pro Jahr transportieren, das sind in zehn Jahren 300 Kilogramm, in 100 Jahren drei Tonnen.

Was ein solcher Fluss als Transportmedium leistet, wird am besten sichtbar in den Geröllarealen des Oberlaufs. Wildbäche können tonnenschwere Blöcke mit sich reißen, und auch später, wenn ein Fluss an Temperament verloren hat, werden ständig beachtliche Geröllmassen bewegt. Der Vorgang gleicht der Arbeit eines Mahlwerks, das einmal schneller, einmal langsamer läuft, aber Tag und Nacht in Gang ist. Dabei werden kopfgroße Brocken zerschlagen, zersplittert und zu Sand zermahlen, sodass zuvor ummantelte, eingebettete Minerale und Erze freigesetzt werden.

Flüsse bearbeiten aber nicht nur ihre Geröllfracht, sondern schürfen, sägen und nagen auch ständig an den Ufern. Sie graben ihr Bett tiefer, indem sie sich in die überflossenen Gesteinsschichten einschneiden und das Material wegtransportieren. Ausnahmsweise können darum auch die Flusssande im Oberlauf Gold führen, wie die obere Salzach in Österreich, wo das Gold aus den Tauern stammt. Werden von den Alpenflüssen nun die goldhaltigen Schichten der jüngsten Molasse angeschnitten, so wird ihre Goldfracht immer größer.

Weil Gold so weich ist, wird es im Flussbett zwischen dem Geröll »bearbeitet«: betrachtet man Körnchen und Flitter aus dem Oberlauf bei starker Vergrößerung, sind sie zerbeult, eingedellt, breitgeschlagen und zerknautscht. Durch schier endlose Wiederholungen des Vorgangs entstehen dann die hauchdünnen Flitterchen, von denen bis zu 200 000 auf ein Gramm gehen. Während Goldkörner und -blättchen hauptsächlich am Boden der Flüsse bewegt werden, schweben die mit freiem Auge kaum sichtbaren Flitterchen wie feiner Sand im Wasser.

Sobald die Transportkraft des Gewässers nachlässt, fällt Gold auf den Grund des Flussbetts, in Körnchen, Blättchen oder Flitterchen. Goldseifen entstehen aber nur dann, wenn der größte Teil der anderen Mineralkörner dabei noch in Schwebe bleibt und weggeführt wird.

Solche Stellen liegen in der Wirbelzone von Wasserfällen oder bei Trichtern, die vom Strudel mit den am Boden kreisenden Steinen gebohrt wurden. Strömt ein Fluss über blankes Gestein, so fällt das Gold in Risse und Spalten.

Ändert ein Gewässer seinen Lauf, so lassen sich diese Goldfallen im ausgetrockneten Bett nach dem Edelmetall absuchen. Fundträchtig sind auch Plätze, an denen die Strömung gebrochen wird, z. B. kurz nach Hindernissen wie großen Felsen, Bäumen und Wurzelstöcken, aber auch bei kreisenden Kehrwässern am Flussrand. Erfahrene Goldwäscher erkennen solche Stellen und überlassen ihr Glück nicht dem Zufall.

Aus der Sicht heutiger Goldsucher würde sich kaum lohnen, in unseren Flussablagerungen nach Gold zu suchen; Goldanreicherungen sind in unseren Flüssen selten geworden. Aber für die Goldsucher der Vergangenheit war die Situation ganz anders, und zwar schon darum, weil die Flüsse früher unreguliert waren. Unter solchen Bedingungen waren Hochwässer nicht nur häufig, sondern die Regel, und bei jedem Hochwasser wurde bereits abgelagertes Material neu aufgewirbelt und instabile Uferbereiche wurden abgetragen. Daher brachten gerade Hochwässer einen verstärkten Goldsegen in Form von Abermilliarden winziger Flitterchen. Auch konnten sich die Flüsse in den Hochwasserbetten ungestört ausbreiten. Und dort wartete eine Unzahl von Goldfallen auf die wertvolle Fracht.

Gegenüber der normalen Goldkonzentration im Sand der Flüsse kommt es in den Goldfallen zu einer hundertfachen, ja oft noch höheren Konzentration. Die Goldwäscher am Rhein nannten solche Stellen Goldgründe. Woran erkannte man sie?

Zunächst achtete man auf die Ränder von Sandbänken, auf die Stellen, an denen die Transportkraft des Wassers gebremst wird. Zudem mussten die Sande dunkler sein als gewöhnlich. Dies lässt sich feststellen, wenn man unter einer Lupe eine kunterbunte Mineralgesellschaft – Begleiter und Anzeiger für Gold –

beobachtet: da finden sich rote Granate, violette bis schwarze Turmaline, schwarze Magnetite, gelbe Anatas, wie Diamanten blitzende Zirkone, blutroter Rutil und dunkle Hornblende. Mit etwas Glück zeigt sich sogar ein vereinzelter Goldflitter.

Erinnern wir uns hier an den früher geschilderten Bergbau mit seinen über 3000 Metern tiefen Schachtsystemen, der gewaltigen und teuren Maschinerie, der lebensgefährlichen Arbeit bei Temperaturen um 40°C, den unterirdischen Städten, die belüftet, entwässert, entsorgt und mit Energie versorgt werden müssen, den Millionen Tonnen Gestein, die aus der Tiefe nach oben transportiert werden müssen, wo erst der eigentliche Goldgewinnungsprozess beginnt: Riesige Stampfwerke und Maschinenhallen voller Kugelmühlen zerkleinern die Gesteine zu Mehl, rund um die Uhr, dann beginnen die physikalischen und chemischen Schritte zur Anreicherung. Es folgen Prozesse wie Schweretrennung, Rösten und Cyanidlaugung, danach schließlich die Ausfällung des Goldes. Jetzt endlich kommt es zum Affinierungsprozess, dessen Ergebnis das Gold ist, wie wir es etwa als Münzen kaufen können.

Doch bevor der Goldbergbau überhaupt beginnen kann, müssen Schächte angelegt werden. Allein der Bau des ersten Schachtes für eine neue Goldmine bei Johannesburg am Ende der 80er Jahre kostete fast eine Milliarde DM – ohne dass auch nur 1 Gramm Gold gefördert worden wäre! Das ist Goldbergbau von heute.

Dagegen das Flusssystem des Alpenvorlandes: Ist es nicht ein gigantischer, »vollautomatischer« Gold-Tagebergbau? Zum Nulltarif betreibt hier die Natur eine riesige, effektive Goldwaschanlage, pausenlos tragen die Flüsse Millionen Jahre alte goldhaltige Gesteine ab, zermahlen sie, waschen sie und reichern das Gold in den Goldfallen an.

Das Goldland der Kelten

Die Geschichte der Landschaft

Die ältesten, wenn auch vagen Notizen über das Land der Kelten tauchen in der griechischen Geschichtsschreibung Kleinasiens auf. Noch im 6. Jahrhundert v. Chr. erwähnt Hekataios von Milet, einer der frühesten bekannten Geschichtsschreiber, in seiner Erdbeschreibung als erster den Namen »Kelten« und gibt vereinzelte Nachrichten über keltische Siedlungen wieder. 50 Jahre später berichtet Herodot, dass die Donau, der größte ihm bekannte Strom, im Land der Kelten entspringe.

Obwohl damals vor allem der mediterrane Raum die Zeitgenossen beschäftigte, interessierte man sich mehr und mehr auch für die Bevölkerung unbekannter Weltgegenden.

»Wir verdanken es den Griechen, dass gegen Ende des 6. Jahrhunderts v. Chr. die Kelten aus der Anonymität eines Volkes ohne Geschichte heraustraten. Die Tatsache, dass ihr Name in den Werken der Gelehrten Kleinasiens auftauchte, die zu diesem Zeitpunkt den Grundstock von Geschichte und Völkerkunde legten, war höchstwahrscheinlich... auf das Verlangen zurückzuführen, die vorhandenen Informationen über die bekannte Welt in ein anderes als das traditionelle mythische System einzuordnen, das inzwischen für die Bedürfnisse der sich damals entwickelnden städtischen Gemeinschaften des Mittelmeerraums nicht mehr ausreiche. Die häufigen Kontakte, die mit der Ausdehnung des kommerziellen Handels zusammenhingen, machten es erforderlich, dass die Identität unbekannter Völker festgelegt wurde, da es wichtig war, diese wenigstens ungefähr zu unterscheiden und zu lokalisieren.« [25:585]

Leider besitzen wir für diese frühe Epoche keine weiteren schriftlichen Informationen über das keltische Siedlungsgebiet. Doch Klimaforscher, Geographen und Geologen haben – gerade in jüngster Zeit – die Entwicklung von Landschaft und Witterung der letzten Jahrtausende untersucht. Deshalb können wir uns heute gut vorstellen, wie die europäische Landschaft und auch das Alpenvorland damals ausgesehen haben.

Vor etwa 10 000 Jahren ging die letzte Eiszeit zu Ende. Zu einer Zeit, als an den Küsten des östlichen Mittelmeers die ersten stadtähnlichen Siedlungen entstanden, fegten in Mitteleuropa stechend kalte Winde aus den vergletscherten Alpen über die Tundren. Moose und Flechten bedeckten die Steine, niedrige Weiden und Zwergbirken duckten sich auf dem Dauerfrostboden, und in den kurzen Sommern taute die Erde kaum einen Meter tief auf. Die Landschaft sah aus wie Alaska und Sibirien heute. Eisjäger folgten kältegewohnten wilden Tierherden. Von den Gletschern ausgeschürfte Becken waren mit Wasser gefüllt. Chiemsee, Starnberger See, Ammersee und eine Reihe kleinerer Gewässer sind nur die Reste einer damaligen voralpinen Seenplatte.

Dann stiegen die durchschnittlichen Temperaturen rasch bis zu heutigen Werten an. Bald bedeckte ein dichtes Pflanzenkleid die einstigen Tundren, Pflanzenwurzeln hielten nun den Boden fest, und es fielen nur wenige Niederschläge. Doch die zurückweichenden Alpengletscher lieferten immer noch so viel Schmelzwasser, dass sich die von ihnen genährten Flüsse immer tiefer eingraben konnten.

Mit der Zeit wuchsen erste Wälder, überwiegend aus Kiefern und Birken. Es entstanden breite Schilfgürtel und Moorgebiete. Früchte und Samen bildeten neben Jagd und Fischfang eine neue Nahrungsgrundlage. Mit der ständigen Erwärmung und der Ausbreitung der Wälder aber verschwanden allmählich die großen, an eiszeitliche Verhältnisse gebundenen Tierherden – und mit ihnen die Nomaden.

Vor etwa 9000 Jahren stieg dann die Temperatur über den heutigen Durchschnittswert. Die Vereisung der Alpen nahm weiter ab; Pflanzen der Täler und Bergränder begannen höhere Regionen zu erobern; auffallend war etwa die weite Verbreitung von Haselnusssträuchern. Tausend Jahre später lag die Durchschnitts-Temperatur ca. 2°C höher als heute, und Laubbäume wie Eichen, Eschen, Ahorn, Ulmen und Linden wanderten ein.

Zwischen 6700 und 5700 vor unserer Zeit wurde das Klima unbeständiger. Die Sommer wurden feuchter, die Winter kühler, Erosion erfasste die Flusstäler und die dazwischenliegenden Landflächen. Ursache für diese Abtragung des Bodens waren im Alpenvorland auch Rodungen der ersten nacheiszeitlichen Ackerbauern und Viehzüchter, wie sie z.B. für das Schweizer Bodenseeufer seit über 6000 Jahren nachgewiesen sind. Auch in Niederbayern fand man, auf den Donau-Terrassen, Spuren mittelsteinzeitlicher Erdhäuser. Auch an den Ufern der anderen voralpinen Seen siedelten nachweislich seit über 5700 Jahren Menschen. Woher sie stammten, wissen wir nicht. Klar ist aber, dass vor ihnen kaum Menschen im Voralpenland siedeln konnten und dass der bequemste Weg für eine Kolonisation der aus dem Osten war.

Zu dieser Zeit schotterten die Flüsse mit abgetragenem Material ihre Betten auf, um sie kurz danach wieder zu vertiefen. Darauf sind vermutlich auch die starken Wasserspiegel-Schwankungen jener Zeit zurückzuführen.

Schließlich fielen vor ca. 4500 Jahren die durchschnittlichen Sommertemperaturen auf heutige Werte. Buchenwälder breiteten sich aus, nachdem vor etwa 6000 Jahren in Süddeutschland die ersten Buchen erschienen waren, die Mischwälder gingen zurück. Die großen Wasserflächen verschwanden, Sumpfgürtel und Moore traten an ihre Stelle. Vor etwa 3800 Jahren war die Bevölkerung in dieser Landschaft stark angewachsen, neue Rodungen folgten, die gewaltige Bodenerosionen verursachten. Dass sich die Seen mit angeschwemmten Material füllten, gilt nicht nur für das Alpenvorland, sondern für ganz Mitteleuropa.

3600 Jahre vor unserer Zeit änderten sich übrigens auch die Bestattungssitten der im voralpinen Raum lebenden Menschen in auffälliger Weise. Anstelle von flachen Hockergräbern wurden jetzt große Grabhügel aufgeschüttet; aus der gleichen Zeit stammen auch die ersten bemerkenswerten Goldfunde, während ältere Funde in Mitteleuropa äußerst selten und meist Importprodukte sind. Die Grabhügel gleichen den »Kurganen« der Reitervölker, die im Gebiet nördlich des Kaspischen und des Schwarzen Meeres lebten und die bekannt waren für ihre Liebe zum Gold und ihre metallurgischen Kenntnisse. Typisch für sie ist aber auch ihre Viehzucht, sie domestizierten als erste das Wildpferd und bauten Wagen zum Gütertransport. Ihre Gesellschaftsordnung war klar strukturiert; mächtige Häuptlinge beherrschten die Sippen und Stämme.

Wegen mancher Ähnlichkeiten der damaligen mitteleuropäischen mit der Kurgan-Kultur, und weil man glaubte, sprachliche Parallelen rekonstruieren zu können, entstand die Theorie, die südrussischen Halbnomaden seien gezielt nach Westen vorgedrungen und hätten dort die Indoeuropäisierung eingeleitet. Bedeutendste Vertreterin dieser Auffassung war die 1994 verstorbene Baltin Marija Gimbutas, die sich als Archäologie-Professorin an der Universität von Los Angeles einen Namen gemacht hatte; ihre Theorie erschien vielen einleuchtend und ist weitverbreitet.

Doch ihre Auffassung blieb nicht unwidersprochen. »Es gibt viele Hinweise darauf, dass Europa am Ende der Jungsteinzeit zur indoeuropäischen Sprachfamilie gehörte. Aber nichts beweist, dass dies die Folge einer Invasion kriegerischer Nomaden aus den südrussischen Steppen war, zu einer Zeit, als es weder Streitwagen noch Reiterkrieger gab. Aus den Steppen... kam etwas anderes: wirtschaftliche und technische Innovationen, die entscheidenden Einfluss auf die Kulturen Mitteleuropas ausübten.« [37:52] Grabhügel und die Verwendung von Gold als Kult- bzw. Schmuck-Metall dürften Bestandteile dieses Imports gewesen sein.

Vor 3200 Jahren änderte sich die Bestattungsweise in Mitteleuropa nochmals: Man verbrannte jetzt die Toten und setzte ihre Asche in Urnengräbern bei. Entweder waren veränderte Kultureinflüsse wirksam geworden oder die Bevölkerung selbst hatte aus schwer greifbaren Gründen ihre Gewohnheiten geändert.

Die Kelten: Herkunft und Sesshaftwerdung

Vor etwa 3000 Jahren nahm die Zahl der Brandrodungen in Mitteleuropa wieder deutlich zu, was aus den Resten von verbranntem Holz und Holzkohle in den Ablagerungen zu erkennen ist. Das hängt wohl damit zusammen, dass berittene Nomaden aus Innerasien allmählich nach Mitteleuropa vordrangen. Warum sie sich überhaupt nach Westen aufmachten, ist nur spekulativ zu beantworten. Vielleicht gab es Probleme mit Überbevölkerung, möglicherweise waren Klimaveränderungen schuld.

Ausschlaggebend für ihre Expansion bzw. Emigration war, dass es diesen südrussischen Nomaden gelungen war, für den Transport geeignete Wagen zu bauen und Pferde zu züchten, die stark genug waren, diese Wagen über weite Strecken zu ziehen.

Zu dieser Expansion gehörten übrigens auch die Eroberungs- und Beutezüge der Skythen und der historisch schwer greifbaren Kimmerier, wobei letztere bis in den Donauraum vordrangen und das Volk der Thraker im nördlichen Balkan mit sich rissen.

Ein sicherer Anreiz für solche Wanderungen war jedenfalls die Tatsache, dass das Alpenvorland genauso wie andere Regionen Europas nach dem Rückzug der Gletscher und den schwierigen Bedingungen der Nacheiszeit endlich für eine großflächige Besiedelung nutzbar geworden war.

Nach welchen Kriterien sich die Immigranten ihre neue Heimat aussuchten, können wir nur erahnen. Sicher wird Gold eine Rolle gespielt haben: im Besitz von Gold zu sein, bedeutete, Anteil an der Unvergänglichkeit zu haben und so mit unsterblichen Gottheiten in Beziehung zu stehen. Erst in zweiter Linie galt das Edelmetall als materieller Besitz.

Die Natur hat im Alpenvorland als Produkt des im vorigen Kapitel beschriebenen »Waschwerks« ein reiches Angebot an Gold bereitgehalten; dieser Umstand trug sicherlich dazu bei, die Einwanderer zum Bleiben zu bewegen. Denn sie brachten aus ihrer alten Heimat im Norden des Kaspischen und des Schwarzen Meeres nicht nur die Liebe zum Gold, sondern auch das Wissen um seine Gewinnung und Verarbeitung mit. Zudem hatten sie während ihrer Wanderungen wohl weitere metallurgische Kenntnisse erworben.

Welch große Goldmengen mussten vor etwa 3000 Jahren – im Vergleich zu späteren Zeiten – die einwandernden Nomaden gefunden haben, da sie als erste befähigt waren, dieses Gold systematisch zu gewinnen! Als Immigranten aus dem Osten konnten sie als günstigsten Verkehrsweg das Donautal benutzen. Dem Fluss zu folgen, bedeutete aber mehr, als nur einen natürlich geschaffenen Weg zu wählen. Denn an diesem Strom wird noch heute, z. B. in Ungarn, Gold gewaschen. Die Reiternomaden folgten also der Spur des Goldes!

Zwangsläufig erreichten sie die goldführenden Nebenflüsse der Donau aus den Mittelgebirgen Tschechiens, Sloweniens und Oberösterreichs und schließlich das Alpenvorland. Dort folgten sie den nördlichen Nebenflüssen der Donau, entdeckten die böhmisch-bayerischen Mittelgebirge, schließlich auch die Quellflüsse des Mains und damit das am oberen Main zu gewinnende Gold. Indem sie der Goldführung der Flüsse folgten, fanden sie auch die Primärlagerstätten in den Gebirgen, deren Reichtum sie nun bergmännisch auszubeuten begannen.

Andere Stämme folgten den südlichen Nebenflüssen der Donau. Auch hier lockte das über Jahrtausende angereicherte Flussgold. Entlang der Traun gelangten sie zu dem Platz, der namengebend für die früheste Epoche der keltischen Kultur werden sollte: nach Hallstatt. Hier entdeckten sie auch das »weiße Gold«: Salz, und beuteten es gleichfalls aus. Wer den Ufern des Inns folgte, erreichte die goldreiche Salzach und die bedeutenden Goldlagerstätten in den Tauern, und im Westen des Alpenvorlands trafen die Wanderer auf den Rhein mit seinen ergiebigen Goldsanden. Wenn sie zur Rheinquelle weiterzogen, konnten sie auch die Schweizer Goldflüsse Aare, Emme und die Bäche am Napf entdecken.

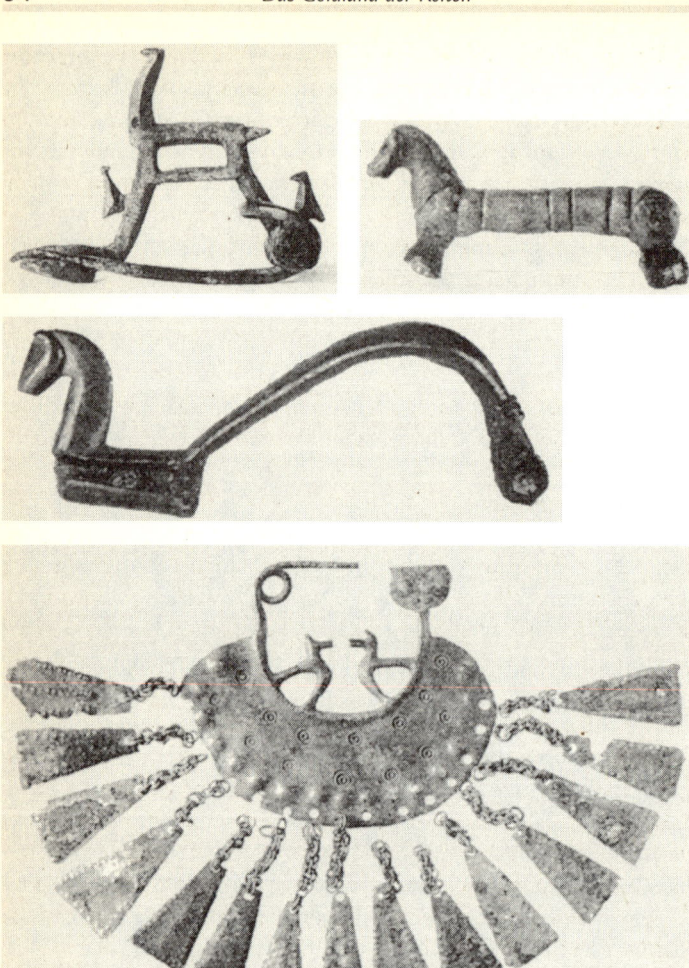

Abb. 5: Pferdedarstellungen aus der jüngeren Hallstattzeit. Welche Pferdeliebhaber die Proto-Kelten und Kelten waren, beweisen unzählige Pferdedarstellungen. Die dargestellten Fibeln wurden (von links oben nach rechts unten) im Altmühltal, bei Weißenburg, bei Grafrath (nahe Schöngeising!) und in der Nähe von Weilheim gefunden.

Bei ihrer Sesshaftwerdung müssen die Vorteile erheblich größer gewesen sein als die Probleme, vor die sie sich gestellt sahen.

Denn sie waren gezwungen, für Reiternomaden schier unüberwindbare Schwierigkeiten zu meistern, vor allem das Problem einer veränderten Pferdehaltung. Pferde lassen sich nicht so problemlos halten wie Haushunde, sondern sie brauchen – an die Steppen als Lebensräume gewohnt – eine besonders geeignete Umgebung.

Wer Pferde aus ihrer gewohnten Welt herausführt und sie in Gegenden ernährt, wo es keine natürlichen Grasflächen gibt, muss ihnen Weideplatz und Bewegungsmöglichkeit schaffen. Im Gegensatz zu den weiten Steppengebieten des Ostens war Westeuropa, besonders auch das Alpenvorland, großflächig von dichten Laubwäldern, Sümpfen und Feuchtgebieten bedeckt.

Diese geographischen Gegebenheiten erlaubten darum kein weiteres Nomadisieren mehr: Die Alpen versperrten – vor allem im Winter – den Weg nach Süden, und die starke Zergliederung der Landschaft beschränkte die Beweglichkeit auf bestimmte Routen. In der kalten Jahreszeit konnte man nicht in wärmere Gebiete ausweichen, sondern musste den Winter vor Ort verbringen.

Diese Umstände zwangen, das Nomadendasein aufzugeben. Die Winter erforderten Vorratswirtschaft und feste Behausungen. Wenn die einstigen Nomaden nun besonders Hochflächen besiedelten, so konnten sie hier ihre Pferde so unterbringen, dass sie sich keine nässebedingten Hufkrankheiten zuziehen konnten. Aber auch für den Ackerbau waren die trockeneren Hochlagen besser geeignet als feuchte Flussauen. Das sind Gründe dafür, warum viele Siedlungen und Befestigungsanlagen auf Hügeln angelegt wurden. Zu diesem Zweck mussten Hochgebiete fast flächendeckend gerodet werden, während die Niederungen meist von Feuchtgebieten und Auenwäldern geprägt waren.

Die Gesellschaft der Einwanderer gliederte sich in eine oberste Führungsschicht, einen Kriegeradel und die arbeitende Bevölkerung. Die Masse des Volkes musste auch in der neuen Heimat landwirtschaftlich und handwerklich für alle tätig sein, während die Führungselite zusammen mit der berittenen Kriegerkaste ihren eigenen Interessen und Zielen nachging.

Im neuen mitteleuropäischen Siedlungsgebiet wurden nun Herrschersitze bevorzugt auf Hügeln angelegt; die breite Bevölkerung lebte in bescheidenen Holzhäusern.

So bildete sich in Mitteleuropa bald eine Infrastruktur mit Höhensiedlungen, die von Festungen des Stammesadels beherrscht waren. Die Sitte, ihre Toten in Grabhügeln zu bestatten, hatten die Immigranten aus ihrer innerasiatischen Heimat mitgebracht.

Auf dem Gebiet der Metallurgie waren diese neuen Mitteleuropäer eigentliche Meister. Es entstanden prachtvoller Goldschmuck, technisch perfekte Bronzegegenstände, aber auch zierliche Glaswaren, darunter bereits blaues Glas, wie es für die späteren Kelten typisch wurde.

Dank ihrer leistungsfähigen Pferde, ihrer straffen sozialen Organisation und der fortgeschrittenen Waffentechnik waren sie der vorher ansässigen Bevölkerung weit überlegen. So konnte es nicht ausbleiben, dass sie diese verdrängten oder sich mit ihr vermischten.

Es erklärt sich von selbst, dass für Reiter zumindest Pfade angelegt werden mussten, wodurch die Siedlungen bald untereinander verbunden wurden. Und da man Wagen zum Gütertransport benutzte, mussten die Hauptverbindungswege auch befahrbar sein; offenbar hatten bereits die frühen Kelten ein funktionstüchtiges Straßensystem, das später den Römern zur Orientierung und als Basis für ihre eigene Straßenführung dienen würde. So sind später die ursprünglich keltischen Verkehrsverbindungen unter den römischen verschwunden, und nur die Römer gelten als Meister der Straßenbaukunst... Für das frühgeschichtliche Britannien hat Anne Ross, eine englische Keltenexpertin, diesen Zusammenhang erkannt. Nach ihrer Meinung war der schnelle römische Straßenbau im Keltengebiet nur möglich, »weil es bereits ein vorhandenes und leistungsfähiges System von einheimischen Straßen gegeben hat... Die Verwendbarkeit von Verkehrsmitteln auf Rädern... legt es nahe, dass einige Routen von ziemlich dauerhafter und instandgehaltener Art vorhanden waren.« [39:54]

Von Vorteil für die Einwanderer war im Übrigen auch die Tatsache, dass sie in den neuen Siedlungsgebieten nicht nur Ackerbauern vorfanden, sondern auch ein seit der Jungsteinzeit bestehendes Handelsnetz zwischen Nord- und Südeuropa. Darauf waren begehrte Güter wie Stein- und Bronzewerkzeuge, Kupfer, Zinn und Bernstein transportiert worden.

Wie alle Nomaden waren auch die Neuankömmlinge geborene Händler, die den Wert solcher Verbindungswege kannten. Durch ihre Fähigkeit, mit Pferd und Wagen große Gütermengen zu transportieren, waren Fortbestehen und weitere Entwicklung der vorhandenen Handelsstruktur garantiert.

Ab wann aber kann von einer endgültigen Sesshaftwerdung gesprochen werden?

Erinnern wir uns an die beiden am Anfang des Kapitels erwähnten Geschichtsschreiber. Bereits zu Beginn des 5. Jahrhunderts v. Chr. war von einem keltischen Siedlungsgebiet und keltischen »Städten« die Rede. Hekataios und Herodot kennen sogar keltische Städtenamen, auch wenn es uns heute schwer fällt, diese Namen wirklichen, archäologisch nachgewiesenen Siedlungen zuzuordnen. Dennoch ist eines klar: Die Menschen, um die es hier geht, waren am Ende des 6. Jahrhunderts v. Chr. zumindest teilweise sesshaft, und sie hatten ein System von politischen und wirtschaftlichen Zentren aufgebaut.

Und noch etwas geht aus der Notiz des Hekataios hervor: Der Name »Kelten« muss bereits am Ende des 6. Jahrhunderts v. Chr. so geläufig gewesen sein, dass der Geschichtsschreiber ihn auf seinen Reisen kennen lernen konnte. Das bedeutet aber, dass die Geschichte der Kelten nicht erst im 5. Jahrhundert v. Chr. begonnen haben kann, wie es noch heute in vielen Geschichtsbüchern steht. Allein diese Überlegung hätte schon längst zur Erkenntnis führen müssen, dass die Kulturkontinuität viel weiter ins erste vorchristliche Jahrtausend zurückreicht, d. h. dass mindestens die Hallstattzeit (750–500 v. Chr.) schon als frühkeltisch zu verstehen ist.

Dieser Gedanke fand in spektakulärer Weise seinen Ausdruck darin, dass die große Keltenausstellung in Rosenheim (1993) unter dem Motto »Das keltische Jahrtausend« stand. Die etwa seit dem Beginn des 1. Jahrtausends v. Chr. nach Mitteleuropa eingedrungenen Nomaden gelten also heute als »Proto-Kelten«.

Die Hallstattzeit etablierte in Mitteleuropa eine Kultur, die in manchen Bereichen schon Merkmale der keltischen Welt aufwies. Handwerk, Landwirtschaft und soziale Strukturen wurden weiterentwickelt: Mitteleuropa erlebte seine erste große Blüte. Mit phantastischen Goldschätzen ausgestattete Fürstengräber sind ein Ausdruck dieser Glanzzeit.

Am Ende der Hallstattzeit aber kam es zu schwerwiegenden Veränderungen. Offenbar erlebte Mitteleuropa eine einschneidende Krise. »Die alte keltische Welt brach zusammen, denn eine neue hatte sich aufgetan.« [37:93] Die alten Herrschaftsstrukturen hörten auf zu bestehen, und als Reaktion auf die Krise begaben sich einige Stämme erneut auf Wanderschaft. Man hoffte, anderswo im wahrsten Sinn des Wortes wieder »Boden unter den Füßen« zu gewinnen. Dabei wurde auch Oberitalien keltisch, das über beachtliche Goldvorkommen verfügte.

Seit dem Beginn des 5. Jahrhunderts v. Chr. hatte sich zwischen Ostfrankreich und Böhmen ein eigenständiger Kulturverband gebildet, der seinen künstlerischen Ausdruck in neuartigen Stilformen fand. Vertreter eines hochentwickelten Handwerks verliehen jetzt den Schmuck- und Kultgegenständen, aber auch den Waffen und Geräten des täglichen Gebrauchs eine typisch keltische Gestaltung; diese war oft aus griechischen oder etruskischen Vorbildern entwickelt worden. Die neue Epoche wurde nach dem Ort »La Tène« am Nordende des Neuenburger Sees in der Schweiz benannt, wo 1858 entscheidende Funde gemacht worden waren.

Es war nun ein keltisches Kerngebiet mit Zentrum am Mittelrhein entstanden, zu dem auch die heutige Schweiz, Südwest- und Süddeutschland und Teile des heutigen Österreich gehörten.

Trotz aller Veränderungen sind die Menschen der Latènezeit aber zwei Prinzipien treu geblieben, die bereits im Leben ihrer Ahnen eine Hauptrolle gespielt hatten. Keiner hat dies klarer erkannt als der griechische Geschichtsschreiber Polybios, wenn er von den Kelten berichtet: »An Besitz aber hatte jeder Haustiere und Gold, weil sie nur dies in Gefahren leicht überallhin bringen und nach ihrem Belieben mitnehmen konnten.« [Polybios 2,17,11] Genau diese Liebe zum Pferd (bzw. zu anderen Haustieren) und zum Gold verbindet die Reiternomaden der südrussischen Steppe mit den in Mitteleuropa sesshaft gewordenen Mitgliedern der Hallstattkultur und den Menschen der keltischen Latènezeit.

Aus ihrem Mutterland wanderten die Kelten später auch ins südliche und westliche Frankreich ein, wo sie die Goldlagerstätten genauso ausbeuteten wie in Spanien und Portugal. Auf der iberischen Halbinsel vermischten sie sich mit der einheimischen Bevölkerung (»Kelt-Iberer«). Schließlich wurden auch das südliche Britannien und Irland keltisch besiedelt, hatten doch die dortigen Gold- und Zinnlagerstätten eine starke Anziehungskraft ausgeübt.

Die keltischen Überfälle auf Rom 387 v. Chr. und hundert Jahre später auf das Heiligtum von Delphi im Jahr 279 v. Chr. beweisen, dass ihr Wandertrieb auch im 3. Jahrhundert v. Chr. noch nicht ganz erloschen war. Die Zielrichtung ihrer beiden Raubzüge war sicher durch den Goldreichtum bedingt, den sie zu plündern hofften.

Es muss aber nicht unbedingt sein, dass sich zu diesem Zeitpunkt immer noch Kelten auf der Wanderschaft und der Suche nach einer neuen Heimat befanden. Vielleicht wurden solche kurzfristigen Streifzüge nur von der berittenen Kriegerkaste einzelner Stämme unternommen, während das einfache Volk an die Scholle gebunden blieb. Man braucht nur an die Geschichte der Kreuzzüge zu denken, die z. T. in Beutefeldzüge ausarteten: Die meisten Kreuzritter verließen ihre Heimat auf Jahre, ohne dass man deshalb an der »Sesshaftigkeit« der mittelalterlichen Kultur in Europa zweifelt.

Schöngeising: ein keltischer Mikrokosmos

Kehren wir nun an den Ausgangspunkt dieses Buches zurück und begeben wir uns erneut an das Ufer des oberbayerischen Flusses Amper beim kleinen Ort Schöngeising. Auf Karten, welche die bisherigen archäologischen Funde der Gegend verzeichnen, fällt auf, dass hier für die Jungsteinzeit noch keine Besiedlung nachzuweisen ist.

Doch für die Bronzezeit mehren sich die Funde explosionsartig. Wie im übrigen Mitteleuropa hatte man auch hier Grabhügelfelder angelegt, deren Errichtung möglicherweise durch kulturelle Einflüsse aus dem Osten angeregt worden war.

Die ersten proto-keltischen Immigranten siedelten 1000 Jahre später, um 750 v. Chr., auf den Höhen am Rand des Ampertals. Erneut wurden Grabhügel aufgeschüttet, wobei man die alten Friedhöfe wiederbenutzte. Mit dem Beginn der Latènezeit (ca. 500 v. Chr.) änderten sich jedoch die Bestattungssitten, und man begrub die Toten in unscheinbaren Flachgräbern. Es wird vermutet, dass in der alten Heimat der Nomaden die Grabhügel eine zusätzliche Funktion hatten, vielleicht als Landmarken, an denen man sich in der Endlosigkeit der Steppe orientierte. Im hügeligen Gelände Süddeutschlands dagegen verloren sie schnell diese Bedeutung. Trotzdem blieb man den Begräbnisplätzen der Hallstattzeit treu, gelegentlich wurden sogar die alten Grabhügel für Nachbestattungen benutzt.

Offensichtlich verstanden sich die Kelten als Angehörige eines ungebrochenen Kulturzusammenhangs. Die für die Ewigkeit errichteten Grabmonumente ihrer Ahnen verliehen dem Ort eine sakrale Weihe. Ein Volk, das sich so sehr zu einem jenseitigen Leben hingezogen fühlte wie sie, empfand den Tod nicht als Ende. Deshalb fühlte man sich in der unmittelbaren Nachbarschaft von Gräbern wohl besonders geborgen, weil diese das Tor zum ewigen Leben markierten.

Gelegentlich ist sogar eine Kontinuität über die Latènezeit hinaus zu beobachten, denn selbst die römischen Invasoren und die noch nicht christianisierten Menschen des frühesten Mittel-

Schöngeising: ein keltischer Mikrokosmos

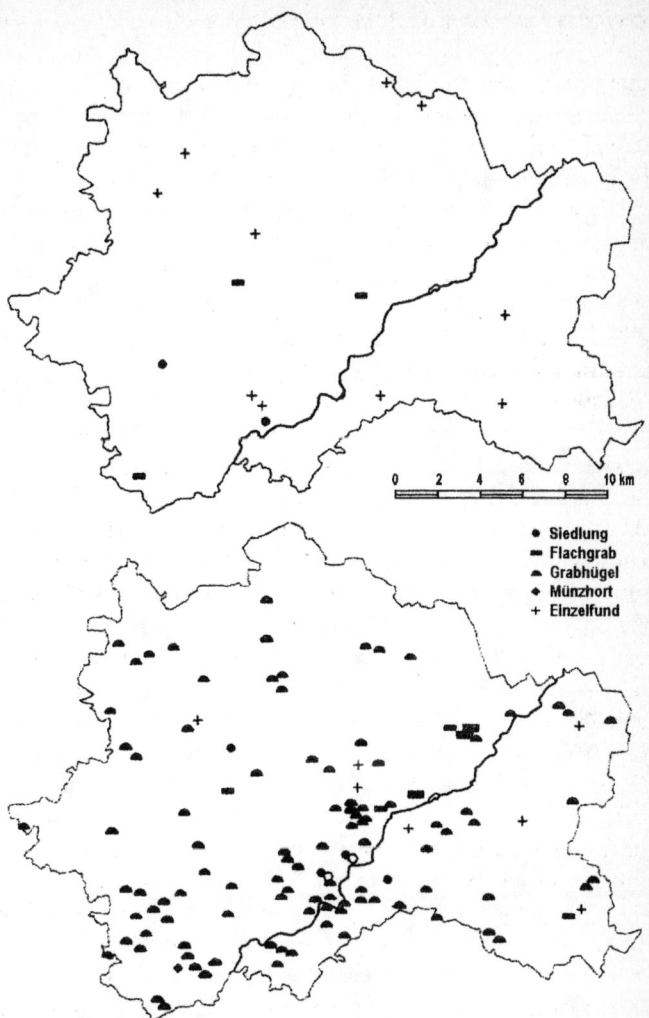

Abb. 6: Siedlungsgeschichte des Landkreises Fürstenfeldbruck von der Jungsteinzeit bis ins frühe Mittelalter. Anhand der archäologischen Funde ist erst seit der Bronze- und Urnenfelderzeit eine starke Besiedlung nachweisbar. Sie konzentriert sich vor allem auf die Höhenzüge entlang des Ampertals.

alters legten ihre Friedhöfe gern bei prähistorischen Grabhügelfeldern an. Das ist auch in der Gegend von Schöngeising zu beobachten, in dessen näherer Umgebung noch heute weit über 200 Grabhügel erkennbar sind. Besonders bemerkenswert ist dabei eine Nekropole von über 120 Grabhügeln auf dem Amperhochufer südöstlich des Ortes.

Im späten 19. Jahrhundert fanden hier Ausgrabungen statt, die jedoch nur einen sehr bedingten Anspruch auf Wissenschaftlichkeit erheben können. Der Münchner Historienmaler Julius Naue hatte sich nämlich von der »Commission für Erforschung der Urgeschichte Bayerns« die Genehmigung erteilen lassen, nach eigenem Gutdünken Grabhügel zu öffnen. Auf diese Weise durchsuchte er von 1883 bis 1900 an die 1000 Gräber [04:108], das sind zwei Hügel pro Woche. Dabei interessierten ihn nur die aus der Erde kommenden Gegenstände, die Grabungen selbst sind deshalb äußerst schlecht dokumentiert worden. Naue lieferte zwar eine Reihe von Funden bei der »Vorgeschichtlichen Staatssammlung« in München ab, aber es ist fraglich, ob er wirklich alles abgegeben hat. Auffällig ist jedenfalls das völlige Fehlen von Gold- und Silbergegenständen, was so gar nicht zu den Bestattungssitten des 1. vorchristlichen Jahrtausends passt! Seit dieser etwas zweifelhaften Tätigkeit Julius Naues ist übrigens im Landkreis Fürstenfeldbruck, zu dem Schöngeising gehört, kein Grabhügel mehr geöffnet und nach archäologischen Methoden erforscht worden.

Neben den Gräbern der Vorfahren gab es aber am Amperufer bei Schöngeising noch weitere Voraussetzungen, die diesen Platz für die Kelten attraktiv machten.

Abb. 7: Plan eines Grabhügels zwischen Aufkirchen und Nannhofen im Landkreis Fürstenfeldbruck, aufgenommen von Franz Xaver Therer im Jahr 1791.
Diese Arbeit ähnelt bereits sehr einer modernen archäologischen Kartierung. Sie ist ein Dokument dafür, dass in Ausnahmefällen bei Ausgrabungen schon vor 200 Jahren mit wissenschaftlicher Genauigkeit vorgegangen wurde. Dagegen gab es noch im späten 19. Jahrhundert Vorgehensweisen, die man heute als Grabräuberei bezeichnen würde.

Schöngeising: ein keltischer Mikrokosmos

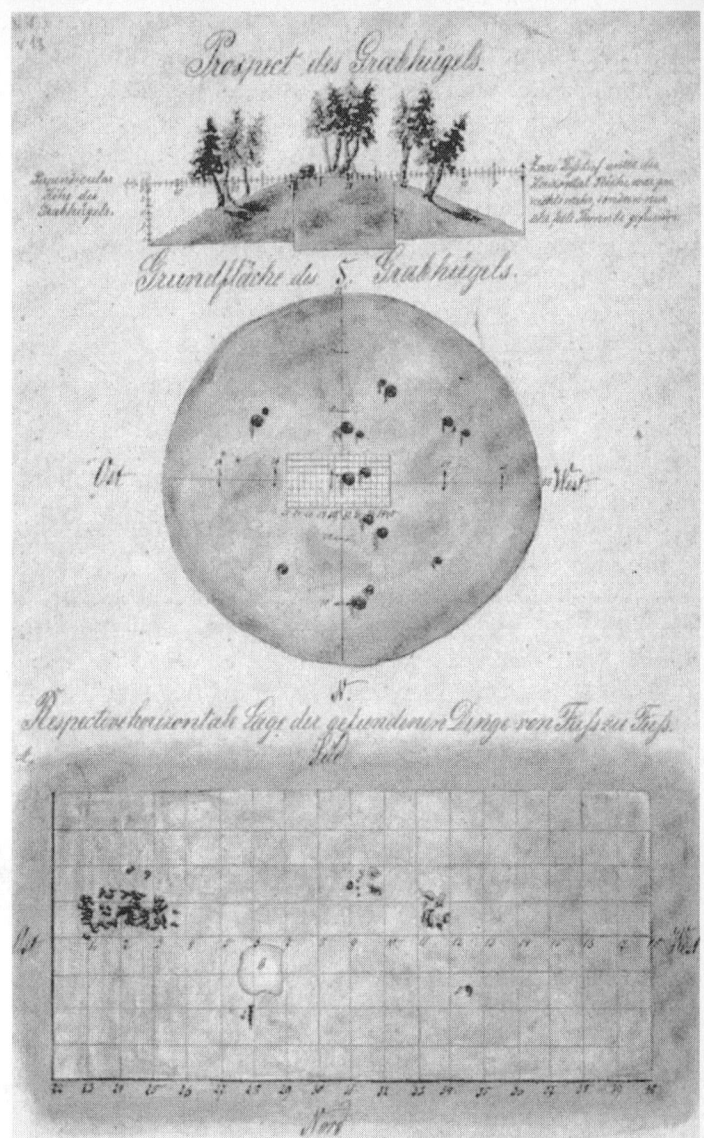

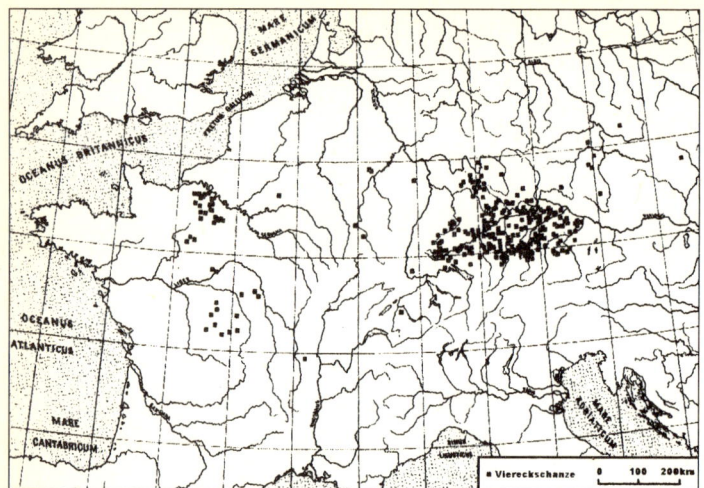

Abb. 8: Verbreitung der Viereckschanzen im westlichen Europa zur keltischen Blütezeit. Man erkennt deutlich, dass die meisten Schanzen zwischen Main und nördlichem Alpenrand verbreitet waren.

Das war vor allem die unmittelbare Nähe des Flusses, der wie alle Gewässer für die Kelten eine sakrale Bedeutung hatte; Wassergötter sind ein Charakteristikum keltischer Religiosität, und zudem war der Fluss Verkehrsweg und Goldlieferant.

Am Steilufer über dem Fluss errichtete sich der Stammesadel in strategisch günstiger Lage eine Festung, deren mehrfaches Wall- und Grabensystem noch heute deutlich zu erkennen ist, und auch spätere Zeiten benutzten den günstigen Platz zur Errichtung ihrer Burgen, wovon noch der heutige Name »Sunderburg« zeugt, der aus dem Mittelalter stammt.

Auf den trockenen Tundren der früheren Eiszeit konnte man am Rand des Amperhochufers effektiv Landwirtschaft betreiben. Auch heute werden diese Hochflächen z. T. noch landwirtschaftlich genutzt.

Auf den Flussterrassen der Amper finden sich aber auch jene Bodenstrukturen, die das Autorenteam dazu veranlasst haben, der »goldenen« Vergangenheit dieses Ortes nachzuspüren. Die Kelten wussten sehr genau, dass sich das Edelmetall nicht nur als Waschgold direkt im und am Fluss gewinnen ließ, sondern dass man im Tagebergbau auch auf den eiszeitlichen Hochufern fündig werden konnte. Es sieht ganz so aus, als hätte hier die Aussicht auf das edle Metall einen wesentlichen Anreiz für die Kontinuität der Besiedlung ausgemacht.

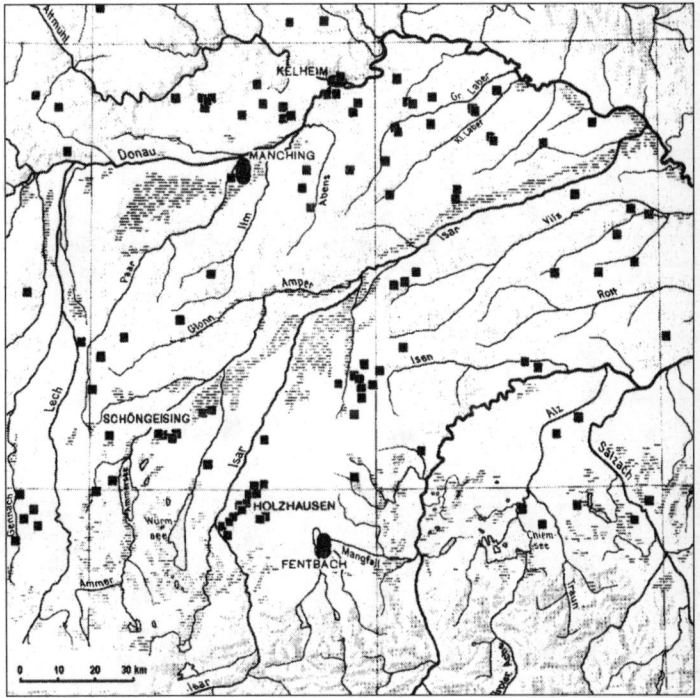

Abb. 9: *Verbreitung keltischer Viereckschanzen zwischen Lech, Donau, Salzach und Alpenrand. Auffällig ist, dass sehr viele Schanzen auf den Höhenrücken oberhalb der Flüsse liegen. Besonders deutlich ist dies entlang der Isar bei Holzhausen.*

Abgerundet wird das Bild eines keltischen Mikrokosmos bei Schöngeising dadurch, dass in allernächster Umgebung mehrere sog. »Viereckschanzen« errichtet wurden. Sie sind das typischste Merkmal der keltischen Blütezeit. Ihr weitaus größter Teil liegt übrigens in Süddeutschland.

Nach der wissenschaftlichen Erforschung einer einzigen solchen »Schanze« im Alpenvorland hat man bis in jüngste Zeit etwas voreilig als Ergebnis festgehalten, diese Geländedenkmäler hätten ausschließlich kultischen Zwecken gedient; so ist es auch in vielen Publikationen zu lesen. Doch das Bild hat sich in den letzten Jahren verändert. Fünf weitere von mehreren hundert Viereckschanzen wurden inzwischen archäologisch untersucht. Diese Ausgrabungen in Bayern und Baden-Württemberg konnten beweisen, dass die Funktionen der Erdbauwerke vielfältiger sind als bisher angenommen. Für einen Teil der Denkmäler wurde die religiöse Funktion durch spärliche Reste von hölzernen Tempeln und Brandopfern bestätigt.

Was man jedoch – passend zu der herkömmlichen Theorie – ausschließlich als Opferschacht interpretiert hatte, erwies sich bei der Erforschung der weiteren Objekte manchmal als Brunnenschacht oder Zisterne. Zusammen mit den Relikten von Gebäuden unterschiedlicher Größe und Funktion und dem Nachweis von Siedlungsabfällen und Stallmist liefern solche Brunnen jetzt einen Beweis dafür, dass ein Teil der »Schanzen« als befestigte Rechteckhöfe mit landwirtschaftlicher Nutzung anzusehen ist. Gelegentlich lässt sich auch handwerkliche Produktion innerhalb der Schanzen nachweisen. Das könnte ein Hinweis darauf sein, dass solche Bodendenkmäler auch Vorläufer oder ländliche Gegenstücke einer keltischen Urbanisierung sind. »Die bislang in der süddeutschen Forschung vertretene Interpretation als Heiligtümer und Kultplätze muss in dieser Form sicherlich korrigiert und mindestens ergänzt werden.« [24:33]

Doch die fünf in der näheren Umgebung von Schöngeising erhaltenen oder mithilfe von Luftbildern nachweisbaren Viereckschanzen sind noch weit von einer – wie auch immer gearteten –

Interpretation entfernt. Sie befinden sich, im Wald oder unter Ackerboden versteckt, nach wie vor in einem schon zwei Jahrtausende währenden Dornröschenschlaf; eine davon ist durch den Bau eines Forstweges bereits weitgehend zerstört. Auffällig ist, dass die nach der römischen Invasion angelegte und teilweise noch gut erkennbare Straße mitten zwischen den Bodendenkmälern hindurchführt. Könnte das nicht ein Hinweis darauf sein, dass es an dieser Stelle bereits eine keltische Trasse gegeben hat, die von latènezeitlichen Erdbauwerken gesäumt war und den Römern später als Fundament für ihren Straßenbau diente? »Manche Viereckschanzen liegen in der Nähe späterer Straßen, woraus man folgern kann, dass entweder die Viereckschanzen schon in der Eisenzeit am Straßenrand lagen oder dass sich die Römer bei der Anlage ihrer Straßen an den Schanzen, deutlichen Geländemarken, orientierten.« [26:132]

Ein Fluss, vorgeschichtliche Grabhügel, eine Höhenfestung und Viereckschanzen: all das sind Elemente keltischer Siedlungsgeschichte. Und mitten in diesem keltischen Mikrokosmos finden sich eindeutige Spuren von Tagebergbau. Passt das nicht alles wunderbar zusammen?

Aber hätte nicht schon längst jemand auf die Idee von der keltischen Goldgewinnung kommen müssen?

Vor dem Hintergrund dieser Frage begann das Autorenteam, die bayerische Landschaft mit aufmerksameren Augen zu betrachten. Dabei entdeckten wir an einer Reihe von Plätzen weitere eindeutige Spuren von Tagebergbau. Einem von uns fielen ähnliche Strukturen in der Nähe seiner Heimatstadt Memmingen auf. Der Platz zeigte im großen und ganzen eine vergleichbare Anlage wie das Gelände bei Schöngeising: Auch hier gibt es in der Nähe eines Flusses Grabhügel, Reste einer Erdburg und Bodenstrukturen, die nur durch Tagebergbau entstanden sein können.

Doch zusammen mit der Häufigkeit der Entdeckungen stellten sich auch Zweifel ein. War es denn möglich, dass die Kelten und ihre Vorfahren ihr Land großflächig nach Gold durchwühlt hatten? Freilich, sie hatten Jahrhunderte dazu Zeit gehabt und standen nicht unter Erfolgsdruck.

Warum aber waren die Spuren dieses Tagebergbaus nicht schon längst als solche interpretiert worden, besonders damals, als die Strukturen noch häufiger und deutlicher waren? Es war doch nicht möglich, dass niemand zuvor darüber nachgedacht und geschrieben hatte!

Da kam dem Autorenteam ein Zufall zu Hilfe. Auf der Suche nach weiterführender Literatur stieß Gerhard Nägele auf den 35., 38. und 41. Band des »Oberbayerischen Archivs für vaterländische Geschichte« aus den Jahren 1876, 1879 und 1882.

Darin verbarg sich der mehrteilige Aufsatz eines königlich-bayerischen Gerichtsschreibers namens Franz Seraph Hartmann, der sich in der Freizeit offensichtlich viel mit historischen und archäologischen Fragen beschäftigt hatte. Ihm und einigen von ihm zitierten Vorgängern waren in vielen Gegenden Bayerns eigenartige Spuren im Gelände aufgefallen, die fast ausschließlich in Wäldern zu finden waren: »In verschiedenen Gegenden von Oberbayern und Niederbayern, Franken und Schwaben, namentlich in den Flussgebieten der Donau und des Main und ihren Nebengebieten an Isar, Lech und Inn, zeigen sich massenhaft uralte Strukturen, welche schon früher die Geschichtsfreunde auf sich lenkten, in neuerer Zeit den Forschungsgeist in hohem Maß anregten und nunmehr die Frage über die Ursache und Zeit ihres Entstehens zu einer reichlich erörterten, ja zu einer brennenden gemacht haben.« [21:73]

F. S. Hartmann dachte intensiv über das Problem nach und kam nach einem Vergleich mit ihm bekannten Erscheinungen auf die Idee, es könne sich bei den »uralten Strukturen« nur um die Überreste prähistorischen Ackerbaus handeln. Er war bereits kritisch genug, eine frühere Interpretation zwar zu erwähnen, aber als unsinnig abzulehnen. Einige Forscher hatten nämlich geglaubt, die Spuren auf den »Wellenschlag früherer Diluvien« [21:74], d. h. auf die Sintflut, zurückführen zu können!

Unterstützt wurde Hartmann bei seiner Agrar-Theorie von – wie er selber schreibt – »landwirthschaftlichen Fachgelehrten«

[21:74], aber auch von ortsansässigen Bauern, die den Strukturen phantastische Namen wie »Heidenäcker, Heidenstränge, Heidenbeete, Heiden- und auch Römerfelder« gegeben hatten.

Da die vermeintlichen Felder meist auf den Hochufern von Flüssen lagen, war die Bezeichnung »Hochäcker« dafür naheliegend. Deshalb gab Hartmann seinen Beiträgen den Titel »Zur Hochäckerfrage«.

Es war – wie gesagt – nur einem glücklichen Zufall zu verdanken, dass das Autorenteam diese Aufsätze bemerkte, hinter denen es normalerweise nur Fachbeiträge zur Agrargeschichte vermutet und die es damit als unrelevant gar nicht berücksichtigt hätte.

In seinem Bericht führt Franz Seraph Hartmann eine unglaubliche Anzahl von »Hochäckern« auf: »im Stromgebiet des Mains«, in Mittelfranken, in der Oberpfalz, »im Stromgebiet des Lechs«, »im Flussgebiete der Amper«, »im Stromgebiet der Isar«, im »Flussgebiet des Inn« und »im Stromgebiet der Donau«. Er erwähnt auch »Hochäcker« in »germanischen Gebieten außerhalb Bayerns« und in anderen europäischen Ländern.

Was Hartmann nicht wissen konnte: Seine Charakterisierung der »Erdrücken… und dazwischen liegenden Vertiefungen« [21:741 als prähistorische »Hochäcker« blockierte für Jahrzehnte andere Deutungsansätze. Dabei hätten schon im 19. Jahrhundert einige Kriterien eine Deutung als alte Landwirtschaftsspuren äußerst unwahrscheinlich erscheinen lassen müssen:

Eine Anlage von einzelnen, meterbreiten Furchen ist agrartechnisch unpraktisch. Parallel zum Hang angelegte Furchen von einem halben bis mehreren Metern Tiefe hätten sich nach Regenfällen zu Wassergräben verwandelt. Die beschriebenen »Hochäcker« hätten daher öfter asiatischen Reisfeldern als mitteleuropäischen Agrarstrukturen geglichen.

F. S. Hartmann berichtet aber von Ackerlängen mit ca. 600 bis 3500 Metern. Die alten »Anbauflächen« müssten also wie moderne Großfarmen oder Kolchosen ausgesehen haben. Damit wäre aber (ohne die heutigen Agrarmaschinen!) prähistorischer Landbau praktisch unmöglich gewesen. Welchen Sinn sollen im

Übrigen zwischen zwei und 30 (!) Meter breite Furchen gehabt haben? Selbst Hochleistungstraktoren wären heute nicht in der Lage, entsprechende Pflüge zu ziehen.

Im Übrigen besitzen wir, was das keltische Britannien und Irland anbelangt, Informationen über den damaligen Ackerbau. Die britische Keltenexpertin Anne Ross konnte nachweisen, wie die entsprechenden Agrarstrukturen aussahen: Es handelt sich dabei um durchschnittlich nur 0,13 Hektar große Felder. Vergleichbares hat sich 1995 auf der größten archäologischen Grabungsstätte Bayerns im Altmühltal gezeigt, wo 50 Archäologen und Grabungshelfer ein fast vier Hektar großes Gelände erforschten. Zwischen Häusern und Häusergruppen stieß man auf die Spuren kleiner Ackerflächen.

Was die Datierung seiner »Hochäcker« anbelangt, kam F. S. Hartmann auf Grund seiner Beobachtungen übrigens zu wesentlich vernünftigeren Ergebnissen. Aus der Tatsache, dass einzelne Römerstraßen die »Anbauflächen« durchschneiden, zog er den völlig richtigen Schluss, die Strukturen müssten vor der römischen Invasion entstanden sein. Und dass es Spuren von »Hochäckern« in Gebieten gibt, »wohin römische Cultur bestimmt nicht gedrungen ist« [21:102], ließ ihn folgern, dass sie »nicht Reste römischer Cultur und römischen Feldbaues seien.« Außerdem ist dem Autor sehr wohl aufgefallen, dass »sich einzelne Grabhügel, sowie große und kleine Gruppen derselben innerhalb der Hochäckergebiete« [21:94] befinden.

Hartmanns Abschnitt über »Hochäcker« »im Flussgebiet der Amper« gab dem Autorenteam bei einem direkten Vergleich dann letzte Gewissheit: Hartmann hat mit seinen vermeintlichen Ackerbaustrukturen genau die Flächen gemeint, auf denen die Kelten Tagebergbau betrieben hatten.

Während der Diskussion über die Funktion der Strukturen war übrigens von anderer Seite auch der Vorschlag gemacht worden, sie als Hohlwege zu interpretieren. Doch was soll eine große Zahl eng und parallel nebeneinander verlaufender Wege, die aus heiterem Himmel mitten im Gelände anfangen und wieder abbrechen, für einen Sinn haben?

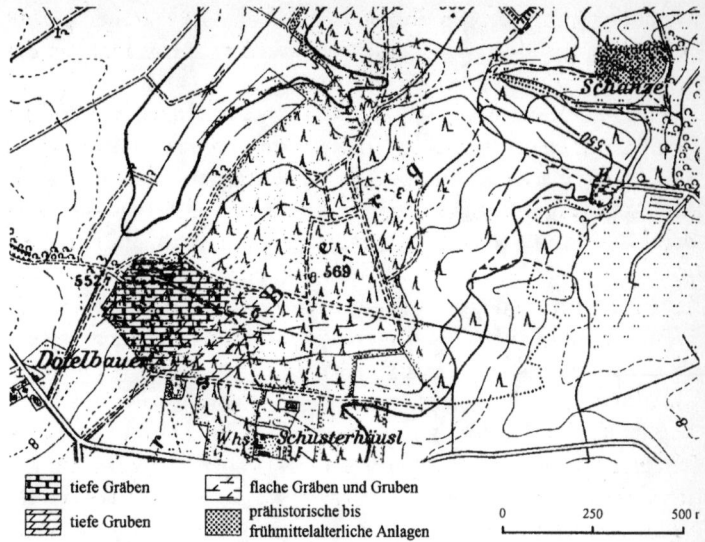

Abb. 10: Der Tagebergbau bei Germering. Einen Kilometer südwestlich einer eindrucksvollen keltischen Erdburg finden sich deutliche Abbauspuren. Hier war mehrere Meter tief gegraben worden, vermutlich um in dem stark eisenhaltigen Molassesand Eisenerz zu gewinnen.

Trotz all dieser Erkenntnisse waren die Zweifel des Autorenteams noch nicht endgültig beseitigt. Die von F. S. Hartmann falsch interpretierten Spuren eines Tagebergbaus waren im westlichen Europa verbreitet, unglücklicherweise aber auch in Gebieten, in denen Goldgewinnung aus geologischer Sicht kaum anzunehmen war. Das waren z. B. im Alpenvorland Flächen, die nicht mit Flussablagerungen bedeckt sind, sondern wo die viel älteren Molasse-Sedimente an der Erdoberfläche liegen.

Einen dieser Plätze kannten die zwei Geologen des Teams aus eigener Anschauung: den Tagebergbau bei Germering, westlich von München. Es war ihnen aufgefallen, dass die Molasse an dieser Stelle zu einem großen Teil aus stark eisenhaltigem Sandsteingeröll besteht. Hatte man hier vielleicht nicht nach Gold, sondern nach Eisen gesucht? Dafür sprach auch, dass vereinzelt Schlacken zu finden waren, die ein Hinweis auf Eisenverhüttung sein konnten.

Um jetzt ein für allemal Klarheit zu erhalten, war eine neue langwierige Suche in der Literatur vonnöten. Schließlich wurde man dank mancher Anregungen von anderer Seite fündig: In der Augsburger Gegend war großflächig Tagebergbau mit über 10 000 Gruben nachgewiesen worden; man hatte Eisenkonkretionen in Molasseablagerungen gesucht und gefunden. Keramikfunde machten deutlich, dass diese Art der Erzgewinnung ihre Blütezeit im frühen Mittelalter hatte und vereinzelt bis ins 13. Jahrhundert fortgesetzt wurde. [16,17]

Es ist bekannt, dass in späteren Epochen prähistorischer Bergbau häufig überschürft worden ist, wobei die älteren Spuren oft verloren gingen. An einigen Stellen war aber den Archäologen der unmissverständliche Nachweis eines prähistorischen Eisenerz-Abbaus gelungen.

Die Tatsache, dass gegen 750 v. Chr. in Mitteleuropa die Eisenzeit begonnen hat, ist letztlich der eindeutige Beweis: Bereits die Proto-Kelten haben begonnen, Eisenerze zu suchen und abzubauen. »Weil Eisen fast überall leicht zu gewinnen war, verlor das Kontrollsystem über den Kupfer- und Zinnhandel an Bedeutung. Fast jede Region konnte ihren Metallbedarf nun weitgehend selbst decken.« [37:218]

Nun stellte sich die Frage, ob in dem an der Amper entdeckten Tagebergbau überhaupt Gold gewonnen wurde und nicht etwa Eisen. Die wenigen vom Autorenteam erwaschenen Goldflitter reichten jetzt nicht mehr als Beweis. Eines war zumindest von vornherein klar: In den Tagebergbaufeldern bei Schöngeising waren nur die Ablagerungen der nacheiszeitlichen Amper durchwühlt worden, in denen keine Eisenkonkretionen zu entdecken waren.

Wieder einmal waren Toni Heinzinger und Otto Förster schwer bepackt unterwegs. Auf einer Karte der Umgebung hatten sie das Untersuchungsgebiet eingezeichnet. Jetzt ging es um die

Schöngeising: ein keltischer Mikrokosmos

Abb. 11: Tagebergbauspuren bei Germering. Dutzende von bis zu 4 m tiefen Gräben und entsprechenden Wällen zeugen von einer regen bergbaulichen Tätigkeit.

Frage aller Fragen: Lag hier wirklich überall Gold verborgen, und wenn ja, in welcher Konzentration?

Toni Heinzinger rammte den Bohrstock in den Waldboden, Otto Förster trieb die Stahlstange mit einem Vorschlaghammer tiefer in den Boden. Die Lumpen, mit denen der Hammerkopf umwickelt war, verhinderten, dass es Hunderte von Metern weit schallte und Neugierige anzog.

Nachdem die ein Meter lange Stange eingeschlagen war, schoben sie eine Querstange durch die Öffnung im oberen Ende des Bohrstocks und zogen dann die Rammsonde mit drehenden Bewegungen heraus. Sand und Erde, die in der eingefrästen Nut der Stange steckten, wurden vorsichtig herausgekratzt und als Probegut in bereitgehaltene Beutel gefüllt.

Weiter ging es zum nächsten Platz. Es wurden auch von Stellen Proben genommen, die keine Förderspuren aufwiesen. Dann verschwanden die beiden wieder in den Gräben oder trichterförmigen Löchern des uralten Tagebergbaus. Sie schwitzten tüchtig, wenn der Bohrstock manchmal wie einzementiert schien und es aussah, als wolle er für immer im Boden steckenbleiben.

Jetzt konnten sie die Tragweite eines Zitats aus einem Geologielehrbuch am eigenen Leib spüren: »Solche Sondierungen mit dem Bohrstock sind je nach der Problematik verschieden dicht beieinander durchzuführen, sodass auf einen Quadratkilometer bis mehrere hundert Bohrungen entfallen können.« Manchmal verspürten die beiden den Wunsch, sich unter einem Baum auszustrecken und von Gold einfach nur zu träumen…

Die Proben wurden zur Analyse an ein besonders qualifiziertes Institut in England geschickt. Nach einigen Wochen stand das spektakuläre Ergebnis fest:

In den alten Tagebergbauen entlang der Amper gibt es Gold.

Die Analysen ergaben Gehalte von 0,1–0,3 ppm, das sind 0,1–0,3 Gramm pro Tonne Sand und Geröll. Das klingt nicht nach viel. Aber die berühmten spanischen Goldlagerstätten, von denen wir definitiv wissen, dass sie zu Zeiten der Kelten und Römer intensiv abgebaut wurden, besitzen die gleichen Goldgehalte.

Berechnen wir doch einfach die in den Ablagerungen der Amper enthaltene Goldmenge anhand der Ergebnisse und betrachten wir den Durchschnittswert von 0,2 Gramm Gold pro Tonne, bezogen auf eine Schicht von 100 Zentimeter Dicke und einen Quadratkilometer Fläche. Weil ein Kubikmeter Ablagerungen rund zwei Tonnen wiegt, könnte man demnach auf einem Quadratkilometer im Durchschnitt 400 Kilogramm Gold finden!

Müsste jetzt nicht heftiges Goldfieber ausbrechen und ein neuer Goldrausch um sich greifen?

Sehen wir uns die Zahlen und die Zusammenhänge etwas genauer an. Bei Anwendung eines umweltfreundlichen Verfahrens ließen sich hier ca. 60 Prozent des Goldgehalts gewinnen, das entspricht 240 Kilogramm pro Quadratkilometer. Bei einem Goldpreis von etwa 20 000 Mark pro Kilogramm könnte demzufolge auf einem Quadratkilometer Gold im Wert von durchschnittlich 5 Millionen DM gewonnen werden.

»Nichts wie hin!«, könnte die Devise immer noch lauten. – Aber wir leben in einem Land mit dichter Bebauung, in dem jeder Quadratmeter genutzt und ohnehin nicht herrenlos ist. Zudem ist uns Landschaftsschutz zum Bedürfnis geworden. Die Abfindung der Eigentümer sowie eine Renaturierung des durch den Minenbetrieb verwüsteten Geländes würden so viel kosten, dass sich unter heutigen Bedingungen die Goldausbeute nicht lohnt.

Für die Kelten galten solche Einschränkungen nicht. Außerdem waren selbst vergleichsweise kleine Mengen Flussgold von großer Bedeutung und viel weniger arbeitsintensiv und schwierig als die Gewinnung von Gold aus festem Gestein. Die großen Goldlagerstätten außerhalb Europas waren noch nicht zugänglich und deshalb unbekannt. Für die Kelten war darum alles Gold der Welt nur in ihrer eigenen Welt zu finden. Dabei war die Gewinnung aus dem Flusssand die einfachste und oft einzige Möglichkeit, zu dem begehrten Metall zu kommen.

Man kann nicht genug Hochachtung vor den Kelten haben, die so vieles zur gleichen Zeit waren: Ackerbauern und Viehzüchter, versierte Handwerker, Bergleute und Metallurgen.

Das Goldland der Kelten

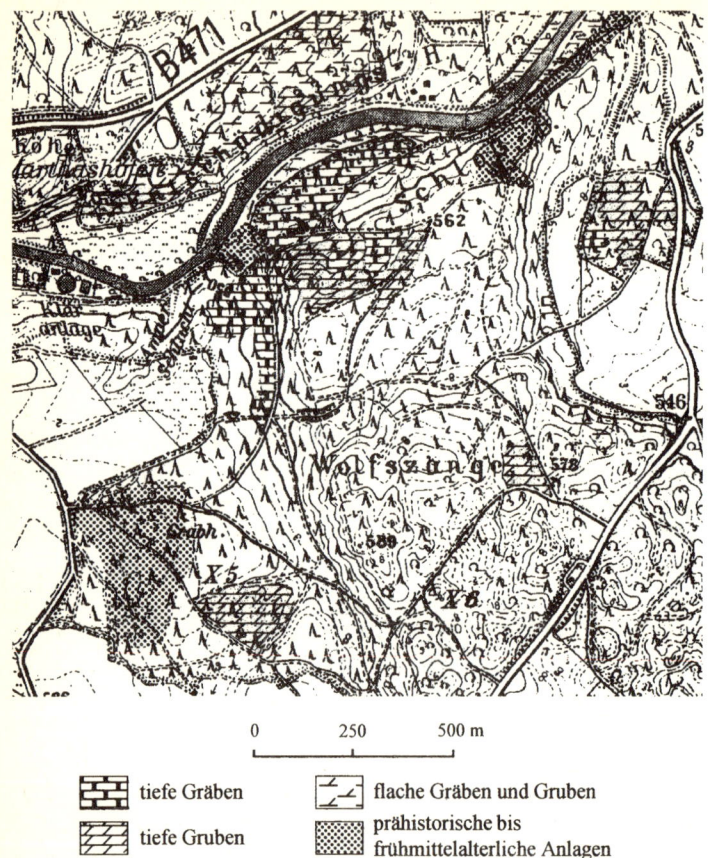

0   250   500 m

▦ tiefe Gräben ▨ flache Gräben und Gruben
▧ tiefe Gruben ▩ prähistorische bis frühmittelalterliche Anlagen

Abb. 12: Das Goldfeld bei Schöngeising. Südwestlich von Schöngeising finden sich beiderseits der Amper auf den Altterrassen des Flusses deutliche Spuren einstiger Tagebergbaue. Die Goldgehalte entsprechen dort noch heute denen der berühmten ibero-keltischen Goldfelder in Spanien, die später von den Römern ausgebeutet wurden. Umgeben sind die Tagebauspuren von Grabhügelfeldern und Befestigungsanlagen.

Dazu rodeten sie große Flächen für ihr Vieh, den Feldbau und den Tagebergbau; viel Holz wurde auch zum Verhütten der Erze benötigt.

Wir dürfen uns ihr Land deshalb nicht als prähistorische Idylle vorstellen. Vielmehr erfüllten Rauch und Geruch von Schmelzöfen und Köhlereien die Luft, und der Lärm von Hacken, Schaufeln und Hammerwerken lag über der Landschaft. Ein heutiger Landschaftsschützer wäre schockiert, müsste er die keltischen Umweltsünden mitansehen!

Den Römern waren solche schädlichen Einflüsse auf Mensch und Umwelt durchaus bewusst. Strabo z.B. berichtet über die Absenkung des Grundwassers als Folge der Nutzung eines spanischen Flusses für die Goldwäsche. Er und der ältere Plinius warnen auch vor dem Einatmen von Luft, die durch Rauchgase von der Erz-Verhüttung vergiftet sein kann.

Auch aus der frühen Neuzeit besitzen wir Beschreibungen von Umweltschäden. Georg Agricola schlug im 16. Jahrhundert bereits Flugstaubkammern vor, um den Rauch von giftigem Metallstaub zu reinigen. Auch kennt er die Gefahren des Quecksilbers und gibt den Rat, dass Metallarbeiter mit dem Rücken zum Wind stehen sollten, um Quecksilberdämpfe nicht einzuatmen. [20]

Insgesamt ist die kleine Welt an der Amper mit dem Goldtagebergbau, den Grabhügeln und den Befestigungsanlagen ein Abbild des riesigen keltischen Siedlungsgebiets. Es gehört übrigens mit zur früheren Bedeutung Schöngeisings und der Goldgewinnung in der Ampergegend, dass sich hier auffällig viele Sagen – einige von Goldschätzen – erhalten haben. Ähnliches findet sich sonst nur in reichen Bergbaugebieten wie im Bayerischen oder im Böhmerwald.

Eine dieser Geschichten lautet so:
Auf den waldigen Höhen, die sich am östlichen Ufer des Amperflusses hinziehen, sind, nicht fern vom Dorf Schöngeising, Spuren alter Befestigungen zu treffen, die das Volk »Sunnen-

burg« oder *»Sonnenburg«* nennt. *Wie die Burg zugrunde ging, das hinterbringen uns keine Dokumente, aber das Volk weiß es zu erzählen.*

Gleich anderen Burgen ist die Sunderburg versunken mit allen ihren Bewohnern und allen ihren Schätzen. Im Brunnen des Schlosses liegen zwei Wassereimer voll Gold, und schon manchen Habsüchtigen hat die Lust angewandelt, diesen Schatz aus der Tiefe herauszufischen.

Oft haben die Leute Glasscherben umhergestreut liegen sehen. Einmal schob ein Bauer von Schöngeising ein Stück davon ein und trug es nach Hause. Siehe da – das Glasstück war in Gold verwandelt. Als der Glückliche zurückeilte, noch mehr Glasscherben zu holen, fand er keine mehr.

Gekürzt und leicht verändert, nach [43: Nr. 1218]

Eine weitere Geschichte erzählt von einem Schatz am Kellerbach. Dieser Bach liegt im Forstrevier Schöngeising und fließt in die Amper. An einem unbestimmten Platz in der Nähe dieses Bachs soll seit uralten Zeiten eine Kiste voll Gold vergraben liegen. Solche Sagen zeigen, dass in der Volkserinnerung noch Spuren des Wissens über einstigen Goldabbau und Reichtum vorhanden sind. Aus welcher Zeit allerdings der historische Kern stammt, lässt sich nicht mehr rekonstruieren.

Die Blütezeit der keltischen Kultur

Zwei Metalle haben also bei der Entstehung der keltischen Welt eine überragende Rolle gespielt: Eisen und Gold.

Als um 750 v. Chr. aus Innerasien nach Westen vordringende Reiternomaden das nördliche Alpenvorland erreichten, brachten sie das Wissen um die Eisenverhüttung mit sich. Ihre Innovationen waren Schachtofen, Blasebalg und eine geeignete Schmiedetechnik zur Herstellung von Stahl. Dieses Wissen löste geradezu eine politische und wirtschaftliche Revolution in Europa aus. Da Bronze aus Kupfer, Blei und Zinn hergestellt wird, hatten die Besitzer dieser Lagerstätten große Macht und gewaltigen Reichtum besessen. Doch dieses Monopol war nun gebrochen, und die Bronzezeit ging ihrem Ende entgegen.

Im Gegensatz zu Kupfer, Blei und Zinn kommt Eisenerz fast überall vor. Gerade die mit der damaligen Technik verhüttbaren Erze waren leicht zu gewinnen: Raseneisenerz, Bohnerz und Eisenkonkretionen. Daraus wurde mit Holzkohle in Lehmöfen das Eisen erschmolzen, das versierte Schmiede weiter verarbeiteten. Die neuen Geräte und Waffen waren erheblich haltbarer und später auch preisgünstiger als ihre bronzenen Vorgänger (»Wälder waren schneller zu roden, Äcker leichter zu pflügen, die landwirtschaftliche Produktion stieg, und ein allgemeiner wirtschaftlicher Aufstieg begann.« [37:218]); eiserne Waffen veränderten übrigens auch die Kampftechnik.

Bereits um die Mitte des 5. Jahrhunderts v. Chr. muss die Produktion von Nahrungsmitteln einen derartigen Aufschwung genommen haben, dass man auf einen Teil der arbeitenden Bevölkerung in der Landwirtschaft verzichten konnte. Aus ihnen wurden hauptberufliche Handwerker, und ein Spezialistentum entstand.

Da der Aufstieg der Kelten auf das Eisen als wesentlichen Faktor zurückzuführen ist, spielten geschickte und erfahrene Schmiede eine überragende Rolle innerhalb der eisenzeitlichen Gesellschaft; sie nahmen die Stellung ein, die in unserer Zeit Physiker, Chemiker und Ingenieure innehaben.

Dem Edelmetall Gold kam zunächst »vorwiegend ein sakralmagischer, nicht ein merkantiler Charakter zu.« [03:144]

Man fertigte daraus anfangs nur Kultgegenstände und Schmuck, wobei die für das Keltentum typischen »Torques« beide Funktionen miteinander verbanden. Es handelte sich dabei um meist goldene Halsreifen, die in der Latènezeit einen künstlerischen Höhepunkt erreichen. Perser, Griechen und Etrusker hatten diese Art von Schmuck bereits hergestellt, doch kam ihm in der Vorstellung der Kelten eine besondere soziale und religiöse Bedeutung zu. Soweit wir aus archäologischen Funden rekonstruieren können, wurden Torques zunächst nur von keltischen Frauen getragen und ihnen nach dem Tod ins Grab mitgegeben.

Zu Beginn des 3. vorchristlichen Jahrhunderts haben offenbar die Männer diese Sitte übernommen. In beiden Fällen wollte man mit dem Halsring eine besondere Beziehung zu bestimmten Gottheiten herstellen, die in der keltischen Kunst auch oft mit Torques dargestellt wurden. Das göttliche Metall Gold war dazu natürlich besonders geeignet, mit ihm brachte der Mensch seine Verehrung und seine Bitte um Schutz zum Ausdruck.

Ein guter Kontakt zu den Göttern wurde in irdischer Macht sichtbar. Deshalb trugen vor allem die Stammeshäuptlinge und Vertreter des Kriegeradels, die sich durch besondere Tapferkeit ausgezeichnet hatten, diese kunstvollen Halsringe. Antike Autoren berichten, dass Torques unter der keltischen Aristokratie sehr verbreitet waren. Über das gesamte ehemalige Keltengebiet verstreut, sind davon in unserer Zeit über 150 prachtvolle Exemplare gefunden worden, in erster Linie als Votiv- und Grabbeigaben. Manche dieser goldenen Repräsentationsstücke waren über ein Kilogramm schwer. [12] Wie auch aus anderen goldenen Grabbeigaben zu erkennen, wurde das Edelmetall oft zusammen mit den Toten der Erde zurückgegeben, aus der es einst gewonnen worden war: Das war ein Bestandteil keltischer Religiosität. Offensichtlich fühlte man sich nicht als Eigentümer des Goldes, sondern es war für den Menschen nur eine göttliche »Leihgabe«, die er nach dem Tod in die jenseitige Welt zurückbrachte. Dies gilt übrigens auch für keltische Schatzfunde aus Gewässern: »Flüsse und Gewässer hatten bei den Kelten die Bedeutung von Verbindungssträngen zur überirdischen Welt, zum göttlichen Reich und zum Jenseits.« [18:16] So ist es ganz natürlich, dass das aus dem Wasser gewonnene Gold wieder seinen Weg ins Wasser fand. »Letztlich wurde das geopferte Gold dorthin zurückgebracht, wo es herkam – und damit war der Kreislauf geschlossen.« [18:17]

Im 3. Jahrhundert v. Chr. spielte das Gold aber noch eine weitere wichtige Rolle in der keltischen Gesellschaft:

Die zunehmende Spezialisierung der Bevölkerung bedingte eine Ausweitung des Handels, denn Produkte aller Art mussten nun zum Verbraucher gebracht werden: Nahrungsmittel zu Handwerkern und der militärischen Führungsschicht, Handwerkserzeugnisse zu den gleichen Bevölkerungsgruppen und den Bauern.

So entstand eine Infrastruktur von Großhandelszentren, die von ländlichen Kleinzentren umgeben waren. Die Erzeugnisse wurden über Straßen und auf Flüssen zu diesen Zentren transportiert, Rastplätze für Händler und Zugtiere, Reparaturwerkstätten zur Versorgung von Transportwagen und Schiffen mussten gebaut werden.

Solche Warenströme lassen sich naturgemäß nicht mehr mit reinem Tauschhandel bewältigen. Als Konsequenz begannen die Kelten in der zweiten Hälfte des 3. Jahrhunderts v. Chr., Münzen aus Gold, Silber und Bronze zu prägen. Als Vorbild wählten sie die Münzen der Griechen, der neben Karthago größten damaligen Handelsmacht, zu der sie rege Kontakte unterhielten. Doch es gab noch einen anderen Grund für den Beginn keltischer Münzprägung: »Ein wesentlicher Auslöser... war sicherlich die Beteiligung von keltischen Söldnern in den Heeren der hellenistischen Herrscher des 3. und 2. Jahrhunderts v. Chr. Sie ließen sich... mit Gold- und Silbermünzen bezahlen.... Als Zahlungsmittel akzeptierten sie gerne die hochwertigen Goldstatere... von Herrschern, deren Münzen... wegen ihres hohen Goldgehaltes sehr geschätzt wurden.« [52:127]

Die von Händlern oder Söldnern heimgebrachten griechischen Münzen konnten nun als Muster dienen für die eigene Herstellung von Münzen; Gewicht und Goldgehalt der Vorbilder wurden beibehalten. Es muss eine gut funktionierende keltische Verwaltungsstruktur gegeben haben, die allmählich im gesamten Kulturbereich geprägte, vergleichbare Münzen als Norm durchsetzte. So war Handel im gesamten Siedlungsgebiet und darüber hinaus möglich. Die Kelten konnten also durchaus pragmatisch sein, wenn es wirtschaftlichen Interessen diente. Gefördert wurde diese Entwicklung durch eine ständige Berührung mit den Mittelmeerregionen, deren Händler das gute Keltengold sicherlich gern in Zahlung nahmen.

Keltische Münzen wurden in verschiedenen Münzstätten geprägt, die sich nach ihrer spezifischen Technik unterscheiden. Außerdem gibt es eine auffällige Besonderheit: Prägungen aus dem Gebiet zwischen Alpen und Donau sind die berühmten Regenbogenschüsselchen. So wurden keltische Münzen im Volksmund dann genannt, wenn sie nicht flach waren, sondern beim Prägevorgang eine charakteristische Schüsselform erhalten hatten; man erzählte dann, solche Goldmünzen seien nur dort zu finden, wo ein Regenbogen die Erde berührt habe. Diese Legende hat einen realistischen Kern: Im Ackerboden versteckte Regenbogenschüsselchen wurden bei heftigen Gewitterregen aus der Erde gewaschen, von der Sonne zum Glänzen gebracht und konnten deshalb leichter entdeckt werden.

Mit der Zeit wurden die keltischen Münzbilder immer abstrakter, sodass heute bei manchen eine plausible Interpretation Schwierigkeiten bereitet. Offenbar hatten sie zunächst auch kultische und magische Bedeutung, wofür die abstrakt-mythologischen Motive sprechen. »Man kann ohne weiteres davon ausgehen, dass die ersten Goldmünzen den Göttern geweiht waren.« [13:355] Noch Anfang des 18. Jahrhunderts wird in einem medizinischen Werk die Heilkraft von Regenbogenschüsselchen beschrieben. Sie sollten vorzüglich gegen Fieber wirken und die Geburt erleichtern, wenn man sie Getränken beifügte [15:7].

Funde von einzelnen Goldmünzen auf keltischen Friedhöfen können übrigens leicht zu dem (Fehl-)Schluss führen, die Prägungen hätten immer fast ausschließlich religiösen Charakter besessen. So wird es jedenfalls gelegentlich in der Literatur dargestellt, wo gern von »heiligem Geld« die Rede ist. Aber wo sonst als in Grabstätten, die von den meisten Menschen geachtet wurden und daher häufig unangetastet blieben, hätten diese kleinen Kunstwerke die Zeit überdauern können?

Gelegentlich finden sich aber auch größere Münzschätze, die unter dem Einfluss von drohenden Gefahren eilig vergraben worden waren. Gerade solche Hortfunde zeigen deutlich, dass die Münzen in erster Linie Zahlungsmittel waren. Allein in Südbayern hat man ein knappes Dutzend solcher keltischen Geldverstecke gefunden.

Die Weiterentwicklung der metallurgischen und handwerklichen Kenntnisse der Proto-Kelten war auch Voraussetzung dafür, dass die europäischen Goldlagerstätten intensiver ausge-

Abb. 13: Keltische Goldmünzen.
Münzschatz von Großbissendorf/Oberpfalz.

beutet werden konnten. Nur so war es möglich, die benötigten Goldmengen zu beschaffen.

Wie schon erwähnt, war die große Zeit der Kelten sehr stark von Kontakten zum mediterranen Raum bestimmt. Das zeigte sich in ihren kriegerischen Beutezügen im 4./3. Jahrhundert v. Chr. nach Italien und Griechenland wie auch ihrer Rolle als Zwischenhändler von Norden nach Süden und umgekehrt.

Mit großer Wahrscheinlichkeit waren es auch die Eindrücke von Kriegern oder Händlern in südlichen Regionen, die zu einer keltischen Urbanisierung führten. Denn schließlich waren es die Kelten, die als erste städtisches Leben in das Land nördlich der Alpen brachten.

Die seit dem 2. Jahrhundert v. Chr. entstandenen keltischen Großhandelszentren haben in der historischen und archäologischen Wissenschaft den Namen »Oppida« bekommen, weil Caesar in seiner Beschreibung der Unterwerfung Galliens diese Bezeichnung verwendet hat. Aber er hat diesen Begriff nicht etwa für die keltischen Anlagen erfunden, sondern einfach den römischen Begriff darauf übertragen.

Keltische Oppida gelten als Charakteristikum der Blütezeit dieses Volkes. Dass man sich auch in der Antike über die Definition des Begriffes nicht im Klaren war, zeigt die Tatsache, dass der römische Naturforscher Plinius, der für die römischen Provinzen in Südfrankreich und in Zentralspanien zusammen eine Zahl von 876 Oppida nennt. [Plin.Nat.hist. 3,18] Damit kann er aber unmöglich nur städtische Siedlungen, sondern muss auch wesentlich kleinere Anlagen wie Adelsburgen oder Herrensitze gemeint haben. Vielleicht schließt seine Bezeichnung auch keltische »Viereckschanzen« mit ein.

Dagegen nennt Caesar für ganz Gallien nur 15 Oppida beim Namen, auch wenn er gelegentlich von »mehreren« anderen spricht. Im süddeutschen Alpenvorland kommt man bei vorsichtiger Schätzung auf eine Zahl von etwa einem Dutzend. Dass es zu einer derartig unterschiedlichen Interpretation des Begriffes »Oppidum« gekommen ist, liegt einfach daran, dass dieser

Ausdruck im Grund überhaupt nichts anderes bedeutet als »Befestigungsanlage«.

Uns geht es hier jedoch nur um die eigentlichen Groß-Oppida der Kelten, wie sie erst auf dem Höhepunkt ihrer Kultur angelegt wurden. Vermutlich besaß jeder Stamm mindestens ein solches Großzentrum. »Die ersten keltischen Oppida entstanden in den ersten Jahrzehnten des 2. Jahrhunderts v. Chr. und waren das Ergebnis einer sozialwirtschaftlichen Veränderung, deren augenscheinlichstes Kennzeichen die Übernahme der Münzprägung war. Es ist offensichtlich, dass der Beitrag der hellenistischen Welt eine entscheidende Rolle auf dem Weg zum städtischen Leben gespielt haben muss.... Bei der Übernahme eines Stadtmodells konnten die Kelten nichts Besseres tun, als dem hellenistischen Modell zu folgen, welches das Stadtmodell schlechthin war... die Geburt der Oppida war... das Ergebnis einer zweihundertjährigen Assimilation und Anpassung an städtisches Leben und ein sozialwirtschaftliches System, dem sich ein Teil des keltischen Volkes anschloss. Dieser Teil war bestimmt eine Minderheit, aber er war besonders einflussreich und aktiv. Er verfügte über die Leistungsfähigkeit und die Zeit, das mediterrane Modell den Erfordernissen und Möglichkeiten der keltischen Welt anzupassen und somit ein grundlegendes Kapitel in der Geschichte der Besiedlung des keltischen Europas einzuleiten.« [25:590]

Innerhalb der Wälle, Gräben und Mauern konnten die keltischen Oppida ganz verschieden sein. Die Archäologie wies nach, dass manche von ihnen wirklich die Funktion von Städten aufwiesen und dicht bebaut waren, andere umfassten nur teilweise besiedelte Flächen, während der Rest der Befestigung offenbar agrarisch genutzt wurde. Bei einer weiteren Gruppe gibt es fast keine Spuren von Gebäuden, sondern nur umfriedetes landwirtschaftliches Areal: es wäre denkbar, dass es sich hier um geschützte Plätze für keltische Vieh-, Handwerks-, Obst- oder Gemüsemärkte handelte.

Wie bei den »Viereckschanzen« muss man sich also auch bei den Oppida vor Verallgemeinerungen hüten. Vielleicht waren die kleineren »Schanzen« z. T. der »Vorgängertyp« für die Groß-

Oppida, vielleicht entstanden diese gelegentlich auch aus ehemaligen Hochsiedlungen.

Da man von einer agrarischen oder teilagrarischen Nutzung mancher keltischen Befestigungen ausgeht, sei hier ein Exkurs über die Landwirtschaft der Kelten gestattet.

Natürlich standen mehrere auch heute noch geläufige Getreidesorten und Hülsenfrüchte auf dem Speisezettel. Wir wollen uns aber auf Produkte beschränken, die heute nicht mehr verwendet werden.

Aus archäologischen Untersuchungen ergibt sich für weite Teile des keltischen Siedlungsbereichs von Britannien bis in die Alpen ein überraschend einheitliches Bild. Färberwaid *(Isatis tinctoria)*, ein Gewächs aus der Familie der Kreuzblütler, das einen indigoartigen Farbstoff enthält, wurde zum Färben von Stoffen verwendet. Caesar berichtet, dass es die britannischen Kelten auch zur Herstellung ihrer blauen Kriegsbemalung benutzten.

Neben verschiedenen Getreidearten war sodann eine Pflanze, die uns überall in Europa auf Trockenböden als »Unkraut« begegnet, offenbar eine wichtige Nahrungsquelle: Weißer Gänsefuß *(Chenopodium Album)*. Ihn baute man an, um aus seinen gemahlenen Samen Brot zu backen; die grüne Pflanze wurde als Gemüse zubereitet.

Wicken *(Vicia sativa)* verwendete man als Winterfutter für das Vieh.

Solche kultivierten Wildpflanzen wurden in Europa bis ins Mittelalter verwendet, dann aber durch allmählich höherwertige Getreidesorten verdrängt. Die wirklich einschneidende Veränderung erfolgte aber erst mit der Einführung des Kartoffelanbaus im 18. Jahrhundert. Schnell wurde die Kartoffel zu einem Hauptnahrungsmittel und ließ viele der alten Kulturpflanzen endgültig in Vergessenheit geraten.

Auch die Viehzucht der Kelten war vielfältig. Genutzt wurde nahezu alles, von Milch, Eiern und Wolle bis zu Federn, Häuten und Knochen. Man glaubt auch nachweisen zu können, dass die Kelten schon erfolgreiche Imker waren. Das begehrteste Bienenprodukt war das Wachs, weil es unersetzlich für den Metallguss war: Ein Gussstück wurde zunächst in Wachs modelliert und dann mit Lehm ummantelt. Beim anschließenden Brennen der Lehmform schmolz das Wachs und floss heraus. Dann goss man flüssiges Metall in die Form. Nach dem Erstarren und Erkalten des Metalls wurde die Form zerschlagen. (Wachsausschmelz-Verfahren) Mit dieser Technik stellte man aus Gold und Bronze Kult- und Schmuckgegenstände her, von denen jeder ein Unikat war.

Dagegen goss man Bronzegegenstände für den Alltag meist in Formen aus widerstandsfähigem Material, die man nach dem Erstarren der Bronze entfernen konnte, ohne sie zu zerstören, so etwa bei Gebrauchsgegenständen, die nicht die Stabilität und den Herstellungsaufwand von Eisen nötig hatten. Aus Eisen schmiedeten die Kelten dauerhafte Werkzeuge für den täglichen Gebrauch. Größere Schmiedeprodukte wie Waffen und bäuerliche Geräte (z. B. Pflugscharen) entstanden wahrscheinlich auf Bestellung.

Aus archäologischen Untersuchungen wissen wir auch, welche anderen Handwerkserzeugnisse auf den keltischen Märkten angeboten wurden. Berühmt waren die Kelten für ihre Glaswaren, z. B. bunte Glasperlen und nahtlose, z. T. reich verzierte Armreifen. Die Römer waren zunächst nicht in der Lage, solche Glasprodukte in der gleichen Qualität herzustellen.

Sodann ermöglichte es die Erfindung der Töpferscheibe den keltischen Handwerkern, Keramik für den Hausgebrauch als Massenware zu produzieren. Bald gab es für wohlhabende Käufer aber auch raffiniertes Luxusgeschirr mit reichen Verzierungen, das oft nach mediterranen Vorbildern angefertigt, manchmal auch direkt aus dem Mittelmeerraum importiert wurde.

Der Niedergang der keltischen Welt

Ab dem 2. Jahrhundert v. Chr. ist bei der Anlage von größeren keltischen Siedlungen im nördlichen Voralpengebiet ein Hang zur Gigantomanie zu beobachten. Beispiele dafür sind die Kelten-»Großstädte« bei Manching südlich von Ingolstadt und bei Kelheim an der Donau. Das bisher am besten erforschte Oppidum von Manching war fast so groß wie Rom um die Zeitenwende. Es lag an der Kreuzung zweier wichtiger Handelsstraßen, die von Norden nach Süden bzw. von Osten nach Westen führten.

In der Stadt gab es regelrechte Viertel für bäuerliche und handwerkliche Betriebe, wobei letztere teilweise schon als Manufakturen anzusprechen sind. Es wurden auch eindeutige Beweise für die Existenz einer lokalen Münzprägestätte entdeckt: Schmelzöfen, Gussformen für Münzschrötlinge und einige goldene Regenbogenschüsselchen.

Das Oppidum, in dem man wohl zurecht die Hauptstadt des südbayerischen Stammes der Vindelicer vermutet, war zwar auf allen Seiten von Flusswasser und Sümpfen umgeben, doch genügte diese natürliche Befestigung den Bewohnern irgendwann nicht mehr. Um die 380 Hektar große Stadt zu schützen, errichteten sie eine über sieben km lange Mauer, für die eine ungeheure Masse an Baumaterial nötig war. Sie wurde in der von Caesar beschriebenen Technik der »Gallischen Mauer« errichtet. Man füllte dazu ein stabiles, von Nägeln zusammengehaltenes Balkengerüst mit Steinen und Erde und setzte an der Außenseite eine Front aus behauenen Kalksteinen davor.

Dafür brauchte man über 11 800 Festmeter Holz, ungefähr 7000 Kubikmeter Kalkstein für die Frontverkleidung, etwa 200 000 Kubikmeter Steine und Erde für den Wall und zwei Tonnen Eisennägel. Der größte Teil des Baumaterials wurde auf der Donau herangeschafft.

Welchen Eindruck hatte ein römischer Weinhändler, wenn er sich dem Oppidum näherte?

Schon von weitem sieht er über der gerodeten Landschaft den Rauch der Schmelzöfen und Kochfeuer der Stadt. Transportwagen, beladen mit Keramik, Glas und Eisenwaren, kommen ihm entgegen. Wie er sich dem Oppidum weiter nähert, schwillt der Lärm an, der ihm aus den Schmieden und vom Ufermarkt an der Donau entgegenschlägt. Mehrere der typischen flachen Lastkähne liegen dort am Hafen und werden über die Bugpforte entladen.

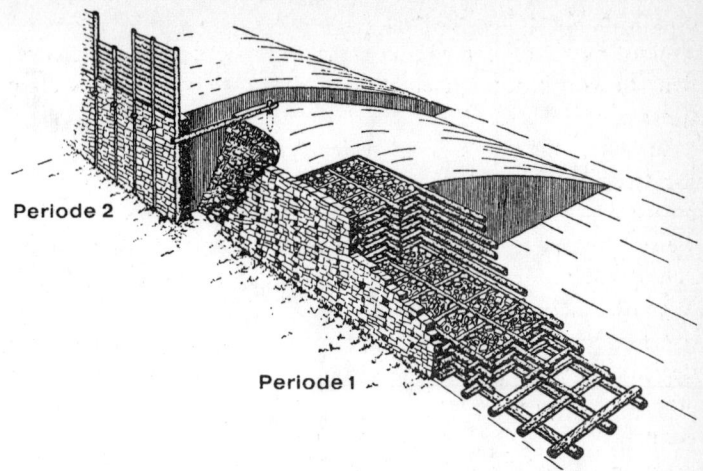

Abb. 14: Keltische Mauer (»murus Gallicus«). Für eine solche Wallkonstruktion brauchte man neben Holz und Steinen auch tonnenweise Nägel. Die Vorteile dieser Konstruktion waren ihre hohe Elastizität und Standfestigkeit. Die Außenseite der Mauer zum Graben hin war zum Schutz vor Feuer mit großen Bruchsteinen bewehrt.

Doch lassen wir ihn nun das Oppidum betreten:

Zunächst gelangt er an eines der Haupttore. Vor ihm warten Lastkarren mit Holzkohle, Holz und Rohstoffen auf Einlass. Das überdachte Torgebäude ist tief ins Schanzsystem eingesenkt, seitliche Mauern bilden einen langen schmalen Einlass, der von den Seiten gut bewacht und verteidigt werden kann.

Das große eisenbeschlagene Tor steht offen. Menschen in auffallend bunten Kleidern und Hosen begrüßen den Ankömmling. Langes Haar und Schnurrbärte sind beliebt sowie reich ornamentierter Schmuck – gar nicht so selten glänzt und blinkt es golden. Auf allen Straßen und Wegen herrscht reges Leben. Reiter und Ochsen- oder Pferdefuhrwerke kommen dem Römer entgegen.

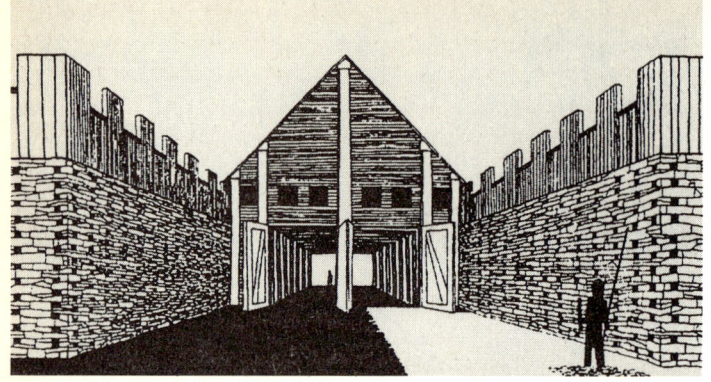

Abb. 15: Das Haupttor von Manching. Solche keltischen Stadttore waren von Feinden nur sehr schwer einzunehmen. Denn das eigentliche Tor ist weit zurückgesetzt und der Zugang durch nach innen gezogene Mauern befestigt.

Solch geordnete Stadtviertel, die bestimmten Handwerkern vorbehalten sind, hat er nicht erwartet. Während am Rand der Stadt Eisenverhüttungsanlagen rauchen, hört man näher am Zentrum das Hämmern der Grob- und Feinschmiede. Mit weniger Lärm arbeiten Bronzegießer und Glashersteller. In großen Töpfereien wird hochwertige Keramik regelrecht industriell hergestellt.

Er passiert eine Wagnerei, in der man gerade Räder mit glühenden Eisenreifen überzieht. Mit Erstaunen stellt er fest, dass die keltischen Fahrzeuge dem seinen technisch keineswegs nachstehen. Im nächsten Viertel wird Leder verarbeitet, Wolle gesponnen und Tuch gewoben, Händler beladen Wagen oder stapeln Waren in Magazine.

Die Geschäftigkeit dieser Stadt mit Tausenden von Menschen, die ihrer friedlichen Arbeit nachgehen, ist offenkundig. Wie viele mögen es wohl sein, die hier leben?

Er ist beeindruckt von der Größe des Oppidum und stellt fest, dass es sogar die Fläche Roms übersteigt. Doch leicht amüsiert betrachtet er die vielen freien, mit Staketenzäunen abgeteilten

Flächen zwischen den Gebäuden und Straßen, auf denen Felder angelegt sind und Vieh gehalten wird; überall gibt es Dunghaufen, oft stinkt es penetrant. So etwas gibt es in Rom schon lange nicht mehr!

Nirgends kann er Gebäude aus Stein entdecken. Anscheinend sind die Kelten mit ihren hölzernen, strohgedeckten Häusern zufrieden.

Seine frühere Befürchtung, hier Kopfjägern oder hemmungslosen Raufbolden zu begegnen, ist vollends verschwunden. Andere Händler in Rom haben ihm offensichtlich Schauermärchen erzählt, um lästige Konkurrenten fernzuhalten – er würde es genauso machen.

Schließlich erreicht er den Lebensmittelmarkt, wo die Händler stolz ihre zum Kauf verlockenden Waren anbieten.

Doch kaum hat er die Plane seines Wagens zurückgeschlagen, scharen sich Neugierige auch um ihn. Als sie entdecken, dass er südländischen Wein geladen hat, versuchen sie pantomimisch und gestenreich die Preise zu erfahren.

Mit gierigen Augen schaut der Römer auf Gold- und Silbermünzen, mit denen sich die Interessenten gegenseitig zu überbieten versuchen. Ein besonders farbenprächtig und kostbar gekleideter Kelte lächelt erheitert. Zur Überraschung des Weinhändlers spricht er ihn schließlich lateinisch an und gibt zu verstehen, dass er die gesamte Ladung gegen Gold abnehmen wolle.

So ähnlich wird es wohl manchem fremdländischen Kaufmann ergangen sein, wenn er begehrte Handelswaren ins keltische Gebiet transportierte und in einem der florierenden und wohlhabenden Handelszentren feilbot.

Im 2. Jahrhundert v. Chr. hatte der keltische Kriegeradel ungeheuren Reichtum angehäuft. Es bestand zunehmend das Bedürfnis, den materiellen Besitz durch Statussymbole sichtbar zu machen. »Einige wenige Familien, die eine privilegierte Stellung errungen hatten, beschafften sich Luxusgegenstände aus dem Süden – an erster Stelle wie immer Trinkgeschirr – und ließen sich kostbaren Goldschmuck anfertigen.« [37:93]

Zur verfeinerten Lebensweise gehörte der Genuss von südländischem Wein, der in Amphoren aus Italien hauptsächlich über Südfrankreich importiert wurde. Dabei gelangten auch neue Informationen über den Lebensstil der mediterranen Kultur zu den Kelten, und so wurde in der keltischen Oberschicht das Verlangen angeregt, der bewunderten Lebensweise nachzueifern.

Die Folge war, dass die Römer die Prunksucht dieser Bevölkerungsschicht bewusst ausnutzen konnten, indem sie den Handel mit Luxusgütern forcierten. Einige Aussagen in Caesars »De bello Gallico« zeigen, dass es das erklärte Ziel Roms war, »barbarische« Völker an den »Vorzügen« der römischen Lebensweise teilhaben zu lassen, sie auf diese Weise zu korrumpieren und ihrer eigenen Kultur zu entfremden. Caesar betont mehrfach, dass Volksstämme, die sich dem römischen Einfluss entzogen hätten, nicht verweichlicht, sondern tüchtig und tapfer geblieben seien und ihren individuellen Charakter bewahrt hätten. Denn einige Stämme unterlagen zum Leidwesen der Römer dem südländischen Einfluss bewusst nicht.

Der immer größer werdende materielle Unterschied innerhalb der keltischen Bevölkerung führte zu Unzufriedenheit und sozialen Konflikten. Viele Kelten verschuldeten sich bei dem Versuch, dem Lebensstil der Reichen nachzueifern, und gerieten so in Abhängigkeit von den Mächtigen.

Im Vorfeld der römischen Invasion in Gallien begannen die Römer sogar, in die Innenpolitik der dortigen Stämme einzugreifen. Sie wählten Persönlichkeiten des gallischen Kriegeradels aus, die sie z. B. wegen ihrer Macht- oder Besitzgier besonders leicht manipulieren konnten. Man verlieh ihnen Titel wie »rex« (König) oder »amicus populi Romani« (Freund des römischen Volkes) und versicherte sich so ihrer Loyalität. Ziel der Römer war es, sich auf diese Weise zuverlässige Verhandlungspartner zu schaffen, die den Stamm repräsentierten und im Sinn Roms beeinflussen sollten.

Ein solches Vorgehen versetzte die römischen Marionettenkönige aber in Widerstreit mit den Machtverhältnissen in ihren eigenen Stämmen. Es gelang den Römern, Zwietracht unter die Führungsschicht der keltischen Völker zu säen [Caesar, Bell. Gall. 1,2–4], und der Zusammenhalt der Gesellschaft wurde geschwächt. Im Alpenvorland dürften sie ähnlich vorgegangen sein.

Seit dem Beginn des 1. Jahrhunderts v. Chr. scheinen auch Bereiche der keltischen Religiosität unter den sozialen und gesellschaftlichen Veränderungen gelitten zu haben. Wir besitzen dazu zwar keine schriftlichen Quellen, aber einige Indizien sprechen dafür, dass der sakrale Charakter des Goldes langsam in Vergessenheit geriet. Denn im Lauf der Zeit nahm der Goldgehalt der Münzen ab, wobei man aber den Schein zu wahren versuchte, indem man die Größe der Geldstücke beibehielt.

Der Bedarf an Geld war anscheinend so hoch, dass das Gold gestreckt werden musste. Vermutlich war die ganze Entwicklung mit einer Inflation verbunden, und schließlich wurden mit feinem Gold überzogene Münzen hergestellt, in denen ein Bronze- oder Eisenkern steckte. Dabei handelte es sich vermutlich um Fälschungen, denn mit den damaligen Testmethoden ließ sich der Betrug nicht nachweisen, ohne die Münze zu zerstören. Offensichtlich hatte man keine Skrupel mehr, Menschen mithilfe des göttlichen Metalls zu hintergehen. Es scheint aber auch keine Furcht vor den Göttern bestanden zu haben, die man auf diese Weise zu Komplizen machte.

So kam es von außen wie von innen zu Zerrüttungserscheinungen innerhalb der keltischen Gesellschaft, und Roms einst unüberwindliche und gefürchtete Gegner waren nun für eine Invasion reif.

Als dann römische Soldaten Ende des 1. Jahrhunderts v. Chr. das keltische Alpenvorland besetzten, fanden sie die großen Oppida verlassen vor. Über die Gründe der Abwanderung der Bevölkerung berichten uns die Römer nichts, doch archäologische Untersuchungen haben uns mit dieser Tatsache bekannt gemacht. Die Großsiedlungen waren offenbar ohne Kriegseinwirkung von der Bevölkerung aufgegeben worden, im ländlichen Raum scheint sich dagegen nur wenig verändert zu haben. Was waren die Gründe dieses Wandels?

Im 1. Jahrhundert v. Chr. begannen Germanen, sich nach Süden und Westen auszubreiten. Um die Mitte des Jahrhunderts erreichten sie den keltischen Siedlungsraum und bedrängten die dortige Bevölkerung. Im Westen war Caesar mit seinen Truppen gerade damit beschäftigt, Gallien zu besetzen, und unterband bei dieser Gelegenheit das weitere Vordringen der Germanen nach Westen.

Damit wurde für die Kelten der Handel mit Nord- und Westeuropa schwierig oder sogar unmöglich. Von der Ostsee bis zur Donau hatten Germanen die alten Handelspartner ausgeschaltet, in Gallien regierte Rom. Auf diese Weise hatten die großen keltischen Handelszentren im nördlichen Alpenvorland ihre alten Kontakte eingebüßt und damit ihre Daseinsberechtigung verloren. Die Bewohner der Oppida sahen sich gezwungen, in die ländlichen Gebiete abzuwandern.

Ein zusätzlicher Grund für die Verödung der voralpinen Oppida war aber vielleicht auch das Auftreten von Seuchen, die den Kelten vor der Anlage solch großer Siedlungen unbekannt gewesen waren. Möglicherweise hatten sie sich mit dem Bestreben, auch im Städtebau mediterrane Verhältnisse nachzuahmen, Probleme geschaffen, für deren Bewältigung ihnen die Erfahrung fehlte.

Etwas über die Geschichte der Goldmetallurgie

»Traumstoff« Gold

Wir wollen uns nun kurz in jene Zeit versetzen, in der spanische Abenteurer in der Neuen Welt die »Sieben Städte von Cibola« suchten, jene sagenhaften Städte mit ihren goldenen Dächern und den goldgepflasterten Straßen... Die Jagd nach dem *wirklichen*, nie entdeckten »Eldorado« hatte begonnen.

Zur selben Zeit, dem »Zeitalter der Entdeckungen«, versuchte man im damaligen Europa einen alten Traum zu verwirklichen:

Die Schritte der Wache verhallten draußen im Gang vor der wuchtigen eisenbeschlagenen Tür. Eine Zeit lang gingen Penduhr und Schritte fast im gleichen Takt, dann pochte das derbe Stiefelleder auf ächzendes Holz, und der Mann, der so spät in die Nacht hinein arbeitete, wusste, dass er nun im obersten Teil des Turmes für eine Stunde allein sein würde. Dann kämen die Schritte der Wache erneut, wieder und wieder, immer dieselben nächtlichen Runden, in denen die Zeit hinwegtickte.

Dumpf drangen die zwei Schläge der Turmuhr durch die spitzbogigen Fenster des Laboratoriums; sie ließen die kleinen bleiverglasten Scheiben klirren, auf denen bunte Flammen und bizarre Schatten tanzten. Dann ertönte heller seine selbstentworfene Pendeluhr, die wesentlich genauer ging als die alte Turmuhr. Magister Fabricius war ein wenig unruhig, obwohl er wusste, dass gerade Nervosität bei seiner Arbeit schädlich sein konnte – aber hatte sich nicht das Verhalten des Kurfürsten in letzter Zeit merklich geändert? Lag darin nicht verborgene Ungeduld, mühsam zurückgehaltene Erwartung, ja fast schon unverhohlene Gier?

Jetzt muss er sein Versprechen bald einlösen, das er dem Fürsten vor sieben Jahren gegeben hatte. Man lenkte die ohnehin immer seltener gewordene Unterhaltung auf das Thema Kosten – obwohl eine Festlichkeit am Hof weitaus mehr Geld verschlang als seine Bemühungen, die doch ein für alle Mal die Finanzen des Hofes sanieren könnten.

Große Ereignisse hatten seine Bemühungen etwas vergessen lassen: Spanien wurde seit den Eroberungen in Südamerika immer mächtiger. Immer noch erreichten mit Gold und Silber beladene Schiffe die Alte Welt. Wie viel Gold besaß der spanische Hof? Dann, A. D. 1554 diese Hochzeit König Philipps II. von Spanien mit der englischen Königin Maria. Auch die Erfolge Calvins in Genf bereiteten dem Fürsten Sorgen. Stimmten die jüngst veröffentlichten Prophezeiungen des Nostradamus aus Frankreich?

Würde es heute gelingen? Erwartungsvoll tauchte Magister Fabricius die Feder ins Tintenfass und schrieb auf die Listen der Zutaten für die heutigen Transmutationsschritte das Datum: 17. Mai A. D. 1559. Lächelnd streiften seine Blicke das vor drei Jahren gedruckte Buch des großen Georg Agricola: »De Re Metallica Libri XII«. Wie mühsam und teuer waren doch die beschriebenen Methoden des Berg- und Hüttenwesens! All dieser Aufwand der Bergleute und Erzgießer ließ sich doch ersparen – wenn –, ja, wenn ihm die neue Transmutation gelänge.

Längst suchte Magister Fabricius nicht mehr nach dem Stein der Weisen, diesem uralten Traum aus Ägypten, dieser mystischen »Tinktur«, die unedle Materie direkt in reines Gold verwandeln sollte. Auch der berühmte Hermes Trismegistos hatte sie vor 1800 Jahren in Alexandria nicht gefunden. Wie viele Adepten und Meister der Alchemie hatten seit damals jahrhundertelang danach gesucht?

Und selbst er hatte an der Goldmacherei zu zweifeln begonnen, als er erfuhr, dass sogar der große Paracelsus die Goldtransformation aufgegeben und sich bis zu seinem Tod vor 18 Jahren der Medizin verschrieben hatte.

Er, Magister Fabricius, glaubte auch an die medizinische Wirkung von Aurum: Das Metall ist nicht nur edel, es fällt durch seine Beständigkeit auf, altert nicht und hat somit etwas von Jugend, ja sogar von Ewigkeit. Das Elixier der ewigen Jugend und von Schönheit und Gesundheit muss Gold enthalten!

Sicherlich würde er bald das Geheimnis entdecken und das Elixier der Elixiere versuchen. Mit der zurückgewonnenen Kraft der Jugend würde er dann die edle Wissenschaft der Alchemie zu neuer, ungeahnter Blüte führen…

An eine Ursubstanz, eine Art Äther alles Irdischen, den man ständig zu neuen Formen der Materie umformen konnte, glaubte er immer noch unerschütterlich. Ähnelten sich nicht Blei und Zinn, Gold und Silber? Schon seit langer Zeit wusste man, dass sich Mercurium (Quecksilber) und Aurum verbanden.

Wenn sich Edles mit Unedlem verband, musste eine Gemeinsamkeit bestehen. Es musste doch Edles aus Unedlem entstehen können gemäß dem ewigen Gesetz der Transformation.

Behutsam kürzte er mit der Schere die Dochte der flackernden und rußenden Kerzen auf den mehrarmigen Ständern, die in einem Kreis das runde Laboratorium erhellten, eine Arbeit, die sonst sein Discipulus Maximilian erledigte. Dieser war jedoch auf Reisen; er musste eine neue, sehr seltene Ingredienz beschaffen.

Seine Blicke wanderten von Regal zu Regal, wo Krüge, Flaschen und eigenwillig geformte Gefäße lagerten. Viele davon hatte er selbst gefertigt, denn er verstand sich auf Glasbläserei. Mit giftigen und gefährlichen Säuren und Laugen experimentierte er täglich. Nur Glas widerstand den ätzenden Stoffen.

Vor Jahren hatte er eine Theorie entwickelt, nach der dieser Urstoff der Materie kraftvollen Säuren gleichen müsse. Da sich Metalle und andere Stoffe in Säuren völlig auflösten, gleichsam verschwanden, könnte auch der Äther der Welt so beschaffen sein. Die Transformation von unedlen Stoffen in edle geschähe demnach in einer Lösung. Die Aufgabe des Alchemisten wäre es dann, unedle Stoffe aufzulösen und sie zu edlen transmutieren zu lassen.

Doch dies war leichter formuliert als praktisch ausgeführt – dies konnte unzählige Experimente bedeuten. Aber er glaubte felsenfest an das universale Gesetz der Transformation. Wie oft wurde doch schon Schlechtes in Gutes verwandelt! Gelang dies nicht am besten durch ein ziehendes Vorbild?

Könnte nicht Gold dieses Vorbild für unedle Metalle sein? Er wollte also Aurum in einer Säure auflösen, in der er zuvor Mercurium, Argentum (Silber) oder Cuprum (Kupfer) zergehen ließ. Wenn die Transformation von Mercurium in Aurum gelang, woran er ohne irgendeinen Zweifel glaubte, wäre auch die Umwandlung einfacherer Stoffe wie Kohle, Schwefel oder Glas in unedle Metalle möglich. Und am Ende könnte er billige und reichlich vorhandene Stoffe über den Umweg unedler Metalle schließlich zu Gold transformieren.

Aqua regis, Königswasser, löste Aurum auf, aber er hatte während seiner vielen Experimente ein Gas gefunden, das Gold ebenfalls rasch angriff. Grünlich war dieser Stoff und er roch beißend, als käme er aus der Hölle. Oder war dieses Gas etwa dem Äther der Welt sehr nahe verwandt? Wenn man es in Wasser leitete, entstand eine aggressive Säure, die Plumbum (Blei) und Argentum auflöste.

Er hatte daraufhin unterschiedliche Säuren gemischt und nach vielen Fehlexperimenten immer kraftvollere entwickelt. Ab und zu blieben schwach gefärbte, manchmal auch weiße Rückstände in den Glasgefäßen, die er sammelte und sorgfältig aufbewahrte.

Aus gelöstem Silber und Blei sowie Kohle und Schwefel war eine Art Granulat, etwas wie Salz geworden. War dies ein Zwischenschritt? Stand der letzte Schritt, die Transformation zum edlen Gold kurz bevor?

Heute würde er versuchen, das Granulat wieder in Säure aufzulösen, und dem Gemisch das edle Gold beimengen.

Erregt begann er Glasbehälter zu öffnen, einige untereinander mit Glasröhrchen zu verbinden. In den ersten Ballonen kochte und rauchte es bereits. Ätzende Schwaden durchzogen das Laboratorium. Einige kleine Portionen der Substanz schüttete er vorsichtig in einen Glasballon mit Säure. Sie ließen sich nicht auflösen. Nochmals probierte er: vergeblich. Er füllte nun die Sub-

stanz in den Mörser, um sie fein zu zerreiben und dadurch besser lösbar zu machen. Plötzlich kam er auf die Idee, das Zwischenprodukt mit Holzkohle einzufärben, um so die finale Transformation besser beobachten zu können.

Die Detonation zertrümmerte das Fenster, Leuchter und Brenner erloschen, Textilien und Holz gingen in Stichflammen auf. Kleinere Explosionen folgten, der mit Bohlen ausgelegte Fußboden fing Feuer, und nach wenigen Minuten brannte der Turm aus.

Erst etwa 300 Jahre später sollten ähnliche Experimente wiederholt werden, von Menschen, die sich nun Chemiker statt Alchemisten nannten und den Traum vom Goldmachen längst aufgegeben hatten. Sie gaben der explosiven Substanz, auf die unser Alchemist durch Zufall gestoßen war und aus der heute auch Sprengstoffe gemischt werden, den Namen Chlorat.

»...Geschichten um Goldmacher... zeigen einen Aspekt..., der mehr mit fiktivem als realem Gold, mehr mit den Wünschen und Begierden des Menschen als mit den Schätzen der Erde zu tun hat. Vielleicht ist man geneigt zu sagen, dies alles sei... heutzutage nicht mehr möglich. Schließlich gibt es weder absolut regierende Fürsten noch Alchimisten in nennenswerter Zahl.

Bevor wir uns aber mit überlegenem Lächeln zurücklehnen, sollten wir bedenken, dass der Traum vom schnellen Geld heute keineswegs ausgeträumt ist und dass immer dort, wo eine Nachfrage besteht, sich ein Angebot entwickelt. Der Stein der Weisen ist heute kein geheimnisvolles Pulver, eher schon ein Computer oder eine Insiderinformation an der Börse.« [35:222]

5000 Jahre Goldmetallurgie

Aber verlassen wir diesen phantastischen Versuch und kehren zurück zu den realen Methoden der Metallurgie.

Seit mehr als 5000 Jahren wussten Metallurgen im Vorderen Orient und in Kleinasien, dass Blei die Edelmetalle Gold und Silber in sich aufnimmt. Man kann also Gold und Silber aus Erz oder Waschgut gewinnen, indem man anschließend das Blei entfernt. Ein entsprechendes Verfahren ist unter dem Namen *Fire Assay* bekannt und noch heute in Gebrauch. Zur Reinigung der Edelmetalle sind dann noch weitere Schritte notwendig, z. T. unter Luftabschluss und mit der Hilfe von Salzen und organischen Stoffen: durch *Kupellation*. Mit diesen Verfahren konnte und kann man nicht nur Gold gewinnen und reinigen, sondern auch die Qualität des Edelmetalls prüfen.

Als schnelles Prüfverfahren benutzten vor allem Kaufleute den »Probierstein«, indem sie auf einen schwarzen feinkörnigen Stein mit dem zu prüfenden Goldgegenstand einen Strich machten und dessen Farbe mit einem Teststück bekannter Zusammensetzung verglichen. Auch heute noch kennt man ein vergleichbares Testverfahren im Goldschmiedehandwerk. Dabei wird mit einem Gegenstand aus Gold auf einem angerauten Porzellantäfelchen ein Strich gemacht und mit Säure geprüft, wie viel davon Gold ist.

Das Verfahren des *Fire Assay* ist zur Analyse von Edelmetallen, vor allem von Gold, so geeignet, dass es erst in jüngerer Zeit durch modernere Verfahren ersetzt werden konnte. Im wesentlichen geht man dabei so vor: In einen verschließbaren trichterförmigen Tiegel, der auch bei hohen Temperaturen stabil bleibt, füllt man das edelmetallhaltige Probegut zusammen mit Blei oder Bleioxid sowie einem Flussmittelzusatz, der den Schmelzpunkt der Mischung erniedrigt. Beim Erhitzen auf ca. 1000 °C bildet sich am Tiegelboden ein sogenannter »Regulus« (»kleiner König«). Er besteht hauptsächlich aus dem zugegebenen Blei, in dem jetzt alle Edelmetalle stecken. Darüber lagern die Verunreinigungen als glasige Schlacke. Nach dem Zerschlagen des Tiegels löst sich der Bleikuchen von der Schlacke.

Nun muss der »König« zeigen, was in ihm steckt. Dazu legt man ihn in einen flachen Tiegel, »Kupelle« genannt, und schmilzt ihn bei freiem Luftzutritt. Dabei oxidiert das Blei zu Bleiglätte, das als Nebenprodukt für Farbstoffe abgetrennt wird.

Geradezu alchemistisch erscheint das früher für die Kupelle verwendete Material: gepresste Knochenasche. Heute wird sie aus Magnesiumoxid gefertigt. Das sehr porenreiche Kupellen-Material muss nicht nur feuerfest sein, sondern auch Schlackenreste aufnehmen können.

Am Boden der Kupelle, in einer kleinen schüsselförmigen Vertiefung, bleibt am Ende der Prozedur ein blinkendes Edelmetallkügelchen zurück.

Der griechische Historiker und Geograph Agatharchides (2. Jahrhundert v. Chr.) beschrieb folgende an Alchemie erinnernde Abart des Verfahrens, um das Edelmetall aus ägyptischen Goldbergwerken von seinen Verunreinigungen (Silber, Kupfer) zu befreien:

Eine Portion Gold-Erz wurde sorgfältig abgewogen und in ein Tongefäß geschüttet. Dann folgten in genau bemessenem Verhältnis zur Masse des Goldes Blei, Zinn, Salz und Gerstenkleie. Mit einem exakt passenden Deckel verschloss man das Gefäß mit dieser wundersamen Mischung. Um den Topf völlig abzudichten, verklebte man sämtliche Ritzen rund um den Deckel mit Ton. Danach stellte man das Gefäß in den Schmelzofen und feuerte fünf Tage ohne Unterbrechung. Es klingt kaum glaublich, aber nach dem Erkalten und Öffnen des Tongefäßes lag nichts außer dem geläuterten Gold im Inneren – die übrigen Zutaten hatten sich wie durch Zauberei verflüchtigt und die Verunreinigungen waren vom Material des Topfes weitgehend aufgenommen worden.

Auch die Kelten kannten dieses Verfahren. Denn Athenaios aus Naukratis überliefert über die Helvetier und andere Kelten, indem er sich auf Poseidonios beruft:

»Am Rand der bewohnten Welt gibt es gewöhnliche Bäche, die Goldkörner mit sich führen; diese reiben Frauen und körperlich schwache Männer zusammen mit dem Sand, um sie voneinander zu trennen, und nach dem Waschen geben sie sie in den trichterförmigen Schmelztiegel.« [Athenaios 6, 233D]

Der ausdrücklich als trichterförmig beschriebene Schmelztiegel ist nur beim *Fire Assay* sinnvoll!

Die für das *Fire Assay* und die nachfolgende *Kupellation* benötigten Metalle und Salze fanden sich auch auf keltischem Siedlungsgebiet: Zinn und Blei in Cornwall oder Böhmen, Bleiglanz bei Bad Ems im Sauerland, bei Koblenz und bei Kreuth in Kärnten sowie bei Raibl in den Karnischen Alpen. Das Salz Alaun konnten die Kelten aus Schiefern gewinnen, die im keltischen Siedlungsgebiet weit verbreitet sind. Als weißes erdiges Pulver kommt der Alaunstein, Alunit, in der Natur vor.

Ein erheblich einfacheres Verfahren als *Fire Assay* mit anschließender *Kupellation* ist die Goldgewinnung mittels Quecksilber. Dabei macht man sich die beiden Eigenschaften des Quecksilbers zunutze, nämlich, dass es flüssig ist und etwas schwerer als Gold. Das Edelmetall sinkt darin ab, die meisten anderen Minerale schwimmen darauf. Beim Absinken bildet das Gold zusammen mit dem Quecksilber Amalgam. Das Edelmetall wird schließlich gewonnen, indem man das Quecksilber durch Erhitzen austreibt.

Der römische Naturforscher Plinius beschreibt das in Spanien von den Römern angewandte Verfahren. Wir können allerdings davon ausgehen, dass die Methode ganz oder zumindest teilweise von den Kelt-Iberern übernommen worden ist, die als erste den Goldreichtum Spaniens ausbeuteten: Man schüttete zerkleinertes Golderz zusammen mit Quecksilber in ein Tongefäß; dann wurde kräftig geschüttelt, damit sich unreine Beimischungen ausschieden. Den »Metallurgencocktail« goss man anschließend auf ein gegerbtes Fell: Das Quecksilber floss ab, das Gold blieb zurück; so jedenfalls hat es Plinius dargestellt. [Plinius, Nat. Hist. 33,99] Er erwähnt aber nicht, dass zunächst ein Amalgam entsteht, das erst erhitzt werden muss, um an das Gold zu kommen. Ob er es nicht genauer wusste oder über diesen letzten entscheidenden Schritt nicht berichten wollte (oder durfte!), wissen wir nicht.

Dass dieses Verfahren aus Spanien überliefert ist, braucht uns nicht zu wundern. Liegen doch die reichsten Quecksilber-Lagerstätten der Welt im spanischen Almaden, also unmittelbar am Rand des kelt-iberischen Siedlungsgebietes.

Leider ist uns nicht ausdrücklich überliefert, ob auch die Kelten Quecksilber bei der Goldgewinnung verwendeten. Aber als hervorragende Metallurgen kannten sie die Rolle dieses Metalls mit großer Wahrscheinlichkeit, zumal sie wohl über die Kelt-Iberer und Griechen davon Kenntnis erhalten hatten. Außer in Spanien gibt es auf ehemals keltischem Gebiet in Idria/Slowenien Quecksilber-Lagerstätten; in Deutschland existiert ein kleines Vorkommen am Moschellandsberg in der Rheinpfalz.

Quecksilber wurde von den Griechen *hydrargyron* (Wassersilber) genannt, danach die Abkürzung Hg. Die Römer nannten es *mercurium* als Anspielung auf den unsteten Gott Merkur. Es kommt in der Natur nur selten gediegen vor und zwar als tröpfchenförmiger Einschluss in Gestein. Plinius beschreibt an der erwähnten Stelle ein gediegenes Vorkommen von Quecksilber in Spanien, aber auch seine Gewinnung aus Erz. Das wichtigste Mineral, aus dem es geschmolzen wird, zeichnet sich durch einen auffallenden Farbton aus: Zinnober. Hinter diesem Namen verbirgt sich Quecksilbersulfid (HgS).

Zinnober verwendeten bereits die Künstler der steinzeitlichen Höhlenmalereien. Selbst an einem kräftigen Lagerfeuer kann aus dem Quecksilbersulfid das flüssige Metall ausgeschieden werden. Das reine – übrigens giftige! – Metall siedet bereits bei 356,95°C.

Die Methoden zur Goldreinigung machen es übrigens sehr schwierig, durch chemische Analyse eines Werkstücks festzustellen, woher das Gold stammt, aus dem es gefertigt ist, und wenn es noch dazu mit anderen Metallen legiert wurde, ist der Nachweis unmöglich.

Gold als Werkstoff

Die beschriebenen Verfahren dienen nicht nur dazu, Gold zu reinigen, sondern in den gewünschten Zustand zu überführen. Gold ist ein wichtiger Werkstoff; deshalb soll hier auch gezeigt werden, weiche Eigenschaften dieses Metall besitzt.

Aus einem Gramm Gold lässt sich ein zwei Kilometer langer Draht herstellen. Die gleiche Masse kann auf eine Folie von

0,4 Quadratmeter gehämmert werden; bei einem Goldwürfel von einem cm Kantenlänge wären dies 7,9 Quadratmeter. Goldfolie lässt sich bis 1/10000 Millimeter ausdünnen; Licht scheint dann grün hindurch. Diese Eigenschaft wird Duktilität, Geschmeidigkeit, genannt.

Goldblech oder Goldfolien benutzte man früher vor allem zu Dekorationszwecken oder als Dekorschicht. Vergolden lässt sich fast alles: Metalle, Holz, Gestein, Porzellan, Glas, Kunststoffe –, Vergoldungen sind über Jahrhunderte beständig – man denke an die Ausstattung von Schlössern und Kirchen, Moscheen und Tempeln. Mit geringen Metallmengen lassen sich große Kuppeln und weite Dächer überziehen; ein prachtvolles Beispiel dafür sind die Kuppeln russischer Kirchen. Selbst die Kelten kannten schon das Plattieren mit Gold. Das zeigt das mit viel Mühe restaurierte Kultbäumchen von Manching, das sich in der Prähistorischen Staatssammlung in München befindet.

Das Gold leitet den elektrischen Strom sehr gut; nur Silber übertrifft es in dieser Fähigkeit. Da Gold aber nicht korrodiert, wird es als Stromleiter in der Elektronik dem Silber vorgezogen. So verwendet man Gold beim Bau von zahlreichen, heute unentbehrlichen Erzeugnissen der Elektronik.

Gold von der Erde fliegt bereits seit Jahrzehnten durch den Weltraum. Es verließ mit der Forschungssonde »Pioneer 11«, die 1973 in den USA gestartet worden war, unser Heimatsystem, nachdem es 1995 von Pluto, dem äußersten Planeten des Sonnensystems, herrliche Bilder übermittelt hatte. Das vielseitige Werkmetall war auch bei einem der spektakulärsten Augenblicke der Menschheitsgeschichte dabei, als am 21. Juli 1969 um 3 Uhr mitteleuropäischer Zeit ein Mensch zum ersten Mal seinen Fuß auf den Mond setzte. Der amerikanische Astronaut Neil Armstrong wäre vom ungefilterten Sonnenlicht auf der Mondoberfläche erblindet, wenn ihn nicht Gold geschützt hätte – das Helmvisier seines Raumanzuges war mit dem Edelmetall bedampft.

Färben mit Gold war das Geheimnis der Rubinglasherstellung in Böhmen und im Bayerischen Wald. Fürstenhäuser in aller Welt schätzten Glasartikel mit der einmaligen, nirgendwo sonst herzustellenden roten Färbung. Bei der Porzellanherstellung verwendet man das edle Metall nicht nur als Dekorschicht oder für den Goldrand, sondern das Porzellan selbst kann mit Gold purpurfarben gebrannt werden.

Schon vor über 2300 Jahren fertigten Ärzte in Rom Goldkronen und Brücken für marode menschliche Zähne an – wie viele Tonnen Gold sind wohl heutzutage in menschlichen Gebissen rund um die Erde verteilt?

Auch in der Forschung leistet Gold unschätzbare Dienste. Will man bestimmte Stoffe mit dem Elektronenmikroskop untersuchen – besonders solche, die den elektrischen Strom nicht leiten –, so werden die Objekte in vielen Fällen zuvor mit einer hauchdünnen Schicht Gold bedampft.

Goldgewinnung, ein zeitloses Handwerk

Schon im Altertum überließ man es nicht dem Zufall, Gold und auch andere Wertstoffe zu finden. Es ist bekannt, dass Ägypter, Phönizier, Griechen und Römer eigentliche Suchexpeditionen ausschickten. So prospektierten die Römer in Britannien anhand weißer Gangquarze nach Flussgold. [14:144] Vermutlich stammte ihre Methode von den ansässigen Kelten.

Auch in neuerer Zeit holte man sich, wenn man sich Funde versprach, ausgebildete Prospektoren als Experten ins Land. Zunächst ließen die meist fürstlichen Auftraggeber diese »Venediger« oder »Venezianer« dem Edelmetall nur nachspüren. Besonders in und um die ostbayerische Stadt Nabburg waren offensichtlich so viele dieser Prospektoren ansässig, dass ein Stadtteil von Nabburg den Namen »Venedig« erhielt. Später bekamen die Experten das Recht, das Erz auch selbst zu fördern.

Auch wenn in vielen Gegenden der deutschen und böhmischen Mittelgebirge nur noch verlassene Stollen, Halden und mit Gold zusammenhängende Namen an die »goldenen Zeiten« erinnern, blieben über Jahrhunderte Geschichten über Gold und Goldsuche lebendig.

Häufig gewinnen in Sagen und Märchen dunkle Mächte die Oberhand, wenn Gold unter Menschen gelangt. Oft bringt dann die Suche nach dem begehrten Erz nur Unheil, und die Sehnsucht nach Reichtum gleicht einem Drogenrausch.

Doch manchmal bewirkt das sagenhafte Gold auch Gutes, wie die folgende Sage erzählt:

Der welsche Goldfuchs
Vor über zweihundert Jahren trug es sich zu, dass bei einem Bauernpaar in Wülfersreuth im Fichtelgebirge jedes Frühjahr, selbst wenn noch Schnee in den Hohlwegen lag, ein gar seltsam anzusehender Mann in fremdländischer Kleidung als Gast einkehrte. Man erfuhr nicht mehr von ihm, als dass er Sebastino hieß und einer von den vielen Welschen war, die seit Jahren aus der weitbekannten Meerstadt Venedig kamen, um im Gebirge nach Gold zu schürfen. Viele Jahre hintereinander mietete er bei den Bauersleuten über den Sommer ein Dachstübchen.

Bevor die Sonne aufging, pflegte der welsche Gast ins Gebirge zu wandern. Die ersten Sonnenstrahlen trafen ihn an Plätzen, die weitab von Wegen und Pfaden lagen. Wo ein Bach von den Bergen herabeilte oder eine Quelle den Felsen entsprang, blieb Sebastino bis in die sinkende Nacht hinein und durchsuchte eifrig den groben Sand nach Goldkörnern. Wo eine vielversprechende Kluft tief in das Gestein schnitt, hämmerte er unermüdlich mit Schlegel und Meißel.

Zogen dann im nahenden Herbst die Schwalben gen Süden, nahm auch Sebastino Abschied und tat es den Zugvögeln gleich.

Achtzehn Jahre ging es so. Doch als der Herbstwind wieder an den gefüllten Scheunen rüttelte, trat der Venediger eines Morgens völlig unerwartet zu seinen Freunden in die Stube und sprach mit bewegter Stimme: »Nun geh ich nach Hause, doch zurück komm ich nimmer. Ihr habt mir viel Gutes getan – das werd ich euch nie vergessen! Solltest du einmal in Not geraten, lieber Hans, so komm zu Sebastino Verso nach Venedig; er wird dir helfen.«

Unglück traf die Bauersleute, der Hof brannte ab, und hochverschuldet errichteten sie ihn neu. Da erinnerte sich der Bauer der Worte des beinahe vergessenen welschen Gastes und wanderte nach Venedig.

Der Sprache nicht mächtig, irrte er lange durch die blühende und ihm fremde Stadt. Als er schon aufgeben wollte, rief ihn jemand aus einem der schönsten Paläste mit seinem Namen. In *einer prächtig gekleideten Gestalt erkannte der Bauer seinen Freund Sebastino.*

So kam es, dass ein armer Waldbauer lange Zeit Gast eines reichen Venezianers sein durfte. Und als er ins Fichtelgebirge zurückkehrte, hatte er die Taschen voller Gold.

[Emil Grimm nacherzählt]

Mittelalterliche Goldwäsche nördlich der Alpen

Die Völkerwanderung hatte das Land nördlich der Alpen in Unruhe versetzt. Schon um die Mitte des 2. Jahrhunderts n. Chr. war es Chatten, Markomannen, Quaden und anderen Stämmen gelungen, den römischen Limes zu überrennen und tief in das romanisierte Keltengebiet einzudringen. Als im 3. Jahrhundert dann mehrmals große alemannische Kontingente ins nördliche Voralpenland einfielen, kündigte sich allmählich das Ende der römischen Herrschaft an, deren verzweifelte Heeresreformen auch nichts mehr an der Situation ändern konnten.

Natürlich dachte in diesen Unruhezeiten niemand daran, an den Flüssen des Landes Gold zu waschen. Es bestand ständig Gefahr, dass man von durchziehenden Horden geplündert wurde, die besonderes Interesse an Edelmetall und anderen Wertgegenständen zeigten. War es da nicht sinnlos, Gold anzuhäufen, zumal die Wirtschaft in diesen schweren Zeiten am Boden lag?

Schließlich wurde die Provinz Raetien in *Raetia I* mit der Hauptstadt Chur und *Raetia II* mit der alten Provinzhauptstadt Augsburg aufgeteilt. Man glaubte, das Gebiet auf diese Weise leichter verwalten und verteidigen zu können. Als die Lage aber immer bedrohlicher wurde, begann seit ca. 400 n. Chr. ein mehr oder weniger organisierter Rückzug der römischen Truppen über die Alpen. Damit waren die Voraussetzungen für einen politischen Neubeginn geschaffen.

Nach dem Ende der römischen Besatzung im 4. Jahrhundert nach Chr. gibt es bis zum 7. Jahrhundert keine verlässlichen schriftlichen Quellen über Gold und Goldförderung.

Ohne hier auf Herkunft und Stammesbildung näher eingehen zu wollen, ist anzunehmen, dass sich seit dem Ende des 5. Jahrhunderts n. Chr. die germanischen *Baiovarii* als politisch bedeutsamste Gruppe im Land zwischen Donau und Alpen durchgesetzt haben. Zusammen mit der sicherlich noch teilweise keltischen, wenn auch romanisierten Urbevölkerung initiierten die Bajuwaren ein neues Volksbewusstsein.

In ihren Reihengräberfeldern wurden die bajuwarischen Frauen mit wertvollstem Goldschmuck bestattet. Solcher Schmuck befand sich wohl z. T. schon länger in Familienbesitz, sodass die Herkunft des Edelmetalls im Dunkeln bleibt, doch könnte ein Teil der kostbaren Beigaben schon im neuen Siedlungsgebiet hergestellt worden sein. Zu Beginn der bajuwarischen Geschichte war sicher noch so viel römisches, teilweise als Sold ausgezahltes Münzgold im Land, dass die neuen Landesherrn es für ihre Zwecke umschmelzen konnten. Es gab auch römische und keltische Häuser und Münzhorte, die geplündert wurden. Ob sich die Bajuwaren an den Grabhügeln der ehemaligen Landesbewohner vergriffen haben, um Gold zu plündern, erscheint eher fraglich.

Unter dem Einfluss des Christentums übernahmen die Bajuwaren zu Beginn des 7. Jh. von den Langobarden die Sitte, ihren Toten Goldblattkreuze mit ins Grab zu geben. [51:247] Es fällt auf, dass einige dieser Kreuze mit vorchristlichen Symbolen geschmückt sind, die wohl einst zur Abwehr von Unheil gedient hatten. Wollte man sich nach zwei Seiten absichern?

Während des 7. Jahrhunderts wurde das Gold rar, weil durch die großzügigen Grabbeigaben eine Materialverknappung, besonders bei Edelmetall, eintrat. Deshalb begann man christliche Bestattungen zu plündern. Auch die Androhung von harten Strafen konnte dies nicht völlig verhindern. Jedenfalls führte der Mangel an Gold dazu, dass spätestens zu dieser Zeit wieder mit der Ausbeutung von Edelmetalllagerstätten begonnen wurde. Jahrhundertelang wurde nur nach Gold gewaschen. »Bergmännische Goldgewinnung ist erst wesentlich später, im 13./14. Jahrhundert nachzuweisen und war immer ein Gold-Silber-Bergbau.« [44:87]

Der erste Beleg für Goldwäsche ist eine frühmittelalterliche Urkunde aus dem Jahr 667. Sie erwähnt Goldwäscherei am Oberrhein in der Nähe des Kaiserstuhls und den Ort Witzwilre, das heutige Weisweil. [19:93]

Die Zahl der überlieferten Dokumente nimmt dann seit dem Beginn des 8. Jahrhunderts stetig zu. Aus der Fülle der Belege wollen wir nur einige für unser Thema interessante herausgreifen.

Um das Jahr 700 n. Chr. wird die Goldwäscherei im heutigen Böhmen wieder aufgenommen, und etwa um dieselbe Zeit beginnt auch die Goldwäsche in den Norischen Alpen aufs Neue, wo nach Strabo schon lange vor der christlichen Zeitrechnung Gold gewonnen worden war. Ebenfalls um 700 setzte die Goldgewinnung im bayerischen Alpenvorland, an der oberen Salzach und 719 in den Tauern wieder ein. Bald wusch man Gold in zahlreichen bayerischen Flüssen [31:213], und Bischof Aribert von Freising (764–784) preist den Gold- und Silberreichtum seines Landes [19:95].

Eine der ältesten Urkunden zur Geschichte Bayerns (788) berichtet von Goldwäsche im Pongau, also im Salzburger Land. 908 schenkte König Ludwig das Kind die reichen Goldlagerstätten um Salzburg dem dortigen Bischof [19:95]. Diese Schenkung wurde 940 von König Otto I. bestätigt.

Anfang des 12. Jahrhunderts mussten die Goldwäscher an der Salzach dem Bischof von Salzburg jährlich über 700 Goldstücke für die Wascherlaubnis entrichten. Und noch »am Montag nach St. Lucientag, 1532« erließ der Salzburger Erzbischof eine Bergwerksordnung, in der seinen Goldwäschern folgender Eid vorgeschrieben war: »Ich schweer, dass ich alles Gold, so für und für in dem Waschwerch meiner Verwesung und Hüetmann-

Abb. 16: Bajuwarische Goldblattkreuze, oben aus einem Grab bei Landsberg/Lech, unten aus einem Grab bei Langerringen bei Augsburg. Goldblattkreuze wurden auf Leichentücher genäht, die den Kopf des Toten bedeckten. Das Kreuz verschloss dann den Mund des Bestatteten.

schafft gewaschen wirdet, meines gnedigisten Herrn von Salzburg... verordenten Wechsler in dem Khauff wegen bestimbt ist, in die Ablösung und Wechsel antworten, und daran nichts verhalten, noch Yemands anderm zu khauffen geben, auch sonst in anderweg seiner fürstlichen Gnaden Ordnung, die Waschwerch betreffend, underthenigelich und trewlich geleben soll, und will, alls mir Gott helff und all Heyligen.« [29:236]

Schier unmöglich ist es, alle Gebiete zu nennen, in denen zwischen dem 11. und dem 19. Jahrhundert Gold gewonnen wurde. Denn es wurden Flüsse und Gebirge in Sachsen, Thüringen, Böhmen, Mähren, Schlesien, im Sudetengebiet, in Österreich, der Schweiz und Süddeutschland bis zum Main nach Gold durchsucht.

Ein bedeutendes Waschgebiet war der Thüringer Wald, wo allein in der Umgebung von Steinhaide und Reichmanndorf in 100 gut gehenden Goldgruben tausend Menschen beschäftigt waren. Die Goldgewinnung war zu dieser Zeit ein bedeutender Wirtschaftsfaktor.

Goldflitterchen im Weißen Main führten Goldwäscher und Bergleute ins Fichtelgebirge und ließen sie die ehemals äußerst ergiebigen Erzgänge von Goldkronach entdecken. Im Jahr 1993 bargen Archäologen auf dem Goldberg bei Goldkronach Reste eines aus dem 16. Jahrhundert stammenden Gold-Röstofens. [22:181 ff.] Die aufbereiteten Erze wurden später in den talwärts gelegenen Goldmühlen vor dem Waschen und Schmelzen zermahlen.

Über 200 Gramm Gold pro Tonne enthielten die früher ausgebeuteten Goldquarzgänge. Während die meisten Schacht- und Stollensysteme vom Landesherrn angelegt und betrieben wurden, durften ortsansässige Bewohner gelegentlich auch in eigener Regie Gold abbauen – einer dieser Stollen heißt noch heute »Name-Gottes-Stollen«.

Selbst bis in die jüngste Zeit wurde in der Umgebung Goldkronachs nach dem Edelmetall – neben Uran und Zinnstein – prospektiert. Man hat bis heute die Hoffnung nicht aufgegeben, doch eines Tages wieder eine reiche Erzader zu entdecken.

Eines der wichtigsten Goldgebiete Mitteleuropas befand sich in Böhmen. Von einem »Californien des Mittelalters« mit zahllosen Goldwäschern spricht Alois Geistbeck bei der Betrachtung der böhmischen Goldvorkommen [19:94]. Dort wurde um 700 die Produktion wiederaufgenommen und bis ins 16. Jahrhundert betrieben. In der Blütezeit gab es allein in der Gegend von Reichenstein, dem Zentrum der Edelmetallgewinnung, 300 Goldmühlen, die für eine regelrechte industrielle Ausbeutung der Flusssande sprechen. In der weiteren Umgebung Reichensteins sah es nicht anders aus: Zahllose Waschstellen und Goldmühlen lagen an den Ufern von Elbe, Eger und Moldau sowie an vielen anderen Flüssen, Nebenflüssen und Bächen.

Es ist heute kaum mehr vorstellbar: doch alle diese Goldfunde riefen seinerzeit einen regelrechten Goldrausch hervor. Gleichfalls ein Rausch suchte im 14. Jahrhundert Böhmen heim. »Kein Gewerbe ward leidenschaftlicher betrieben als Bergbau und Goldwäscherei, sodass wie in Spanien nach der Entdeckung der Goldschätze Südamerikas die Vernachlässigung des Ackerbaues eine allgemeine Preissteigerung und Hungersnoth herbeiführte und der König sich genöthigt sah, Bergbau- und Goldwaschverbote unter Androhung schwerer Strafen zu erlassen.« [19:94]

Das Problem des böhmischen Goldrausches erledigte sich spätestens mit dem Beginn der Hussitenkriege (1419–1436) von selbst, und eine neue Blütezeit wurde vom Dreißigjährigen Krieg (1618–1648) verhindert. Danach gingen Bergbau-Interesse und -Kenntnisse in dieser Region weitgehend verloren.

Heute fällt das Gebiet durch seinen Waldreichtum auf, obwohl seit Beginn des Bergbaus Unmengen von Holz zur Gewinnung von Holzkohle für die Erzröstung und zum Schmelzen geschlagen worden waren. Es mussten auch ganze Wälder abgeholzt werden, damit genügend Grubenholz zur Abstützung der Stollen zur Verfügung stand. Die heutigen Wälder verdanken wir den in späterer Zeit erlassenen Gesetzen zur Wiederaufforstung und Walderhaltung.

Solche Gesetze gab es aber nicht nur in Böhmen. »Denn 1202 und 1237 wurden im Erzbistum Salzburg in der Umgebung von

Bergwerken und Salinen absolute Rodungsverbote erlassen. Um 1350 heißt es in einer deutschen Rechtsaufzeichnung, dass zur Schonung der Waldbestände nur ›bescheidentlich werde gehouwen, ane Wüstungen‹ anzurichten«. [45:14]

Während in Böhmen die Goldgewinnung an Bedeutung verlor, waren die Verhältnisse in Bayern genau umgekehrt: »Im Umkreise des heutigen Bayerns begann erst im 15. Jahrhunderte mit dem allgemeinen Aufschwunge des Bergwesens die nachhaltige, gesetzlich überwachte und geregelte Ausbeutung des Goldgehaltes der Flüsse und Gebirge.« [19:96].

Das bedeutete aber nicht, dass das Verhältnis zwischen Behörden und Goldwäschern immer harmonisch war. Aus dem 16. Jahrhundert erfahren wir: »Unter Wilhelm V. müssen die herkömmlichen Bestimmungen in Vergessenheit oder Missachtung gerathen sein, denn nur der geringere Theil an Gold wurde des Jahres zur Rentstube gebracht, allerlei Unordnungen hatten sich zwischen den Goldwäschern zugetragen.« [19:99] Der bayerische Herzog reagierte mit verschärften Vorschriften: »Was die Berechtigten an Gold herauswaschen, sollen sie zur fürstlichen Rentstube bringen und für das Gewicht eines Dukaten 1 fl. 15 kr. bezahlt erhalten, aber bei hoher Straf und Ungnad nichts verkaufen dürfen.« [19:100]

Neuzeitliche Goldgewinnung

Seit dem Beginn der Neuzeit verlor die Goldproduktion in Mitteleuropa allmählich ihre Bedeutung; die einmal geltenden Vorschriften wurden aber weiterhin überwacht. Dass z. B. die bayerischen Behörden des frühen 17. Jahrhunderts auf das Waschgold nicht verzichten konnten, beweist die Anweisung Herzog Maximilians von 1611 an »Müssiggänger und Kinder«, welche dazu aufgefordert wurden, »der edlen Gottesgab mit mehrerem Nutz nachzuspüren«. [19:100]

Die Erträge der Goldgewinnung waren jetzt immer mehr der Repräsentation der Herrschenden vorbehalten, vor allem für Schmuck, Medaillen und Münzen.

Aus dem Kurfürstentum Pfalz stammt die älteste deutsche Münze, die ganz aus Waschgold geprägt wurde: ein Halbdukat, den der Kurfürst Karl Ludwig im Jahr 1674 aus Rheingold prägen ließ. Bekanntlich befanden sich die rechtsrheinischen Goldgründe zwischen Lahr und Philippsburg, am linken Ufer nahe Seltz und Hagenbach. In Heidelberg, Mannheim, Durlach, Mainz, Karlsruhe und Darmstadt lagen oberrheinische Münzstätten. Auch früher hatte man mit Flussgold gearbeitet, aber es wurde bereits vorhandenem Gold beigemischt, dessen Herkunft sehr vielfältig war. Die Goldwäscherei lieferte auch ein damals überall benötigtes Nebenprodukt: Streusand. Der feine, rötlich scheinende Schwermineralsand, den die »Goldener« frei verkaufen durften, diente zum Trocknen der Schreibtinte.

Die rheinischen Goldwäscher bearbeiteten die Flussauen, besonders die Kies- und Sandbänke nach Hochwässern, indem sie den dunklen Sand der »Goldgründe« über geneigte Bänke spülten, die man mit rauen Tüchern bespannt hatte, sodass Goldflitterchen und Schwermineralkörnchen darauf hängenblieben. Dieser »Schlich« wurde dann in langgestreckten Trögen, den »Schiffchen«, oder in schaufelförmigen Trögen (»Niersch«) ausgewaschen. Im Grund hatte sich diese Technik der Goldwäsche seit der Antike kaum verändert. Nach dem Waschen entgoldete man die Konzentrate mit Quecksilber. Durch das Erhitzen des zu Kügelchen geformten Amalgams gewannen die Goldwäscher ein Endprodukt von 93,4 % Gold (22 Karat, 5 Grän) und 6,6 % Silber.

Die in der Neuzeit an die Behörden abgelieferte Ausbeute an Rheingold betrug insgesamt fast 1000 kg [23:185]. Wie viel an den fürstlichen Rentstuben vorbeigeschleust wurde, wissen wir nicht; doch ist mit erheblichen Mengen zu rechnen.

Die Waschgold-Ausbeute des Jahres 1718 im Alpenvorland bewog den bayerischen Kurfürsten Max Emanuel, an eine industrielle Gewinnung zu denken. »Dies veranlasste einen im Bergwesen anderer Länder mehrfach erfahrnen Mann, Namens Christian Schmidt, dem Kurfürsten den Vorschlag zur Aufstellung von vielleicht 100 großen Waschwerken mit Bretterhütten,

cclxxij

Vom Bergkwerck

Das haupt des herdts A. Der herdt B. Das tüch C. Das gerinlein D. Das vhaß dem herdt vnderworffen E. Das vhaß darein das tüch gewäschen wirt F.

Etliche an statt des grünen tüchs / vnderlegende ein tüch mitt roß har eng in einander gflochte / dem viel knöpfflin seindt / ein wenig von der flochtung geschoren / dieweil aber dise herauß ghendt / vnd das tüch rauch hangendt an jm die kleine goldtschlich / welche auch in dem vhaß mitt wasser abgewäschen werden.

Abb. 17: Georg Agricola, 1557. Flusssand wird über ein Tuch aus geflochtenem Rosshaar gewaschen. Die darin hängengebliebenen Schwerminerale und das Gold, der sogenannte »Schlich«, werden anschließend in einem Fass gesammelt. Wie die Reste einer keltischen Waschbank aus Böhmen beweisen (vgl. Abb. S. 132), arbeiteten die Kelten mit ähnlichen Methoden.

Rädern, Waschherden und Tüchern zu machen und jedes mit drei bis vier Arbeitern zu besetzen, damit in einem Tage mindestens 2–300 ordinari Lastkarren Sand gewaschen werden könnten.« [19:103]

Sechs Jahre später hatte es tatsächlich den Anschein, als ob an den Flüssen Bayerns bald Gold in großem Stil gewonnen werden könnte. Im Jahr 1726 gründete sich ein »Goldwäscher-Consortium« von zwölf Verantwortlichen, dem allein zehn Personen aus Kreisen des kurfürstlichen Hofes angehörten. Die »Compagnie« forderte für sich allgemeine Waschfreiheit und wollte dafür die Kosten der Waschwerke übernehmen, den Zehent entrichten und das gewonnene Flussgold gegen Barzahlung an die Rentkammer abliefern. [19:103] Der Kurfürst selbst sollte den Vorsitz der Gesellschaft übernehmen.

Doch mit dem unerwarteten Tod des Kurfürsten starb auch dieses ehrgeizigste Goldprojekt in Süddeutschland.

Wie man zu dieser Zeit Flussgold gewann, berichtet ein Goldwäscherprotokoll aus dem Jahr 1728: »Etwa 100 Moltern des von den Regengüssen angeschwemmten Sandes werden zusammengetragen und gereutert, damit die größern Steine daraus kommen, alsdann wird der Sand durch einen Korb auf zwei wollene Tücher gewaschen, an welchen das Gold hängen bleibt.« [19:103/104] Etwa zehn Karren Sand am Tag konnte ein Goldwäscher auf diese Weise durcharbeiten. Auch diese Beschreibung zeigt, dass Goldwaschen tatsächlich ein zeitloses Handwerk ist, das sich im Lauf der Jahrtausende kaum verändert hat.

In der Pfalz ging es ähnlich zu: »Am Rheine wird der Sand auf einem mit Wollzeug überzogenen gereinigten Herde gewaschen. Hier setzen sich die feinen Goldtheile ab, werden gesammelt, geschlämmt, mit Quecksilber gemengt und so lange durchgearbeitet, bis sich das Gold vollkommen amalgamiert hat. Das goldhaltige Quecksilber wird hierauf durch doppelte Leinwand oder sämisches Leder gedrückt, das zurückbleibende Goldamalgam eingeschmolzen und dadurch das reine Gold gewonnen.« [19:104, Anm. 1]

1756 gab das kurfürstliche Münzamt in München zum ersten Mal in Bayern Flussgold-Dukaten heraus. Das dazu nötige Edelmetall hatte man aus Donau, Rhein, Inn und dem Einzugsgebiet der Isar gewonnen. Die heute geschätzten Raritäten tragen auf der Vorderseite das Brustbild des Kurfürsten Maximilian III. Joseph von Bayern, auf der Rückseite zeigen sie in Anlehnung an antike Vorbilder einen Flussgott mit Quellfass. Flussgolddukaten, deren Metall aus der Donau stammt, tragen die Prägung »EX AURO DANUBII«, solche aus Rheingold »EX AURO RHENI«, Münzen aus dem Gold des Inn bzw. der Isar »EX AURO OENI« bzw. »ISARAE«.

Diese Golddukaten kamen nie in Umlauf und dienten lediglich den Repräsentationszwecken des wittelsbachischen Herrscherhauses. In den Jahren 1849–1856 wurden in Bayern jährlich zwischen 500 und 2000 Flussgoldmünzen geprägt.

Die Aussichten, zu Gold zu kommen, verfolgte ein bayerischer Adeliger sogar zweispurig. Der kurfürstliche Kämmerer und Geheimrat von Perfall wollte sich offensichtlich nicht allein auf seine Fähigkeiten als Alchemist verlassen. Deshalb erwarb er 1745 auch Waschpatente für die obere Isar bis Mittenwald, die Loisach von Wolfratshausen bis zum Kochelsee, die Amper von Stegen bis zur Mündung und die Wertach von Irsingen bis Schwabeck. Aus dem Goldsand der Windach, eines Nebenflusses der Amper, konnte er jedenfalls einen Golddukaten prägen.

Wenn um die Mitte des 18. Jahrhunderts jemand auf die Idee kam, an der Amper Gold waschen zu lassen, darf man annehmen, dass es berechtigte Hoffnungen gab, dort auch fündig zu werden. Auch ohne schriftliche Quellen ist die Vermutung berechtigt, dass seit den Zeiten der keltischen Goldgewinnung an diesem oberbayerischen Fluss hie und da nach dem Edelmetall gesucht wurde. Es ist doch kaum glaubhaft, dass der kurfürstliche Kämmerer und Geheimrat einerseits Waschpatente für genau definierte Flussabschnitte erworben hat, die Goldwäsche an Amper und Windach aber als wenig hoffnungsvolles Spekulationsobjekt betrachtete. Noch viel unwahrscheinlicher wird eine derartige Vermutung, wenn man weiß, dass die Herren von

Abb. 18: Isargolddukat (Rückseite) geprägt 1780. Die Umschrift ex auro isarae kennzeichnet die Herkunft des Goldes aus dem Waschgebiet der Isar, zu dem auch die Amper zählte. Die Münze trägt auf der Vorderseite das Brustbild des bayerischen Kurfürsten Karl Theodor, auf der Rückseite die Darstellung des Flussgottes mit Quellfass und das kurbayerische Wappen.

Perfall seit 1507 im Besitz des Schlosses Greifenberg waren, das an der Windach und in unmittelbarer Nähe der Amper lag.

In Baden ergab die Goldwäsche zwischen 1748 und 1874 nicht weniger als 364 Kilogramm »raues« Rheingold; allein in den Jahren 1820–1850 waren es 220 Kilogramm. Im Rekordjahr 1831 gab es eine offiziell bestätigte Jahresausbeute von 12 898 Kilogramm Rheingold. Solche Rekorde hatten eine handfeste Ursache: 1817 hatte man begonnen, die Rheinschlingen zu durchstechen, und der Fluss konnte jetzt sein bis hierher transportiertes und abgelagertes Gold selbst aus Sand und Kies herauswaschen.

Was bekamen die Goldwäscher für ihre mühsame Arbeit? Bei pflichtgemäßer Abgabe erhielten sie immer deutlich weniger als den amtlichen Goldpreis, und so war die Versuchung groß, zumindest Teile der Ausbeute zu behalten. Auch scheinen gewisse Mengen über die Grenzen geschafft worden zu sein, wo man nicht Gefahr lief, von der Polizei des Landesherrn dingfest gemacht zu werden.

Von ca. 1800 bis zur Mitte des 19. Jahrhunderts hat sich die Industrieproduktion in Deutschland etwa versechsfacht – die Löhne aber waren gleichgeblieben. Erst in der zweiten Hälfte des 19. Jahrhunderts verdoppelten sie sich, die Produktionsleistung jedoch verzehnfachte sich! Die Industriearbeiter wollten natürlich von der Leistungsexplosion profitieren und forderten 1848 einen zwölfstündigen Arbeitstag. 16 Stunden waren durchaus üblich, auch für Jugendliche. In England hingegen war bereits seit 1847 der Zehn-Stunden-Arbeitstag gesetzlich abgesichert!

Für wie viele wird wohl damals Goldwäsche ein wenig Hoffnung bedeutet haben, wenn sie sich über die Hälfte des Tages in gefährlichen, lauten und schmutzigen Arbeitshöhlen für ein bisschen Geld abrackern mussten. Dabei konnten sie froh sein, überhaupt Arbeit zu finden, auch wenn sie dann oft der Willkür des Arbeitgebers ausgeliefert waren.

Da erreichten um die Mitte des 19. Jahrhunderts sensationelle Nachrichten Europa: In Amerika und Australien lockten plötzlich Reichtum und Freiheit. Denn 1848 waren in Kalifornien außerordentlich reiche Goldvorkommen entdeckt worden und nur wenige Jahre später auf dem fünften Kontinent. War es da nicht mehr als verständlich, dass ungezählte Auswanderer hofften, dem Elend in der Heimat zu entfliehen? Viele Emigranten suchten nun in Übersee mit schier übermenschlicher Energie nach Gold, um dann feststellen zu müssen, wie ihnen der vermeintliche Reichtum durch die Finger geronnen war...

Trotz immer geringer werdender Ausbeute verließen in den Jahren 1849–1856 jährlich noch zwischen 500 und 2000 Flussgold-Dukaten (in 40 verschiedenen Typen) die bayerische Münzanstalt.

König Maximilian II. ließ 1863 die letzten offiziellen Gold-Dukaten herausgeben, sie bestanden aus Rheingold.

1869 entzog dann ein neues bayerisches Berggesetz die Goldgewinnung der staatlichen Kontrolle, sodass die Wäscher jetzt das gefundene Edelmetall behalten durften. 1879 wurde zum letzten Mal freiwillig Flussgold beim Hauptmünzamt in München abgeliefert; es waren nur noch 113 Gramm.

Antike Goldproduktion

Ein Goldbergwerk in Ägypten

Doch wie hatte die Goldproduktion in der Keltenzeit, also in der Antike, ausgesehen? Dazu haben sich verschiedene Quellen erhalten.

So besuchte der hellenistische Historiker und Geograph Agatharchides im 2. Jahrhundert v. Chr. einen Minenbetrieb in Nubien, das damals zum ptolemäischen Ägypten gehörte, und hinterließ eine Beschreibung:

Im Grenzgebiet Ägyptens zu Arabien und Äthiopien waren damals zahlreiche große Goldminen in Betrieb – bei kaum erträglichen Arbeitsbedingungen. Man benötigte für den Abbau eine enorme Zahl von Arbeitern, und die Pharaonen schickten deshalb Verbrecher, Kriegsgefangene und unschuldig Verurteilte in die Minen. Es herrschte Sippenhaft, sodass hier Verurteilte manchmal mit ihrer ganzen Familie die Strafe abarbeiten mussten.

Die Flucht aus dieser Hölle wurde den Minensklaven auf jede denkbare Art unmöglich gemacht, z.B. durch ständige Fesselung. Gearbeitet wurde Tag und Nacht – ohne Erholungsmöglichkeit. Als Aufseher fungierten fremdsprachige Soldaten, sodass die Gefangenen nicht in der Lage waren, mit den Bewachern zu sprechen oder an ihre Menschlichkeit zu appellieren.

Das Gestein wurde mit dem üblichen Feuersetzen zermürbt, die Stollen folgten dem zufälligen Verlauf der Goldquarzadern. Zehntausende von Männern zerkleinerten die Felstrümmer mit eisernen Hämmern. Ein Minenfachmann überwachte den Vorgang, gab Anweisungen und sortierte das Erz. Die Bergwerkssklaven wurden je nach körperlicher Konstitution zu unterschiedlichen Arbeiten eingeteilt. Sie trugen bei der Arbeit an der Stirn befestigte Öllampen, deren Licht es ihnen ermöglichte, den weißen Adern zu folgen. Sie zwängten sich dazu in die zufällig entstandenen Formen der Stollen, die Aufseher zwangen sie mit brutalen Schlägen, die Gesteinstrümmer zum Zerkleinern auf den Boden zu werfen. Kleine Jungen gingen durch die Abbaue, sammelten die herausgeschlagenen Gesteinsbrocken und schleppten sie nach draußen zu einem Platz nahe dem Eingang. Kranke Männer und alle, die über dreißig Jahre zählten, trugen die Brocken dann zu den Zerstampfern. Diese waren jünger als dreißig Jahre und kräftiger. Mit eisernen Stößeln zerkleinerten sie die Erzbrocken bis auf Linsen-Größe. Anschließend gaben sie das Stampfgut weiter.

Die nun folgende Arbeit an den Steinmühlen mussten alte Männer verrichten und Frauen, die man zusammen mit ihren Ehemännern oder Eltern in die Sklaverei gezwungen hatte. Bei jeder einzelnen Mühle standen sich jeweils zwei bis drei notdürftig bekleidete Sklaven an einem durchgehenden Balken gegenüber. Sie mussten sich so lange an diesen Drehmühlen plagen, bis das geschrotete Gestein zu Mehl zerrieben war.

Sklaven erfuhren keinerlei Rücksicht, weder kranke und verletzte noch alte und Frauen. Nach ununterbrochenen Schlägen erschien ihnen der Tod gewiss wie eine Erlösung.

Nach dem Mahlvorgang erhielten die Goldwäscher das Erzmehl. Das waren die eigentlichen Fachleute, die des »Königs Geschäft« [Agatharchides, Peripl. Mar. Eryth. 5, 27a] vollendeten. Sie schütteten das gemahlene Erz auf eine flache, leicht geneigte Waschbank, gossen Wasser dazu und rieben das Material erst sanft, dann kräftig mit den Händen, um Gestein und Schwerminerale voneinander zu trennen. Die leichten Bestandteile wurden weggespült, die soliden Partikel blieben liegen. Sobald die Wäscher diesen Vorgang mehrmals wiederholt hatten, um eine optimale Ausbeute zu sichern, tupften sie die Waschbank mit Schwämmen ab, an denen die leichteren Quarzteilchen nach kurzem Tupfen hängenblieben. Der Goldwäscher entfernte sie und warf sie weg. Die schweren Stückchen aber blieben wegen ihres Gewichts auf dem Holzbord liegen. Die Wäscher lasen die Goldstückchen aus und gaben sie den Schmelzern. Diese wogen das Gold ab und schütteten es in Tongefäße. In genauem Verhältnis zur Goldmenge folgten ein Stück Blei, Salzkörner, ein wenig Zinn und Gerstenkleie. Das Ganze wurde fünf Tage und Nächte im Schmelzofen erhitzt. Als Ergebnis erhielt man gediegenes Gold.

Agatharchides fasst zusammen:

»Der Tod vieler Menschen in den Minen bringt unsere Beschreibung zu dem Schluss... dass... die Gewinnung des Goldes mühsam, seine Aufbewahrung unsicher ist, dass man überaus gierig danach sucht und seine Verwendung zwischen Freude und Schmerz liegt. Und darüber hinaus ist die Art, in der es abgebaut wird, uralt.« [Agatharchides, Peripl. Mar. Eryth. 5,29a]

Goldgewinnung bei den Römern

Der römische Naturforscher Plinius unterschied drei Arten von Goldlagerstätten: Flussgold, goldhaltige Erde und Berggold. [Plinius, Nat. Hist. 33,66].

In seinem Bericht über die Gewinnung von Gold aus goldhaltiger Erde überliefert er eine heute sehr eigentümlich anmutende Abbaumethode, die von den Römern praktiziert wurde, vermutlich aber von oberitalienischen Kelten oder Ibero-Kelten entwickelt und von den Römern dann übernommen worden war.

Dort, wo Prospektoren anhand von Proben und Schurfen eine reiche Lagerstätte goldhaltiger Erde erkundet hatten, legten Grubenfachleute Stollen an. Da die Stollen oft in lockeres oder wenig verfestigtes Gestein getrieben wurden, war diese Arbeit gefährlich, umständlich und zeitraubend.

Interpretieren wir kurz den Bericht des Plinius aus geologischer Sicht: Es handelt sich hier um kaum verfestigte goldhaltige Schuttfächer, »Alluvionen«, auf oder in der Nähe von primären oder verfestigten sekundären Goldlagerstätten.

Ab und zu trafen die Minenfachleute auf Fels, den sie durch Feuersetzen zermürbten. Dann schleppten sie das zertrümmerte Gestein auf den Schultern nach draußen. Erwies sich der anstehende Fels als zu umfangreich für das zeitraubende und teure Feuersetzen, umgingen ihn die Minenarbeiter durch seitlich ausweichende Stollen. Auf diese Weise unterminierten sie große Bereiche der meist hügelförmigen Schuttfächer und fingen dann an, die Stützpfeiler wegzuschlagen. Man ahnt, was geschehen würde!

Ein Wächter stand auf Posten, um die ersten Anzeichen der bewusst herbeigeführten Katastrophe zu entdecken! Er gab Alarm, und jeder brachte sich in Sicherheit, so gut er eben konnte. Sklaven gab es im Überfluss; wer nicht schnell genug war, auf den konnte man verzichten.

Weithin hörte man den Lärm und fühlte die Druckwelle, wenn der Hügel oder die Bergflanke in sich zusammenbrach und zu Tal stürzte wie eine riesige künstliche Mure. Plinius erwähnt, dass die Koordinierung nicht immer hundertprozentig funktionierte.

Nun lagen gewaltige Schuttmassen an der Bergflanke oder bereits im Tal. Die riesige Menge Gestein barg auch eine Menge Gold, die es nun vom Schutt zu trennen galt. Dafür brauchte man Wasser. Bei Plinius lesen wir, dass gerade in fundträchtigen Bergen Wasser selten war. Darum legten die Goldsucher von einem höher gelegenen Gebirge her hölzerne Wasserleitungen. Dazu durchbrach man Berge, überbrückte Täler und hängte unter Lebensgefahr Leitungen an Steilabbrüchen auf.

Wir erfahren, dass solche Leitungen oft 100 römische Meilen, d. h. 150 Kilometer, weit gebaut wurden. Man staute das Wasser in künstlich angelegten, oft mehrfach übereinander liegenden Reservoirs. Wenn genügend Wasser vorhanden war, wurden Schleusen geöffnet, und große Wassermassen stürzten auf die künstlich erzeugten Hangrutschungen herab. Man machte also genau dasselbe, was die Natur andernorts ohne menschliche Einwirkung gefahrlos und kostenlos von selbst erledigt.

Weiter heißt es in der antiken Quelle, dass der wertvolle Schlamm unterhalb des Berges in der Ebene in Gräben geleitet

Der fluß A. Die wehr B. Die thür C. Der herdt D.
Die wyse E. Der zaun F. Der graben G.

Abb. 19: Goldwäsche an einem Fluss. Darstellung in Georg Agricolas epochalem Werk »Vom Bergbau« aus dem Jahr 1557. Zur Zeit des Hochwassers werden Flüsse aufgestaut und ihr Wasser in Gräben umgeleitet, um goldhaltige Sande zu gewinnen. Ähnliche Verfahren beschrieb bereits der ältere Plinius für das römische Spanien. Dort hatten Römer das Gewinnungsverfahren von den Ibero-Kelten übernommen.

wurde. Darin waren Zweige ausgelegt, die das Gold festhielten, während Wasser und Schlamm weiterflossen. Diese Auffanggräben waren mit Brettern verschalt. Wo es das Gelände erforderte, überbrückte man es mit Holzleitungen, bis durch das Leitungssystem nur noch Wasser und tauber Abraum flossen.

Eine solche Art des Abbaus war vor allem in Spanien und Oberitalien üblich. Für die Lagerstätten bei Vercellae im heutigen Piemont wurde übrigens in römischer Zeit ein Gesetz erlassen, dass nicht mehr als 5000 (!) Menschen in einer Mine beschäftigt werden dürften, damit sich die Goldbergwerke nicht vorzeitig erschöpften.

Doch zurück zum Gold, das noch am Reisig hing: dieses wurde nun getrocknet und verbrannt, die Asche wusch man auf einem ausgehobenen Rasenstück, wobei das schwerere Gold und die anderen Schwerminerale im Gras hängen blieben, während das Wasser mit der Asche abfloss.

Das auf diese Weise gewonnene Gold war so rein, dass es nicht mehr geläutert zu werden brauchte. [Plinius, Nat. Hist. 33,77] Plinius verschweigt jedoch, dass die größeren Goldkörner ausgelesen werden mussten, während das feinkörnige Gold über den Zwischenschritt des Amalgamierens von den übrigen Schwermineralen getrennt wurde.

Neben diesem Verfahren, goldhaltige Erde auszubeuten, kannten die Römer auch den Abbau im Bergbau. Das Berggold war wesentlich aufwendiger und teurer zu gewinnen. Es gab ja weder leistungsfähige Abbaumaschinen noch Motoren für den Lastentransport. Außerdem hatte man noch keine Sprengstoffe – Schwarzpulver wird erst seit 1627 im Bergbau eingesetzt. Darum musste alles von Menschenhand unter Einsatz primitiver Mittel erledigt werden.

Besuchen wir eine römische Goldmine im antiken Spanien:
Einige der neu hinzugekommenen Sklaven drehten sich noch einmal um. Ein letztes Mal wollten sie den Himmel und die Sonne sehen. Dann trieben Aufseher sie in das gähnende schwarze Loch

des Hauptstollens. Ein schwach beißender Essiggeruch hüllte sie ein. Einige würgten. Den Gestank nach Krankheit und Exkrementen nahmen sie kaum wahr.

Ein Fuhrwerk kam ihnen entgegen, ein großer Wagen, nicht von Pferden gezogen, sondern von Sklaven. Sie sahen die Neuen nur dumpf und traurig an und trotteten müde weiter. Entsetzt starrten die Ankömmlinge auf die Ladung des Wagens: Über und über, einfach wahllos auf einen Haufen geworfen, Leichen, abgemagerte Skelette, zerschundene und gekrümmte Körper, die Haut von Beulen und Flecken entstellt. Merkwürdig kleine lagen darunter – völlig zerschrammt und verschmutzt: Kinderleichen!

Jetzt bekamen die Neuen statt der Würgestricke um den Hals leichte Fußketten angepasst. Römische Aufseher teilten die kräftigsten von ihnen denjenigen zu, die erzhaltiges Gestein mit wuchtigen Eisenhämmern zertrümmern mussten.

Hoch waren hier die Stollen, die sich von mehreren Seiten trafen und rußgeschwärzte Gewölbe bildeten. Kaum wurde es den Männern mit den Hämmern gegönnt, Blicke in die Gänge zu werfen, wo andere Minensklaven bei rußenden Fackeln auf Erzbrocken einschlugen. Ein Blick nur von der eigenen Arbeit weg – schon zischte die Peitsche eines Aufsehers.

Weniger Starke trugen in nicht endenden Reihen Körbe voll Gestein zum Zertrümmern. Wenn sie ihre Lasten ausgeleert hatten, schaufelten sie bereits zermalmtes Gestein in ihre Körbe und trugen es zu den Mühlen.

Diese wie riesige Getreidemühlen aussehenden Konstruktionen wurden von kräftigen Frauen betrieben, die zu dritt oder fünft, abgerissen und schweißüberströmt, an übers Kreuz liegenden Balken drückten und schoben. Längst hatten die Aufseher gemerkt, dass Frauen zäher und ausdauernder waren als Männer; dementsprechend teilte man die Arbeiten ein.

Wenn in den Mühlen nur noch Gesteinsmehl lag, wurde dieses rasch zusammengekehrt und zu den Waschrinnen gebracht. Wie beim Goldwaschen an den Flüssen spülte man die leichteren Bestandteile mit Wasser fort. In die Querleisten der Waschrinnen füllten Schwache und Kranke ständig Quecksilber nach, das das Gold band.

Sobald die vorher blinkenden Quecksilberstreifen unansehnlichen Schwämmen glichen, holte man die Masse mit bloßen Händen und spatelförmigen Schabern aus den Rinnen und füllte sie in verschließbare Bronzegefäße.

Die vollen Gefäße trugen jedoch keine Bergwerkssklaven, sondern römische Minenknechte. Sie wurden beidseitig von Wächtern eskortiert und ins Freie geleitet, wo überdachte Öfen standen.

Tag und Nacht war diese Sklavenhölle in Betrieb; es wurde ohne Pause gefront. Wer vor Entkräftung zusammenbrach, den schleifte man in einen alten Stollen, warf ihn auf den mit Stroh bedeckten felsigen Boden und ließ ihn für ein paar Stunden liegen. Rücksicht, Erholung – wozu? Täglich kamen neue Sklaven hinzu, Hunderte, Tausende…

Wasser brach ständig wie aus unerschöpflichen Quellen aus den Felsrissen, tropfte von den rußgeschwärzten Decken, rann die Wände herab und sammelte sich zu Pfützen, Teichen und Bächen, sodass die Stollen dauernd abzusaufen drohten.

Deswegen lagen zwischen den mit Baumstämmen abgestützten Gängen und Förderstollen Nischen für Pumpstationen. Sklaven drehten dort unermüdlich die Kurbeln, archimedische Schrauben hoben in hölzernen Rohren das Wasser und leiteten es in Entwässerungsstollen.

Trotz der argwöhnischen Wächter warfen die Sklaven immer wieder besorgte Blicke in das rauchende, stinkende und ächzende Inferno der Mine, dorthin, wo die gefährlichste und härteste Plackerei geleistet werden musste: zu den Abbaustollen.

Beißende Rauchschwaden wälzten sich Hunderte von Metern durch die roh behauenen und von wuchtigen Balken gestützten, rußschwarzen Gänge. Von den Decken fielen immer wieder glühende Rußfladen, die dampfend auf dem feuchten Boden erloschen. Die neuen Stollen waren so niedrig, dass Erwachsene nicht einmal darin knien konnten. Nackt oder in verdreckte Felle gehüllt, schufteten Kinder. Sie wurden von kleinwüchsigen Ge-

stalten befehligt, die nur auf den ersten Blick wie Kinder aussahen: Minenspezialisten von jeher – Zwergmenschen, Liliputaner.

Prasselnde Holzfeuer brannten dicht an den Felswänden. Das überhitzte Gestein dampfte und knackte, ab und zu knallte es, heiße scharfkantige Gesteinssplitter sausten dann wie Geschosse los; Kinder und Zwerge warfen sich zu Boden, bedeckten die Köpfe rasch mit einem Stück Fell oder bloßen, blutenden Händen.

Am Knistern und Krachen der aufgeheizten Felsen erkannten die Minensklaven, wann Wasser darauf geschüttet werden musste. Genau passten sie auf, dass erst gegossen wurde, wenn die Feuer vor den Wänden herabgebrannt waren. Es wurde nicht nutzlos nachgelegt, denn Holz war rar, und sie brauchten es in großen Mengen. Oft genug stockte der Nachschub, wenn Räuberbanden die Holzfäller oder Seeräuber die Frachtschiffe überfallen hatten.

Noch beißender, noch dichter qualmte es, wenn mit Wasser gelöscht wurde. Es stank dann stundenlang nach Essig; denn das Wasser war damit angereichert. Man versprach sich einen stärkeren Kühlungseffekt, wenn der Essig verdampfte, und damit eine höhere Sprengwirkung auf den Fels.

Manchmal mussten sie einige Minuten mit keuchendem Atem und brennenden Augen warten, bis aus den Entlüftungsschächten wieder einigermaßen atembare Luft nachströmte. Manche wälzten sich in Hustenanfällen auf der Erde, weil sie den Atem nicht so lange anhalten konnten. Fest pressten ihnen dann einige Mitfühlende nasse Tücher ins Gesicht, bis das krampfartige Husten einem quälenden Würgen wich.

Immer wieder wurde der Fels aufgeheizt und abgekühlt, bis er so zermürbt war, dass sie ihn mit Hacken, Meißeln und Keilen abschalen konnten. Kinder krochen dann in die schräg eingekeilten Spalten, kratzten das erzhaltige Gestein heraus, füllten es in flache Körbe oder Ledersäcke, während die kleinen Minenspezialisten rasch mit vorgefertigten hölzernen Keilen, Pfählen und Balken abstützten.

Sklaven zerrten dann an Seilen die Erzbehälter in die höher ausgehauenen Stollen und trugen sie zu den Zerkleinerungsplätzen.

Obwohl jeder Handgriff saß, stürzten immer wieder Wände ein, wurden Bergleute verschüttet. Rasch scharrte man sie hervor – nicht selten zerrten sie einen zerschrammten und blutüberströmten Körper in die höheren Stollen und Gänge.

Verwundete pflegte man nicht – dazu war kein Platz vorgesehen. Man zerrte sie an den pumpenden und mahlenden Frauen vorbei zu den Erschöpften und ließ sie dort auf dem Stroh liegen. Schwerverwundete erschlug man sofort und transportierte sie weg. Es kamen ja ständig neue Sklaven hinzu – der siegreiche Caesar sorgte durch seine Feldzüge für nimmer endenden Nachschub.

Diese Schilderung eines Minenbetriebs während der römischen Besatzungszeit in Spanien ist keine Ausgeburt der Phantasie; die Fakten liefern uns antike Autoren, die z.T. selbst Augenzeugen waren. Wenn man die Hinterlassenschaft großer Kulturen bewundert, soll man nie vergessen, unter welchen Opfern das Bestaunte entstanden ist. Gold glänzt – Blut, Schweiß und Tränen bleiben nicht daran kleben. Doch die Leiden der Tausende, die bei der Goldgewinnung zu Tode geschunden wurden, müssen gleichfalls erwähnt werden: jeder Flitter dieses Goldes ist in Blut gebadet.

Goldgewinnung bei den Kelten

Der aus Sizilien stammende Grieche Diodor schrieb im 1. Jahrhundert v. Chr. über keltische Goldproduktion:

»Es gibt kein Silber in Gallien, aber sehr viel Gold. Die Natur gibt den Einheimischen dieses Metall ohne Mühe und Bergbau. Denn weil die Flussläufe Biegungen machen und das Wasser beim Anprall große Stücke aus vorstehenden Berghängen abreißt, nimmt es eine Menge goldhaltigen Sand mit. Die Leute, die damit zu tun haben, fangen den Sand auf, zerreiben ihn oder zerstampfen die Brocken, die ihn enthalten. Darauf lassen sie Wasser die erdigen Teile auswaschen und bringen den Rest in Schmelzöfen. So erhalten sie große Mengen Gold, von dem sie sich für Schmuck bedienen, aber nicht nur die Frauen, sondern auch die Männer. Sie tragen um die Handgelenke und Arme Spangen, um den Hals schwere Halsringe aus reinem Gold, außerdem prächtige Ringe und sogar goldene Panzer.« [Diodor 5,27]

Bemerkenswert an dieser Diodor-Stelle ist die fast modern anmutende geographische und geologische Beschreibung der Flusslandschaften und des Waschvorgangs. Das eigentliche Gewinnungsverfahren in der Schmelze aber wird nur erwähnt und nicht in seinen Einzelheiten dargestellt.

Doch gibt es, abgesehen von den zu wenig deutlichen Berichten antiker Autoren, auch eindeutige archäologische Beweise für keltische Goldwäsche und -bergbau.

1940 wurden nämlich bei einer Ausgrabung am Fluss Otava in Südböhmen die Bruchstücke einer hölzernen Gold-Waschbank entdeckt, dazu Haar von Schafwolle und goldhaltiger Staub. Zur Datierung der Waschbank fand man in unmittelbarer Nähe keltische Keramik aus dem 3. und 2. Jahrhundert v. Chr. »Im Technischen Nationalmuseum Prag wurde im Jahr 1987 die Waschbank rekonstruiert… und damit am Fluss Otava ein Goldwaschexperiment durchgeführt.« [49:71] Man fand heraus, dass es sich dabei um ein besonders effektives Gerät handelte.

In Frankreich wurden mindestens seit dem 4. Jahrhundert v. Chr. nachweislich Goldquarzgänge und Gold in Erzgängen mit Sulfiden ausgebeutet. Nur selten sind dort die Freigoldflitter so groß, dass man sie mit freiem Auge sehen kann. Offenbar wussten die Kelten, wo sie suchen mussten. Entdeckt wurden diese alten Minengebiete 1866 bei geologischen Untersuchungen der goldführenden Granite und Gneise des Massif Central. Inzwischen fand man Hunderte dieser alten Goldminen. Diese Entdeckung führte Mitte des 20. Jahrhunderts zu einem kleinen Goldrausch in dieser Region. Dass es sich dabei um technisch hochwertigen keltischen Bergbau handelte, zeigten die Anlage

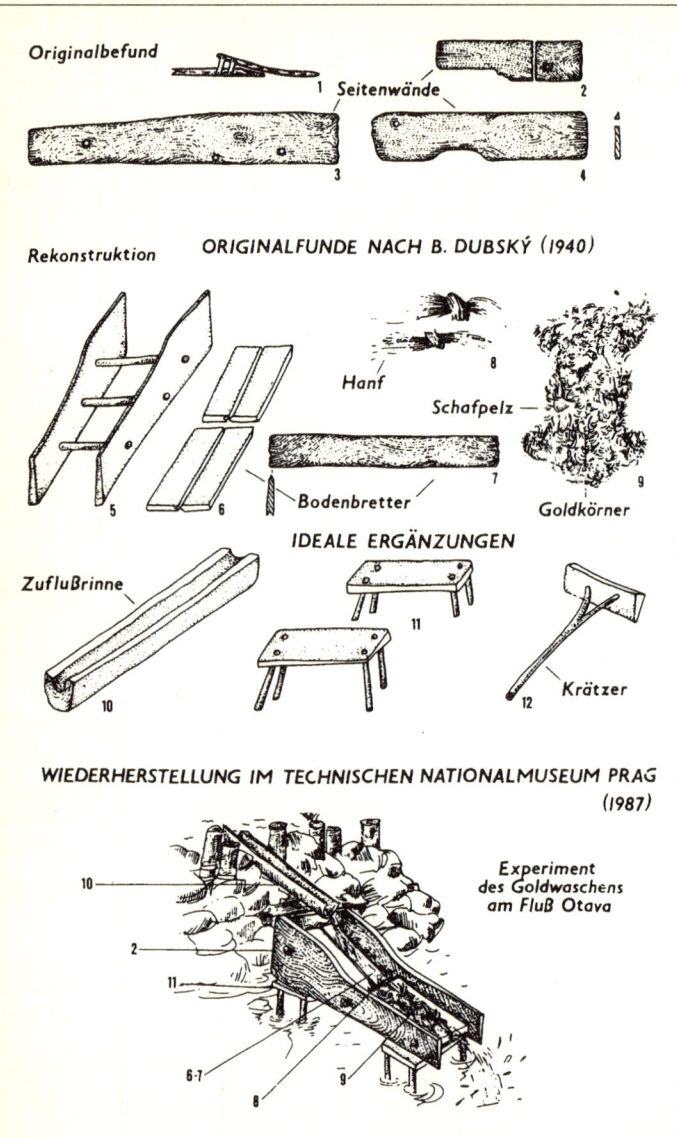

von Drainage-Stollen und die sorgfältige und vollständige Absteifung der Abbaue mit Holz. In unmittelbarer Nähe fand man Anlagen zur Erzverarbeitung: Erzvorräte, Röstöfen, Pochwerke mit zugehörigem Werkzeug, Mahlsteine und Prüfsteine zur Kontrolle des Verhüttungsprozesses.

An Flüssen und Bächen der Gegend wies man anhand von Funden wie Schmelztiegeln, Werkzeugen und Scherben Waschanlagen der mittleren und späten Latènezeit nach und in deren Nähe Siedlungen mit Erd- und Holzbauten. [05]

Lassen wir die Bewohner eines größeren keltischen Dorfes die Mittel zur Goldgewinnung einsetzen, die literarisch und archäologisch belegt sind. Denkbar wäre folgende Szene an einem Fluss des nördlichen Alpenvorlandes:

Die Vorfahren hatten den Platz für das Dorf hoch über dem Fluss gut ausgewählt: Wenn dieser jedes Jahr nach der Schneeschmelze über die Ufer trat, war die Sippe davon nicht betroffen. Auch die sommerliche Mückenplage ließ sich auf dem gerodeten Hochufer leichter ertragen; wehte doch ständig ein sanfter Wind und hielt so die Plagegeister fern. Vom Burgberg mit Wall, Graben und spitzen Palisaden beobachteten Wächter das Dorf. Zwischen den hölzernen, strohgedeckten Häusern arbeiteten Bauern; Hirten hüteten Pferde, Kühe und Schweine. Solche Siedlungen konnte kein Feind unbemerkt erreichen, weder zu Land noch zu Wasser; denn die Späher überblickten meilenweit das Land.

Ihre besondere Aufmerksamkeit galt aber einem streng bewachten Gelände, das nicht weit von der Burg entfernt lag. Dort wuschen Frauen und Männer mit dem Wasser eines Baches ge-

---

Abb. 20: Keltische Gold-Waschbank aus Südböhmen. Rekonstruktion aus Bruchstücken, die 1940 im Hochwasserbett des Flusses Otava ausgegraben worden waren. Neben den Holzteilen fand man auch Hanfstengel, Schafwolle und goldhaltiges Waschkonzentrat sowie keltische Keramik. Bei einem Waschversuch mit der rekonstruierten Waschbank konnten zwei Goldwäscher 1987 an einem Tag 1 Gramm Gold gewinnen.

waltige Mengen von goldhaltigem Lehm, Kies und Sand. Das feine Material, das am Ende des Waschvorgangs übrig blieb, wurde im Dorf sorgfältig gelagert und bewacht. Dass es auf dem Hochufer Gold zu gewinnen gab, hatte bereits die Vorfahren dazu bewogen, hier zu siedeln.

Unterhalb der Siedlung und des Goldwaschgeländes fielen die gerodeten Hänge steil zum Fluss hin ab. Auch dieser Szenerie tief drunten am Wasser galt das Augenmerk der Wächter. Sie achteten streng darauf, dass dort weder ortsfremde Boote die Goldwäscher störten noch treibende Baumstämme sie gefährdeten. Um dies zu verhindern, hatte man zwar Netze an Seilen über den Fluss gespannt, doch vermochten besonders mächtige Stämme diese immer wieder zu beschädigen oder zu durchbrechen.

Die Goldwäscher hatten auf Geheiß der Druiden bei niedrigem Wasserstand Pfahlreihen in den Fluss gerammt und mit Weidenruten verflochten. Dadurch traf die Strömung des Flusses auf die goldhaltigen Sande des Steilufers und spülte diese – wie sonst nur bei Hochwasser – ab.

Nicht weit flussabwärts, wo die Sandbänke anfingen, waren in der Strömung Weidengeflechte als künstliche Hindernisse befestigt. Rund um diese Flechtwerke lagerte das Wasser goldhaltigen Sand auf Tüchern ab, die am Grund festgemacht waren.

Während eine Gruppe die Tücher von den Halterungen löste und sie zusammen mit dem Sand zu den nahen Waschanlagen trug, befestigte eine bereits wartende Gruppe neue Tücher am Grund des Flusses.

Der Keltenstamm war sehr stolz auf seine ausgeklügelten Anlagen, vor allem auf die neuen Waschanlagen am Fluss.

Römische, selten auch einmal griechische Weinhändler kamen gerne hierher, weil die Druiden und Stammeshäuptlinge der Gegend mit gutem reinen Gold zahlten. Natürlich wusste man, dass unter den Händlern gelegentlich Spione steckten, die nicht nur nach Bewaffnung und Streitkraft, sondern auch nach Gold und dessen Gewinnung Ausschau hielten.

Jedem Fremden war es darum bei Strafe verboten, den Goldgewinnungsanlagen oben auf dem Hochufer und unten am Fluss *zu nahe zu kommen. Wer Geheimnisse verriet, musste einen grausamen Tod sterben. Sollte ein Verräter den Wächtern entwischen, dann verfolgte ihn der Bannfluch der Druiden – und dem entrann keiner.*

Als Warnung dienten die Schädel der Geköpften, die, vom Wein berauscht, etwas über die Goldgewinnung ausgeplaudert hatten.

Unter den Totenschädeln auf den Stangen steckten auch die von zwei römischen Händlern, die wohlpräpariert selbst nach Jahren auf den ersten Blick zu erkennen waren.

Trotzdem warfen goldgierige Fremde immer wieder forschende Blicke auf die Waschgebiete und -einrichtungen. Doch aus der Entfernung konnten sie keine Einzelheiten erkennen, daher nichts weitersagen und so keinen Schaden anrichten.

Die Kelten lachten oft über die erschrockenen Mienen der fremden Besucher, wenn diese die Totenschädel erblickten. Selbstverständlich war es nicht angenehm, seinen Kopf auf diese wenig ehrenhafte Art zu verlieren. Viele Händler glaubten obendrein, dass damit das Leben zu Ende sei. Sie, die Kelten und ihre Druiden jedoch wussten, dass mit dem Tod erst das ewige Leben begann.

Die neuartigen Waschanlagen unten am Fluss hatten ihre Schmiede und Zimmerleute gebaut. Neu war an den Anlagen, dass man sie der Höhe des Wasserspiegels angleichen konnte. Die Ahnen hatten das Wasser für die hölzernen Waschbänke mit Eimern geschöpft, um den goldhaltigen Sand durchzuspülen. Und dieses Verfahren mussten auch diejenigen noch anwenden, die oben auf dem Hochufer das goldhaltige Material gewannen. Hier unten dagegen leitete man das Flusswasser in bewegliche Rinnen, sodass es direkt in die Waschbänke fließen konnte.

Fiel der Wasserspiegel des Flusses zu tief, so führten sie das Wasser eines kleinen Baches, den sie auf dem hohen Ufer gestaut hatten, über ausgehöhlte Baumstämme zu den leicht geneigten hölzernen Waschbänken, an deren Kopfseiten Frauen und Männer den Sand in das fließende Wasser schütteten. Quer in die Bänke eingefügte Rinnen und Leisten sowie eingefettete Felle und grobe Wolltücher fingen das schwerere goldhaltige

Material auf, während der gröbere Sand zusammen mit Ton und Erde weggespült wurde. Das Fußende der Bank mündete in einen Kasten, der Entgangenes auffing, das man nochmals in die Waschrinne schüttete. Junge Druiden wechselten regelmäßig die Felle und Wolltücher, die sie in hölzernen Gefäßen sorgfältig ausspülten.

Wenn Felle oder Tücher schadhaft waren, wurden sie in dafür vorgesehenen Bronzekesseln verbrannt. Dann wusch man die Asche durch.

Der so gewonnene schwere, dunkle Sand aus dem Fluss und vom Hochufer wurde sorgfältig gelagert und bewacht. Beim Golderntefest, wenn die letzte Sommernacht zu Ende ging, würden sie Gewissheit haben, ob es die Götter auch in diesem Jahr gut mit ihnen meinten. Dann brachten auch die Kelten der näheren und weiteren Umgebung das gewonnene Material zum Oberdruiden. Und dieser würde Gold daraus hervorholen, das geheimnisvoll darin verborgen war.

Die Druiden und das göttliche Metall

Das traditionelle Bild des Druiden

Gaius Iulius Caesar, einer der intimsten Kenner des antiken Keltentums, hatte keinerlei Schwierigkeiten, keltische Götter mit römischen gleichzusetzen. Wenn aber eine »römische« Interpretation dieser Gottheiten möglich war, dann gab es auch kein Hindernis, die keltische Religion möglichst in die römische zu integrieren. So war es schon bei einer Reihe anderer Völker geschehen, die sich das *Imperium Romanum* einverleibt hatte.

Aber gerade weil eine derartig pragmatische Toleranz für Rom typisch war, ist ein Aspekt im Zusammenhang mit keltischer Religiosität zunächst unverständlich. Wie lässt sich die konsequente Ablehnung, ja Verfolgung keltischer Priester durch die römische Staatsmacht erklären?

Um diesem Phänomen auf die Spur zu kommen, müssen wir die Rolle der Druiden etwas ausführlicher beschreiben.

Die keltischen Priester waren »Intellektuelle«, die über mehrere Stufen einer Weihe zu einem fundamentalen Wissen in vielen Bereichen gelangten.

Ihre erste und wichtigste Aufgabe war natürlich eine kultische: sie leiteten den Gottesdienst, praktizierten Rituale und Zeremonien und kümmerten sich um alle möglichen Arten von Opfern. Druiden vermittelten zwischen Mensch und Göttern und verkündeten ein ewiges Leben nach dem Tod. Deshalb wurden sie von antiken Autoren gern mit der Lehre des griechischen Philosophen Pythagoras in Verbindung gebracht, der von der Unsterblichkeit der Seele überzeugt war.

Neben ihrer kultischen Bedeutung hatten die keltischen Priester großen Einfluss auf die Politik ihres Volkes; sie berieten den Stammesadel und erzogen die Söhne der Aristokratie nach ihren Wertmaßstäben.

Außerdem fungierten sie als Richter und konnten uneinsichtige Verbrecher aus der Stammesgemeinschaft ausstoßen, was einem Todesurteil gleichkam.

Darüber hinaus verfügten die Druiden über medizinische, mathematische und astronomische Kenntnisse.

Eine besondere Rolle spielten sie in der stammesübergreifenden Rechtsprechung und für den Zusammenhalt und das gemeinsame Bewusstsein der keltischen Stämme.

Das sind die Kriterien, die einen keltischen Priester auszeichneten. Was darüber hinausgeht, ist spekulativ. Entsprechende Theorien finden sich häufig in der einschlägigen Literatur. Aber die Geheimnisse, mit denen sich die Druiden umgaben und die wahrscheinlich nie ganz durchleuchtet werden können, verführen manchen Betrachter dazu, mit exotischen Ideen Licht in dieses Dunkel bringen zu wollen.

Die keltischen Priester und das Gold

Vor nicht langer Zeit ist es der englischen Forschung gelungen, dem »wissenschaftlichen« Bild des Druiden eine neue Facette hinzuzufügen, die für unser Thema außerordentlich wichtig ist.

Anne Ross und Don Robins haben in ihrem Buch *The life and death of a Druid prince* [41], das sich wie ein historischer Kriminalroman liest, Folgendes nachgewiesen:

Druiden übten nicht nur kultische, politische und juristische Funktionen aus; sie bildeten nicht nur junge Priester aus und erzogen die Kriegeraristokratie; sie verfügten auch nicht nur über naturwissenschaftliche Kenntnisse, sondern sie griffen vor allem in Wirtschaft und Handel ein, d. h., sie hielten den *ökonomischen* Schlüssel zum Wohlstand ihres Volkes in Händen.

Weil in der keltischen Welt Gold als ewiges Metall die Verbindung des Menschen zu den Göttern darstellte, ist es eigentlich nicht überraschend, dass die Druiden eng mit diesem Material in Verbindung standen. Für den britischen Raum ließ sich z. B. zeigen, dass die keltischen Priester den Transport des Edelmetalls und den Goldhandel kontrollierten.

Es gab eine Handelsstraße, auf der das hauptsächlich in den irischen Wicklow Mountains geförderte Metall auf englischen Boden transportiert und quer durch das Land auf das europäische Festland weitergeleitet wurde. Entlang dieser Straße existierte eine große Zahl von Heiligtümern, die auch eine Funktion als druidische Kontrollstationen erfüllten. So konnten die Priester bestimmen, wie viel Gold für ihre Zwecke im Land bleiben und wie viel an ihre Amtsbrüder jenseits des Ärmelkanals weitergegeben werden sollte.

Auch hier haben wir keinen triftigen Grund, diese in Britannien praktizierte Methode nicht auch in den übrigen Keltengebieten für wahrscheinlich zu halten.

Wenn die Druiden aber den Umgang mit Gold und dessen Verbreitung fest in der Hand hielten, ist es da nicht naheliegend, an eine weitere Funktion der keltischen Priester zu denken? Gold kommt bekanntlich in Europa nur sehr selten pur aus Minen und Gewässern. Man muss jedenfalls über wichtige Methoden der Metallurgie Bescheid wissen, um das Edelmetall nach der Gewinnung läutern zu können.

Wichtige Verfahren in der Metallurgie waren noch vor Jahrhunderten, manche sind noch heute streng gehütete Geheimnisse. In der keltischen Kultur kommen nur die Druiden als Geheimnisträger infrage. Sie verfügten über so viel Wissen im kultischen und naturwissenschaftlichen Bereich, dass Kenntnisse über die Gewinnung von Gold wohl durchaus dazugehörten. Hinzu kommt, dass »gewöhnliche« Kelten laut Caesar wenig Bildung besaßen und fast wie Sklaven behandelt wurden.

Einer der wenigen antiken Autoren, die über keltische Goldwäsche berichten, ist Athenaios: »Am Rand der bewohnten Welt gibt es gewöhnliche Bäche, die Goldflitter mit sich führen; diese reiben Frauen und körperlich schwache Männer zusammen mit dem Sand, um sie zu trennen, und, nachdem sie sie gewaschen haben, geben sie sie in den trichterförmigen Schmelztiegel.« [Athenaios 6,233D] Nach dieser Beschreibung gewannen die Kelten das Gold eindeutig aus dem Schwermineralrückstand durch direktes Ausschmelzen unter Beigabe verschiedener, für den einfachen Kelten höchst geheimnisvoller Stoffe (Fire Assay) (vgl. S. 100).

Bis heute weiß man aber nicht, ob die druidischen Metallurgen auch Quecksilber zur Goldgewinnung verwendeten; keinerlei Aufzeichnungen antiker Autoren künden davon. Vom älteren Plinius ist nur zu erfahren, dass Quecksilber in der Antike zur Abtrennung des Goldes vom Restgestein eingesetzt wurde. Vom anschließenden Austreiben des Quecksilbers aus dem so entstandenen Amalgam weiß er oder schreibt er zumindest nichts. [Plinius, Nat. Hist. 33,99].

Es ist aber sehr wahrscheinlich, dass die Druiden – und nur sie – wussten, wie durch Amalgamierung Gold aus dem Waschmaterial gewonnen werden konnte! Dem einfachen Kelten dagegen muss die Goldgewinnung wie Zauberei vorgekommen sein. Was mag er sich wohl gedacht haben, wenn er tagein tagaus an Flüssen und deren Hochufern Zentner von Lehm, Kies und Sand bergen und waschen musste? Die winzigen Goldflitterchen im gewonnenen Feinmaterial konnte er ja nicht sehen!

So entstand der Mythos von den großen Meistern, die den aus den Flüssen geborgenen Sand in das Metall der Götter verwandelten:

Tag um Tag waren sie von überall her gekommen; immer noch legten einige an den Ufern des Flusses an. Obwohl zu dieser Jahreszeit kaum mehr mit Hochwasser zu rechnen war, zogen viele ihre Boote einige Schritte weit auf die trockenen Stellen der Auensümpfe. Ruderboote aus Holz reihten sich aneinander, dazwischen fielen aber auch merkwürdig gebaute auf, um die sich staunend eine Gruppe Kinder scharte: Lederboote mit einem

Rahmenwerk, die zerlegbar und leicht zu tragen waren. Ihre Mannschaften konnten so von Fluss zu Fluss wandern, weite Gebiete nach dem kostbaren Metall absuchen, um es dann, verborgen in dunklem Sand, zum Oberdruiden zu bringen.

Krüge, kleine Fässer, Taschen und Beutel aus Tuch oder gegerbten Häuten lagen und standen vor den Reihen der Boote, von Wächtern streng bewacht. Hufschlag, Ächzen und Poltern erklangen oben auf dem Hochufer, dazwischen ab und zu Wiehern und Ochsengebrüll, begleitet vom Schreien und Fluchen der Fuhrleute. Denn dort droben zogen Pferde und Ochsen vierrädrige Wagen und Karren zum Hügel, auf dem die Festung das Land beherrschte.

Zugtiere, Fahrzeuge und deren Ladung brachte man zu dem umfriedeten Platz vor der Burg, schirrte aus, band die Tiere fest, versorgte sie und stapelte die Fracht, die ähnlich aussah wie die in den Booten unten am Flussufer. Auch hier standen schwer bewaffnete Wächter. Weit schallten freudige Begrüßungen, viele hatten sich seit Wochen und Monaten nicht gesehen.

Gespannte Unruhe und freudiges Erwarten pulsierten fast spürbar am Ort des Geschehens. Noch war für das Gefühl des Volkes Sommer – diese eine Nacht noch, doch morgen begann der Winter (1. November).

Schon seit Tagen herrschte dieses Kommen und Gehen – dann erschallte ein schauriger, durchdringender Ton: Männer in bunter, festlicher Kleidung bliesen bronzene Hörner, deren Spitzen in Tierköpfen oder Monsterhäuptern ausliefen. Auf dieses Signal ergriffen Fuhrleute und Bootsmannschaften ihre Fracht, sammelten sich und trugen sie in die Festung. Dort lagerten bereits die goldhaltigen Sande, die von den Bewohnern des Dorfes zu Füßen der Burg das ganze Jahr über gewonnen worden waren. Die Ankömmlinge überschritten die Knüppelbrücke über den Graben und gingen durch das hölzerne Tor, das den übermannshohen Erdwall und die eingerammten Palisaden durchbrach. Dichter waren jetzt die Wächter und Krieger herangerückt, bildeten eine bunte, vor Waffen starrende Gasse: Durch sie schritten die Träger mit ihren Lasten.

Als alles in der Burg vor einem kunstvoll gebauten Haus sorgfältig abgelegt war, kamen aus der Tür in lange Kapuzenmäntel gewandete Gestalten hervor. Lange Bärte und Haare umrahmten und betonten ehrfurchtgebietende Gesichter. Schön gearbeitete Torques blinkten ihnen golden im Nacken, an den prächtig verzierten Gürteln glänzten Prunkwaffen. Einige aus dieser wie Geister erscheinenden Schar trugen reich verzierte Zeremonienstäbe, die in fratzenartigen Köpfen, Hörnern oder Klauen ausliefen.

Schlagartig ebbte der Lärm der Menge ab und wich einem Raunen und Flüstern, während die Druidinnen und Druiden einen Halbkreis um ihr Oberhaupt bildeten. Die hochgewachsene Gestalt in der Mitte schlug bedächtig die Kapuze des langen Mantels zurück, silberne, schulterlange Strähnen fielen von dem bärtigen Haupt dieses ältesten und ranghöchsten Würdenträgers der Druidengruppe, der nun die Arme zum Himmel hob, segnende Worte sprach und die Anwesenden begrüßte.

Er dankte für die gebrachten Gaben, lobte Bootsmannschaften und Fuhrleute, versicherte allen eindringlich und feierlich, dass ihre Arbeit zuallererst den Göttern diene, dann der Ehre des Stammes.

Auf sein Nicken hin eilten Diener herbei und schütteten den Inhalt der Beutel, Taschen, Fässer und Krüge in bronzene Gefäße. Dunkler Sand rieselte, aber kein metallenes Glänzen erwiderte die Strahlen der Sonne. Nicht die geringste Spur vom Metall der Götter – nur Sand, in dem das heilige Gold geheimnisvoll verborgen war. Allein die Druiden wussten es zu gewinnen, und niemand außer ihnen kannte das Geheimnis. Selbst die Frage danach war strafbar.

Die jüngsten der Druiden trugen die Gefäße ins heilige Haus. Nur die Geweihten betraten das Gebäude, die jüngeren Adepten bezogen Wache ringsum.

Während die Goldwäscher verpflegt wurden und man dem Bier immer heftiger zusprach, geschahen im Innern der Festung wundersame Dinge:

Auf bronzenen Dreifüßen standen jetzt die Gefäße mit dem dunklen Sand. Das Oberhaupt der Gruppe schickte nach den

Glasbehältern, die in einem Kasten auf fein gehäckseltem Stroh sorgfältig aufbewahrt wurden. Vorsichtig öffnete er eines der Gefäße aus schlierigem blauschillernden Glas und entfernte den Verschluss aus Werg und Wachs. Behutsam schüttete er das flüssige Metall – das im weit entfernten Iberia verbündete Stämme gewannen – in das erste Bronzegefäß. Staunend starrten die jüngsten Druiden auf die rätselhafte silberne Flüssigkeit, die ein Metall war und dennoch flüssig.

Der Oberdruide schüttete gerade so viel Mercurium in das Gefäß, dass der dunkle Sand wie eine Schicht obenauf schwamm. Er rührte mehrmals mit einem eisernen Löffel, um sicher zu sein, dass auch wirklich kein Sand mehr am Boden haftete, schöpfte mit einem Sieb die auf dem Quecksilber schwimmende Sandschicht ab, ließ das Metall abtropfen und kippte den Inhalt in eine Schüssel, über die ein Tuch gespannt war. Das Mercurium sickerte nach und nach hindurch, während der Sand zurückblieb. Dann ließ er Helfer den flüssigen Inhalt des Bronzegefäßes in eine tiefe Schüssel kippen, die ebenfalls von einem gespannten Tuch bedeckt war. Langsam wurde das feste Gewebe nach unten gezogen, während das Metall hindurchsickerte. Darauf löste er das Tuch von der Schüssel, formte es zu einem Beutel, verschloss diesen und begann den Inhalt so zu kneten, dass dabei weiterhin Quecksilber in die Schüssel tropfte. Als er das zurückgewonnene Mercurium aus beiden Schüsseln durch einen Trichter in die Flasche zurückgoss, achtete er darauf, nur kein noch so kleines Tröpfchen des seltenen Stoffes zu verlieren.

Nach dem Auskneten blieben im Tuch graue Bröckchen und Krümel übrig, die er so sorgfältig, wie er nur konnte, in eine eiserne Pfanne schüttete. So verfuhr er nach und nach mit jedem der sandgefüllten Bronzebehälter, wobei ihm die ranghöchsten Druiden halfen.

Nach Sonnenaufgang des folgenden Tages kündeten Hörner und Trommeln vom nahenden Höhepunkt der diesjährigen Goldernte. Rasch sammelten sich die Goldwäscher aus nah und fern. Was für eine Aufregung nun herrschte! Bald ordnete *sich wie von selbst ein Festzug: allen voran feierlich die Druiden, mit gebührendem Abstand die Häuptlinge und hochrangigen Krieger, dann die Gruppen der Wäscher und Knechte; alle gingen sie den Weg von der Festung hinab, der zum heiligen Hain führte und von schwer bewaffneten Kriegern gesäumt wurde.*

Der von wuchtigen Eichen gesäumte Hain begann unter den schräg einfallenden Strahlen der Morgensonne zu leuchten; gelb und rötlich glänzten die Spitzen der weitverzweigten Eichenkronen. Nebelbänke lagen über dem Flusstal, aus dem es ab und zu silbern heraufblinkte. Doch über dem heiligen Hain konnten sich die Nebelschleier nicht halten; bald lag kristallklares Blau über der halbrunden Lichtung, die sich mit festlich gekleideten Menschen füllte: Einwohner des Dorfes, aber auch Stammesangehörige von nah und fern.

In der Sonne begannen die Waffen und Weihegeschenke, die an den Ästen hingen, zu funkeln, und nach Rang und Würde geordnet scharte sich die Menge um die Druiden, die einen Kreis um die dunklen Felsen inmitten des Haines bildeten. Eine Fackel brannte zwischen den Steinen, auf denen man zu anderer Zeit Opfer darbrachte.

Als der oberste der Druiden die Arme hob, verstummte die Menge. Eine Novizin ergriff die Fackel und entzündete ein Feuer. Nun streckte das Oberhaupt der Druiden die rechte Hand aus und ließ sich ein pfannenförmiges, eisernes Gefäß mit hölzernem Griffstück reichen. Dann hielt er das Gefäß mit der grauen unscheinbaren Masse über die Glut der Holzkohle.

Nach wenigen Augenblicken stieg Dampf auf. Im Gefäß begann es metallisch zu funkeln – Goldkörner leuchteten im dunklen Grau...

Bald danach sollten die Tage kürzer werden, und oft würde man die Sonne nicht mehr sehen. Aber dafür entstanden leuchtende neue Kunstwerke und Münzen aus Gold. Und das Göttermetall würde glänzen, selbst in den dunklen kalten Nächten des Winters.

Macht und Gefahr des druidischen Wissens

Nach diesem Ausblick auf die metallurgischen Kenntnisse der Druiden und ihre Kontrolle über die keltische Wirtschaft ist die Frage leichter zu beantworten, warum die Römer die keltischen Priester ablehnten und später sogar verfolgten. Wenn wir an die Aufzeichnungen des älteren Plinius denken, war ein komplettes Wissen um die Goldgewinnung in der Antike nicht verbreitet. Dabei weiß man nicht, ob der römische Naturforscher die Rolle des Quecksilbers bei der Edelmetall-Gewinnung nur deshalb unvollständig beschrieb, weil er selber die ganze Wahrheit nicht kannte, oder ob er sie bewusst seinen Lesern vorenthalten hat.

Wahrscheinlich war es erklärte Absicht bestimmter, römischer Institutionen, manche Geheimnisse und Kenntnisse für sich zu behalten. So musste es Ziel von Roms Politik sein zu verhindern, dass jemand Kontakt zu den Druiden und ihrem umfangreichen Wissen und Können aufnahm. Dazu war jedes Mittel recht!

Wenn man zusätzlich daran denkt, welchen politischen Einfluss die Druiden besaßen, waren die keltischen Priester auch in dieser Beziehung eine Gefahr für Rom. Denn es war damit zu rechnen, dass das Druidentum die Flamme des Widerstandes gegen die römische Besatzung schürte, die leicht auf alle Kelten übergreifen konnte.

Begründet haben die Römer ihr Vorgehen gegen die keltischen Priester aber nie mit derartigen Argumenten; sie flüchteten sich in Ausreden. Angeblich waren die druidischen Kulte und Opfer derartig barbarisch und grausam, dass man sie niemandem zumuten konnte. Diese Begründung klingt fadenscheinig, denn normalerweise waren die Römer nicht zimperlich. Da man weiß, was für blutige, hauptsächlich aus dem Orient stammende Kulte in Rom geduldet und praktiziert wurden, erscheint eine Aversion gegen die keltische Religion recht unglaubwürdig.

Ganz deutlich entpuppt sich die Argumentation als Ausrede, wenn wir von Cicero erfahren, dass man in der besten römischen Gesellschaft durchaus bereit war, sich mit der Exotik eines gallischen Druiden zu schmücken. Dieser war nach Rom gereist, um die Römer als Beistand gegen die Germanen zu gewinnen, und als Gast in Caesars Haus aufgenommen worden.

Cicero schreibt über ihn: »Es gibt in Gallien die Druiden, von denen ich den Haeduer Diviciacus… selbst kennen gelernt habe. Er sagte, ihm sei die Naturlehre, welche die Griechen ›Physiologie‹ nennen, bekannt, und er pflegte die Zukunft vorherzusagen, teils auf Grund von Vorzeichen, teils durch Wahrsagung.« [Cicero, De Div. 1,90]

Wenn ein Druide also nach Rom reiste und sich als Freund der Römer zu erkennen gab, dachte niemand daran, ihn als blutrünstigen Barbaren zu behandeln. Dann kritisierte man offenbar keine Opferpraktiken, sondern unterhielt sich mit ihm gesittet über griechische Philosophie!

Handelte es sich aber um »unzivilisierte« Druiden – ein Widerspruch in sich selbst –, dann war das Verhalten Roms ganz anders. Ohne ein genaues Datum zu überliefern, berichtet der Kaiserbiograph Sueton aus der Regierungszeit des Kaisers Augustus, dass es römischen Bürgern offiziell verboten wurde, an religiösen Feiern von Druiden teilzunehmen. [Sueton, Claud. 25]

Den nächsten Schlag gegen die keltischen Priester führte Kaiser Claudius:

»In Gallien hat er die… religiösen Praktiken der Druiden völlig verboten.« [Sueton, Claud. 25] Das geschah im Jahr 54 n. Chr. Während man vorher das Wissen und Gedankengut der Druiden von den römischen Bürgern fernhalten wollte, griff man jetzt direkt in keltische Belange ein. Diese Maßnahme zeigt auch, wie lange in Gallien noch nach der römischen Okkupation keltische Bräuche und Strukturen wirksam waren. Mit einem »Berufsverbot« für die Priester wurde den gallischen Kelten praktisch ihre Religionsausübung untersagt.

Der letzte und entscheidende Kampf gegen die Druiden aber wurde in Britannien geführt. Auf Mona, dem heutigen Anglesey, einer Insel vor der Nordwestküste von Wales, war ein einflussreiches Kult- und Wirtschaftszentrum, offenbar eine der letzten großen Zufluchtstätten des keltischen Priestertums. Wie bedeutsam dieser Ort war, lässt sich aus dem Schatzfund von Llyn Cerrig erahnen, der Geschenke aus allen möglichen Teilen Britanniens und sogar aus Nordirland für das Druidenzentrum enthielt. Von Mona aus wurden irische Goldtransporte über eine Handelsstraße quer durch England auf den europäischen Kontinent weitergeleitet, von hier aus kontrollierten die keltischen Priester Britanniens weite Bereiche der Wirtschaft.

Doch im Jahr 61 n. Chr. vernichtete Suetonius Paullinus, der Statthalter Kaiser Neros, dieses Druiden-Zentrum. Der römische Historiker Tacitus liefert uns ein plastisches Bild dieses Unternehmens. Er berichtet, wie Druidinnen mit Fackeln der römischen Militärmacht entgegentraten und verzweifelte Druiden mit himmelwärts erhobenen Händen Fluchformeln ausriefen; die keltischen Priester waren also unbewaffnet. Daraufhin »gingen (die römischen Soldaten) zum Angriff über, hauten diejenigen, die ihnen entgegentraten, nieder und trieben (die anderen) in das Feuer (ihrer eigenen Fackeln).« Anschließend zerstörte man die heiligen Haine. [Tacitus, Ann. 14,30]

Die Militäraktion des Suetonius Paullinus war ein doppelter Schlag. Man hatte der geistigen, aber auch der wirtschaftlichen Macht der Druiden den Todesstoß versetzt; nie mehr sollten sie einen politischen und sozialen Einfluss ausüben. Die Römer hatten gleichzeitig ihre intellektuellen Gegner ausgeschaltet und damit den Schlüssel zum Gold des keltischen Britannien und Irland an sich gerissen.

Die Römer: Psychogramm eines Volkes

»Die Plünderer des Erdkreises« *[Tacitus, Agr. 30,5]*

Doch damit haben wir der Geschichte des römischen Imperialismus weit vorgegriffen. Vor welchem psychologischen Hintergrund aber kamen die Römer im Lauf der Zeit dazu, die gesamte damals bekannte Welt ihrem Herrschaftsbereich einzuverleiben und hemmungslos auszuplündern?

Ebenfalls indoeuropäischer Abstammung wie die Kelten, hatten sie sich unter dem Einfluss der Mittelmeerkulturen völlig anders als jene entwickelt.

Um dafür eine Erklärung zu finden, möchten wir zu den Wurzeln der römischen Geschichte zurückgehen, dabei jedoch gängige Betrachtungsweisen möglichst ablegen und manches aus einem neuen Blickwinkel zu beleuchten versuchen.

Die Sage von den Zwillingsbrüdern Romulus und Remus, den Gründern der Stadt Rom, ist altbekannt; eine Wölfin soll die beiden ausgesetzten Brüder gesäugt haben. Während Jahrhunderten bezeichneten sich darum hochgestellte Römer als »Söhne der Wölfin« oder »die von der Wölfin Gesäugten«.

Bekanntlich haben Sagen einen symbolischen Kern, und mythische Bilder und Figuren enthalten verschlüsselte Botschaften. Romulus und sein Bruder wurden später zu Hirten. Ist nicht in allen bäuerlichen Kulturen, ganz besonders bei Hirten, der Wolf Inbegriff des Feindes? Und ausgerechnet in einer Bauern- und Hirtengesellschaft sollen Kinder vom erklärten Feind genährt und gerettet worden sein? Offensichtlich gibt es in der römischen Gründungssage und ihrer Symbolik einen Widerspruch.

Betrachten wir den Ort und die landschaftlichen Gegebenheiten von Roms Gründung. Angeblich wurde im Jahre 753 v. Chr. ein besonderer Ort für die Gründung der Stadt gewählt. So interpretiert es jedenfalls Cicero, der in *De re publica* (»Über den Staat)« Vorteil an Vorteil anführt und die göttlich inspirierte und weise Voraussicht des Stadtgründers preist. Nur darum habe aus dieser Gründung später die mächtigste Stadt der Welt werden können.

Doch halten solche Schilderungen einer archäologischen Überprüfung stand? Man fand Reste der ursprünglichen Siedlung unter dem späteren Forum, dem zentralen Marktplatz Roms, und auf dem benachbarten Palatin: Herdstellen und Löcher hölzerner Pfosten sprechen dafür, dass hier armselige Hütten standen. Ur-Rom stand auf höchst ungesundem Boden. Das Kern-

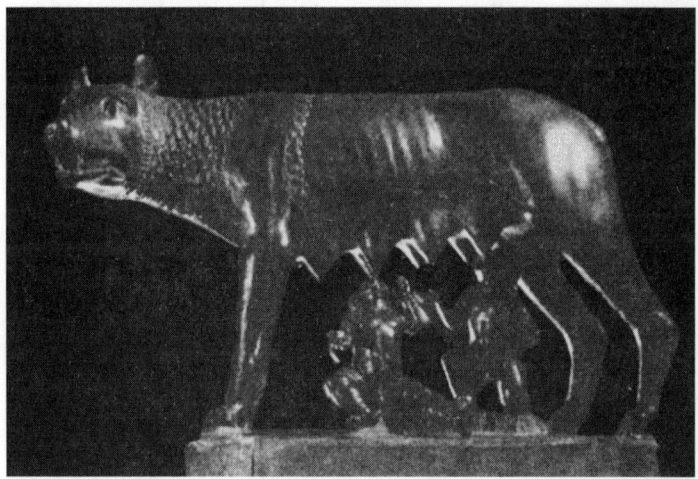

Abb. 21: Die sogenannte »Kapitolinische Wölfin«. Ist es möglich, dass ein Volk, das großen Wert auf seine bäuerliche Herkunft legt, sich ausgerechnet den Feind des Hirten, den Wolf, als Sinnbild für Fürsorglichkeit aussucht? Die Bronzestatue der Wölfin stammt übrigens aus dem frühen 5. Jahrhundert v. Chr., während die Figuren des Romulus und Remus 1471 bzw. 1510 hinzugefügt wurden.

gebiet der Gründung erhob sich kaum über den Wasserspiegel des Tiber und war ein einziger Morast, der zudem bei jedem Hochwasser überflutet wurde.

Das Rom der Gründer lag also in einer Sumpflandschaft, war von Hochwasser gefährdet und im Sommer von einer mehr als lästigen Mückenplage gequält; in den Fiebersümpfen drohte Malaria.

Zu all diesen negativen Voraussetzungen kam noch eine weitere, kaum glaubhafte: Es mangelte an Trinkwasser. Zahlreiche Bohrversuche belegen eine lange, meist erfolglose Suche nach brauchbarem Wasser, und erst in der Mitte des 3. Jahrhunderts v. Chr. löste man dieses gravierende Problem durch den Bau einiger Aquädukte.

Wir fragen uns: Warum sollen Hirten oder Bauern einen Ort gewählt haben, der für Landwirtschaft und Viehzucht völlig ungeeignet war? Wer gründet eine Stadt in einem fieberverseuchten Sumpflabyrinth? Welcher Bauer kommt überhaupt auf die Idee, eine Stadt zu gründen?

Schließen sich Landwirtschaft und Stadtkultur denn nicht aus? Städte wurden fast immer an Schnittstellen von Verkehrswegen und Handelsrouten von Kaufleuten, Handwerkern und deren Herrschern gegründet. Solche Routen vermeiden doch in der Regel verkehrstechnisch schwer erschließbare Sümpfe.

Betrachten wir nochmals das Symbol der Wölfin, die ausgesetzte Kinder säugt. Lassen sich Ausgesetzte nicht als Ausgestoßene deuten, als Vogelfreie, Rechtlose, die von der Umgebung nicht geduldet werden?

Was symbolisiert eine nährende Wölfin? Zunächst ist eine Wölfin ein gefährliches Raubtier, ganz besonders, wenn sie gerade Milch treibt. Doch, bei aller Tierliebe: eine solche Wölfin hätte hilflose Kinder gefressen.

Reduziert man aber »Raubtier« auf »Raub« und »Säugen« auf »Ernähren«, dann ist folgender Schluss denkbar: Ausgestoßene suchten und fanden einen Zufluchtsort, der nur schwer zu finden war und dem sich andere nur äußerst ungern näherten.

Wovon sollte man sich ernähren? Raub war eine naheliegende Lösung. War Rom etwa ursprünglich ein Schlupfwinkel von Räubern?

Zugegeben, das Symbol strahlt nun nicht mehr im mythischen Glanz – wird aber dafür in sich stimmig! Und es stellt sich die Frage: Diente die Gründungssage Roms Letztlich nur dazu, den Römern einen gutbürgerlichen Anstrich und eine passende Tarnung zu verleihen?

Es ist Tatsache, dass gerade unter Räubern ein besonders unerbittlicher Ehrenkodex herrscht. Es müssen strengste Regeln eingehalten werden, damit die Gemeinschaft Bestand hat.

Welch rücksichtslose Gesetze in dieser frühen Zeit herrschten, zeigt das Verhalten des Romulus: Als Remus ihn verspottete, das heißt die Autorität des Anführers infrage stellte, erschlug ihn dieser kurzerhand. Schimmert da nicht ein deutlich erkennbares Detail der wahren Verhältnisse durch die mythische Schale?

Eine weitere Bestätigung unserer Interpretation findet sich im sagenhaften »Raub der Sabinerinnen«. Hat eine natürlich gewachsene Gemeinschaft Frauenmangel? Was für Menschen rauben überhaupt andere Menschen, insbesondere Frauen?

Immer wieder ist dieser Raubinstinkt während der römischen Geschichte von neuem erwacht, das heißt: Genaugenommen ist er nie zur Ruhe gekommen.

Dies zeigt sich in den Auseinandersetzungen mit den Nachbarn, aber auch in der inneren Zerrissenheit Roms. Laut Livius ist die römische Geschichte von Anfang an ständig von inneren und äußeren Auseinandersetzungen geprägt. Es schwelte ein ständiger Machtkampf bis hin zum offenen Bürgerkrieg zwischen der Führung, den Patriziern, und dem gewöhnlichen Volk, den Plebejern. Rangkämpfe sind auch in einer Räuberbande an der Tagesordnung.

Und nach außen stand Rom fast ununterbrochen im Kriegszustand mit der Bevölkerung benachbarter Siedlungen und Landstriche. Hauptzweck dieser Auseinandersetzungen war es, das römische Herrschaftsgebiet immer weiter auszudehnen.

Als es den Römern im Lauf ihrer Geschichte bewusst wurde, dass sich ihr Verlangen nach Herrschaft und Besitz mit Brutalität durchsetzen ließ, streckten sie ihre Hände zunächst nach dem gesamten mediterranen Raum, den alten Hochkulturen des Ostens und schließlich nach dem Rest der bekannten Welt aus. So konnte es nicht ausbleiben, dass eines Tages der Glanz des Keltengoldes bis nach Rom leuchtete. Und in Caesar sollte sich der Mann finden, der im keltischen Gallien nicht nur dem römischen Imperialismus Geltung verschaffte, sondern auch seine persönliche Gier nach Gold befriedigte.

Römischer Imperialismus wurde aber nicht nur praktiziert, sondern ist auch philosophisch und moralisch verankert worden. In seinem römischen Nationalepos, der »Aeneis«, formulierte Vergil einen Sendungsauftrag, der praktisch jedes Vorgehen rechtfertigte:

»Du, Römer, sollst daran denken, mit deiner Herrschaft die Völker zu regieren.

So soll dein Verhalten sein: dem Frieden ein Gesetz aufzuerlegen, die Unterworfenen zu schonen und die Stolzen bis zum Ende zu bekämpfen.« [Vergil, Aen. 6,851 ff.]

Da ist kein Wort davon zu lesen, in welchem Maß materielle Interessen die römische Eroberungspolitik bestimmten, obwohl der Dichter die Folgen des römischen Überfalls auf Gallien und die weiteren Militäraktionen im Keltengebiet miterlebt hat. Aber Gier nach Gold hätte sich auch schwer mit den ideologischen Begründungen des römischen Sendungbewusstseins in Einklang bringen lassen.

Betroffene melden sich zu Wort

Gelegentlich tauchen in der lateinischen Literatur dennoch Äußerungen auf, die wie eine herbe Kritik am römischen Großmachtdenken klingen. Hatten manche Autoren tatsächlich so viel Feingefühl oder Bereitschaft zur Selbstkritik, dass sie den Imperialismus ihrer Politiker in aller Offenheit an den Pranger stellten?

Eine solche Frage muss – oberflächlich betrachtet – zunächst verneint werden. Denn immer wird eine solche Zielrichtung der Kritik ausschließlich Feinden Roms in den Mund gelegt. Solche Äußerungen sollen in erster Linie dazu dienen, beim römischen Leser Entrüstung über so viel Unverfrorenheit hervorzurufen. Meist wird den »barbarischen« Stimmen dann gleich der römische, natürlich positiv zu wertende Standpunkt gegenübergestellt und der Leser in seinen Vorurteilen bestätigt.

Trotzdem ist es erstaunlich, dass derartige Kritik überhaupt formuliert wird. Denn kaum einer der römischen Autoren hat solche entlarvenden Worte aus Feindesmund persönlich gehört.

Sollte etwa im tiefsten Inneren einiger römischer Historiker doch eine gewisse Scham über die Expansionspolitik ihrer Machthaber erwacht sein? Mussten diese Autoren nicht damit rechnen, dass es unter ihren Lesern den einen oder andern gab, der Mitgefühl für die zitierten »Barbaren« entwickelte und so an einer Verurteilung der römischen Position nicht mehr vorbeikam?

Wie dem auch sei – lassen wir Gegner des römischen Imperialismus selbst zu Wort kommen und zitieren wir, was ihnen römische Autoren in den Mund gelegt haben.

Ein solches Urteil findet sich etwa in den »Historien« von Sallust. Dieser lässt Mithradates VI., den König von Pontos in Kleinasien, einen Brief an den Partherkönig Phraates III. schreiben, bevor die Römer 66 v. Chr in Pontos einfielen und Mithradates vertrieben. Darin heißt es:

»Für die Römer existiert einzig und allein folgender, schon immer bestehende Anlass, mit allen Stämmen, Völkern und Königen Krieg zu führen: ihre unermessliche Gier nach Herrschaft und Reichtum.« [Sallust, Mithradates-Brief 5]

Ein weiteres Zitat stammt bemerkenswerterweise aus Caesars »De bello Gallico«, richtet sich also in erster Linie gegen den Autor selbst, dem es eigentlich ein Anliegen hätte sein müssen, seine wahren Absichten zu verschweigen oder wenigstens zu verschleiern. Er lässt Critognatus, einen vornehmen Kelten, 52 v. Chr. zu seinen Landsleuten sagen:

»Was verlangen oder wollen die Römer anderes, als sich voller Neid im Land und unter den Stämmen derer festzusetzen und denen ewige Sklaverei aufzubürden, von denen sie in Erfahrung gebracht haben, dass diese ruhmreich und kriegstüchtig sind? Denn die Römer haben niemals zu einem anderen Zweck Kriege geführt.« [Caesar, Bell. Gall. 7,77,15/16]

Die deutlichste Stellungnahme gegen den römischen Imperialismus aber stammt vom römischen Historiker Tacitus. Er legt dem Caledonierfürsten Calgacus folgende Worte in den Mund, nachdem die Römer sich entschlossen hatten, 83 n. Chr. auch noch das heutige Schottland in Besitz zu nehmen:

»Uns, die wir am Rand des Erdkreises wohnen und die letzten freien Menschen sind, haben bis zum heutigen Tag die bloße Zurückgezogenheit und die Geborgenheit, die uns unser Ruhm verleiht, geschützt. Jetzt steht die Grenze Britanniens offen, und alles Unbekannte gilt als großartig; doch jenseits von uns gibt es keinen Stamm mehr, nichts außer Fluten und Felsen. Und noch bedrohlicher sind die Römer, deren Überheblichkeit man vergeblich durch Fügsamkeit und Bescheidenheit zu entrinnen versucht. Sie, die Plünderer des Erdkreises, durchforschen nun das Meer, seit ihnen, die alles verwüsten, die Länder fehlen. Ist ein Feind reich, sind sie habgierig, ist er arm, sind sie ruhmsüchtig; nicht der Orient, nicht der Okzident hat sie gesättigt. Als Einzige unter allen verlangt es sie mit gleicher Gier nach reich und arm. Wegschleppen, Niedermetzeln, Plündern heißt bei ihnen mit falschem Namen ›Herrschaft‹, und wo sie eine Wüste schaffen, nennen sie das ›Frieden‹.« [Tacitus, Agr. 30,4–6]

Besonders bemerkenswert ist, wie Tacitus hier die Begriffe »Frieden« und »Herrschaft« aufgreift und in krassen Gegensatz zu den Worten setzt, die Vergil in seinem Sendungsauftrag für die Römer formuliert hat. Erinnern wir uns noch einmal der Verse des römischen Nationalepos:

»Du, Römer, sollst daran denken, mit deiner <u>Herrschaft</u> die Völker zu regieren.

So soll dein Verhalten sein: dem <u>Frieden</u> ein Gesetz aufzuerlegen,
die Unterworfenen zu schonen und die Stolzen bis zum Ende zu bekämpfen.« [Vergil, Aen. 6,851 ff.]

Auch hier ist von »Herrschaft« und »Frieden« die Rede. Aber bei Tacitus werden die Begriffe neu interpretiert. Er entkleidet sie ihrer ideologischen Bedeutung, reduziert sie auf ihren negativen Hintergrund und entlarvt sie so als reine Propaganda.

Die Ära der Puritaner: das »Goldene Zeitalter« Roms

> *»... kein Staat war jemals größer, noch ehrwürdiger, noch an guten Beispielen reicher. In keine Bürgerschaft sind erst so spät Habgier und Verschwendungssucht eingedrungen, nirgendwo gab es eine so große Verehrung für Mäßigkeit und Sparsamkeit: Je weniger an Besitz vorhanden war, desto weniger begehrte man. Erst vor kurzem haben der Reichtum, die Habgier und die überquellenden Genüsse das Verlangen herbeigeführt, durch Verschwendungssucht und Ausschweifung zugrunde zu gehen und alles zugrunde zu richten.«*
>
> LIVIUS, VORREDE 11-12[1]

»Armes« Rom – nur 1000 Pfund Gold für die Kelten

Für unser Thema von größter Wichtigkeit ist bestimmt das Verhältnis der Römer zum Gold.

Im frühen Rom war Gold für lange Zeit ausgesprochen selten, und der einzelne Bürger konnte gar kein Gold horten, nur das *aerarium*, der Staatsschatz, verwahrte Barren und Münzgold in größerer Menge.

Dieses Gold muss als eine Art Tempelschatz angesehen werden, denn es befand sich im Tempel des Gottes Saturn auf dem römischen Forum. Wie bei den Kelten hatte also auch in Rom das Edelmetall lange Zeit einen gottgeweihten Charakter. Selbst die Münzprägung unterstand dem Schutz der Götter, stand doch seit 269 v. Chr. die staatliche Prägeanstalt in einem Tempel auf dem Burgberg Roms. Das Heiligtum war Iuno, der Gemahlin des Iupiter, geweiht, die hier den bezeichnenden Beinamen »Moneta« trug.

Allerdings verwendeten die pragmatischen Römer das Göttermetall auch für recht profane Zwecke, wie z. B. zur Finanzierung von Kriegen. Aber in der Gestalt des Mars unterstand ja auch die Kriegsführung göttlichem Schutz.

Man trug in Rom zwar seit ältester Zeit goldenen Schmuck, der aus dem Orient oder von den Etruskern bezogen wurde, aber strenge Gesetze wachten über den Privatbesitz an Gold. Das zeigt z. B. die *Lex Oppia* aus dem Jahr 215 v. Chr., die einer jeden Römerin nur Goldschmuck im Gewicht von einer halben Unze (13,5 Gramm) zugestand. Die Notwendigkeit solcher Gesetze zeigt aber auch, dass Bescheidenheit nicht bei allen Römern beliebt war.

Um abzuschätzen, wie viel Gold das republikanische Rom zu Beginn des 4. Jahrhunderts v. Chr. besaß, blicken wir auf die Katastrophe von 387 v. Chr.: nachdem die Römer am Fluss Allia einem keltischen Heer unterlegen waren, zogen die Gallier, wie die Römer die über den Apennin eingedrungenen Feinde nannten, sogar gegen Rom, eroberten die Stadt mit Ausnahme des Kapitols und richteten schwere Zerstörungen an. Dieses Ereignis zwang Rom zu einem Offenbarungseid in Sachen Gold.

Dazu der Historiker Livius:

»Das Heer auf dem Capitol war durch Nachtwachen erschöpft und hatte trotzdem alle menschlichen Leiden überwunden. Nur den Hunger konnten sie nicht bezwingen, weil es die Natur nicht zuließ... Als schließlich auch die Hoffnung und nicht nur die Nahrung verschwunden war, und die Waffen den schwachen Körper fast niederdrückten, wenn sie Posten bezogen, forderte das Heer, dass man entweder kapituliere oder sich loskaufe, ganz gleich unter welcher Bedingung... und ein Lösegeld von 1000 Pfund Gold wurde dem Volk auferlegt, das bald über die anderen Völker herrschen würde. Zu der an sich schon höchst schändlichen Angelegenheit kam noch folgende Schmach hinzu: Die Gallier schafften falsche Gewichte herbei, und als der

(Militär-)Tribun sich weigerte, fügte der unverschämte (Führer der) Gallier noch sein Schwert zu den Gewichten hinzu, und man musste das für Römer unerträgliche Wort hören: *Vae victis!* (Wehe den Besiegten!)« [Livius 5,48]

Das Gold brachte den Kelten kein Glück. Wie Livius berichtet, setzten ihnen Hitze, Staub und eine fürchterliche Seuche so zu, dass sie Berge von Leichen verbrennen mussten. Sie waren also geschwächt – und dann entbrannte der Kampf um das Gold, das noch gar nicht vollständig übergeben worden war.

Wie in Zeiten höchster Not üblich, wählte der Senat einen Dictator, dieser sammelte die versprengten Teile des Heeres, und die Gallier wurden geschlagen. Nach einer anderen Überlieferung jedoch zogen sich die Kelten ungeschlagen in ihre Heimat zurück.

Doch zurück zum Gold der Römer: »Die religiöse Ehrfurcht des Staates hatte sich darin gezeigt, dass er von den Frauen gesammeltes Gold annahm, als das Gold im Staatsschatz nicht ausreichte, um damit den mit den Galliern vereinbarten Preis zu entrichten. So blieb das den Göttern geweihte Gold unangetastet.« [Livius 5,50]

Tausend Pfund Gold hatten die Gallier als Lösegeld verlangt. Doch so viel enthielt der Staatsschatz nicht. Was die 1000 Pfund Gold anbelangt, so galt: 1 Pfund Gold wog bei den Römern nur 327,45 Gramm; der römische Staatsschatz enthielt folglich in jenen Tagen kaum 300 Kilogramm Gold.

Wie das Aufbewahren von Gold in den Tempeln zeigt, hatte das Edelmetall zu dieser Zeit eher einen ideellen als einen materiellen Wert, während als Währungsmetall Silber verwendet wurde. Nicht umsonst hatte bereits um 700 v. Chr. Hesiod die paradiesische Frühzeit der Menschheitsgeschichte als »Goldenes Zeitalter« bezeichnet. Vergil (70–19 v. Chr.) und Ovid (43 v. Chr.–18 n.Chr.) übernahmen in ihren Werken diesen Gedanken. Sicherlich hätte in ihren Augen das »arme Rom« des beginnenden 4. Jahrhunderts v. Chr. dem Ideal eines »Goldenen Zeitalters« noch wesentlich näher gestanden als die Epoche, in der sie ihre Werke verfassten!

Woher stammte aber Roms Edelmetall in seiner goldarmen Frühzeit? Weder in der näheren Umgebung noch in den beherrschten Gebieten gab es nennenswerte Goldvorkommen. In Oberitalien wurde zwar Waschgold an den Flüssen Durius und Po gewonnen, auch gab es lohnende Minen bei Aquileia, Vercellae und Victumulae – aber diese Gebiete gehörten noch nicht zu Rom, sondern waren in der Hand von seit ca. 400 v. Chr. eingewanderten Kelten.

Vermutlich wussten die Römer schon frühzeitig von der Goldproduktion dieser Kelten. Nicht umsonst ist in der antiken Literatur immer wieder vom keltischen Gold und einer für den republikanischen Römer unverständlichen Liebe der Kelten zum Gold die Rede.

Etwas ist jedenfalls klar: Während die Kelten ihr Gold überwiegend selbst erarbeiteten, es aus Flüssen wuschen und aus Bergwerken holten, mussten die Römer der frühen Republik es entweder durch Handel gewinnen oder rauben.

Erst im 3. Jahrhundert v. Chr. gelang es ihnen dann, ihr Einflussgebiet auf Oberitalien auszudehnen und die dortige Goldförderung in die Hand zu bekommen. Mit noch größeren Goldmengen kamen sie in Berührung, als sie im Rahmen der Kriege gegen das von Phöniziern gegründete nordafrikanische Karthago in Spanien eindrangen.

Zwischen 800 und 500 v. Chr. waren indoeuropäische Stämme in mehreren Wellen über die Pyrenäen gedrungen, hatten zeitweise fast die ganze Halbinsel überflutet und sich schließlich mit der einheimischen Bevölkerung vermischt (»Kelt-Iberer«). Das Land war heiß begehrt wegen der reichen Lagerstätten an Gold, Silber, Kupfer und Quecksilber. Um 500 v. Chr. eroberte Karthago Teile Spaniens, und Diodor berichtet, wie die »habgierigen Karthager« den Kelt-Iberern die Bodenschätze abjagten. Der Wert dieser Erze aber war es, der es den Karthagern ermöglichte, »Miettruppen« zu bezahlen, während Rom ein Bürgerheer unterhielt.

Als die Römer zwischen 218 und 206 v. Chr. die Karthager von der Pyrenäenhalbinsel vertrieben, fielen ihnen als willkommene Beute die Gold- und Silberminen in die Hände. Dass sie sich durch diesen Reichtum nicht kopf- und haltlos machen ließen, ist wohl im überzeugten Puritanismus der frühen und mittleren Republik begründet, der das Edelmetall weiterhin fast ausschließlich der Staatskasse zuführte.

Zur Zeit der punischen Kriege jedenfalls hatten Gold- und Silberbesitz selbst beim römischen Adel noch Seltenheitscharakter. Wie Plinius zu berichten weiß, wurden punische Gesandte während mehrerer Einladungen mit ein und demselben Silbergeschirr bewirtet, das man sich von Haus zu Haus auslieh.

Im großen und ganzen kann man sagen, dass Gold in der römischen Republik lange Zeit seinen Charakter als vollkommenes, ewiges, ja göttliches Metall, kurz: seine Unschuld, weitgehend bewahrt hat. Dies erreichte man durch Gesetze, die den Verkehr mit Gold regelten und es überwiegend dem Staatsschatz vorbehielten; das Gold sollte dem Wohl des ganzen Volkes dienen.

Graue Wolken über der puritanischen Republik

Aber Rom wurde immer reicher. 50 Jahre lang musste das besiegte Karthago ab 201 v. Chr. jährlich 200 Talente Tribut zahlen, erheblich mehr hatte Kleinasien auf einmal abzuliefern, als Antiochus III. von Syrien 190 v. Chr. geschlagen wurde: 15 000 Talente (1 Talent = 6000 Silberdenare), und als der letzte Makedonen-König Perseus im Jahre 168 v. Chr. besiegt wurde, geschah schier Unglaubliches: Die Beute war so ungeheuer groß, dass die Bürger von Rom von jeder Steuer befreit werden konnten!

Nach der endgültigen Unterwerfung Griechenlands im Jahr 146 v. Chr. importierten die Römer neben materiellen auch ideelle Werte: griechische Kultur und griechische Philosophie. Horaz hat dies später mit den Worten ausgedrückt: »Das eroberte Griechenland hat den rohen Sieger erobert und dem derben Latium die Künste gebracht.« [Horaz, Epod. 2,1,166/167]

Die konservativen Patrizier hatten lange Zeit eine Aufweichung der römischen Ideale durch griechisches Gedankengut befürchtet. Die Ideen eines Sokrates oder Platon schienen ihnen nicht geeignet, die römische Jugend zu unterrichten. Willkommener dagegen waren die Lehren der Stoa gewesen, eines Ideen- und Moralgebäudes, das dem puritanischen Denken der Führung Roms vertrauter war.

Nach der Eroberung Griechenlands aber ließ sich niemand mehr in Rom vorschreiben, nach welcher Fasson er selig werden sollte. Alle möglichen philosophischen und religiösen Strömungen fanden jetzt ihre Anhänger.

Die Familie hatte ursprünglich als Fundament des römischen Staates gegolten. Es entsprach der alten Vorstellung, dass der allmächtige Vater wie ein Tyrann über Frau und Kinder verfügen, sie versklaven oder sogar töten durfte. Doch im 2. Jahrhundert brach die alte Ordnung auch in diesem Bereich auf, und es setzte sich eine gewisse Emanzipation von der väterlichen Vormundschaft durch. Frau und Kinder durften jetzt persönliches Eigentum besitzen und dieses auch selbständig verwalten.

Wer wen heiraten durfte, hatte früher ausschließlich der Vater bestimmt. Gesellschaftliche und politische Gründe waren ausschlaggebend gewesen, ganz besonders innerhalb der Führungsschicht. Aber auch hier gab es zunehmend mehr Freiheiten. Eine persönliche Wahl des Partners war jetzt möglich, Ehen wurden im gegenseitigen Einverständnis geschlossen.

Schon in der zweiten Hälfte des 2. Jahrhunderts v. Chr. wurden Scheidungen so häufig, dass der Bestand der Familien ernsthaft bedroht schien. Ein bedenkliches Beispiel wird von Seneca, dem bekannten Stoiker des 1. Jahrhunderts n. Chr., überliefert. Er berichtet von einer Frau, die ihre Jahre nicht nach der Zahl der römischen Konsuln, sondern der Anzahl ihrer Gatten zählte. Viele vermögende Frauen ließen sich nur deshalb scheiden, um finanziell zu profitieren oder Aussicht auf ein großes Erbe zu erhalten und danach noch mehr im Luxus leben zu können.

Schon 182 v. Chr. hatte man ein Gesetz gegen diesen überhandnehmenden Luxus erlassen. Aber solche Gesetze blieben auf die Dauer wirkungslos. Auch Privatleute ließen sich mit der Zeit nicht mehr dazu zwingen, auf goldenen Schmuck und aufwendigeren Hausrat zu verzichten.

Gegen Ende des 2. Jahrhunderts v. Chr. begann es in Rom zu gären: Unruhen, ja Bürgerkriege brachen aus, Diktatoren griffen eisern durch. Die alte, bewährte Idee der Republik wurde allmählich infrage gestellt – der Boden für das kommende Zeitalter der Caesaren wurde vorbereitet.

Gegen Ende der römischen Republik wurde der Ruf nach einem »ersten Bürger«, einem *princeps,* laut, dessen unbescholtener Charakter ihn auch dazu befähigen sollte, als Schützer der staatlichen Ordnung aufzutreten. .

Solche Strömungen waren es, die einen »ersten Bürger« emporkommen ließen, mit dem kein Römer gerechnet haben konnte. »Der wahre Sohn der Wölfin« sah seine Gelegenheit gekommen: Gaius Iulius Caesar.

Caesar: Verschwender, Bankrotteur und Kriegsverbrecher

Wer war dieser Caesar, den man zu kennen glaubt – jenes militärische und politische Genie, das zu kritisieren fast schon vermessen wirkt? Blicken wir ruhig einmal so durch seine Triumphbögen hindurch, als wären sie nur einfache Tore, lassen wir uns vom Glanz um seine Person nicht blenden und versuchen wir zu zeigen, was hinter dem paradox klingenden Zitat steht, Caesar sei der »reichste und verschuldetste Mann in Rom« gewesen. So hat es um die Mitte des 19. Jahrhunderts Theodor Mommsen formuliert.

Korruption ist teuer

Dass von Anfang an Geld hinter Caesars Karriere steckte, zeigt sein Günstlings-Verhältnis zum schwerreichen Crassus, der sich gewissenlos ein gewaltiges Vermögen aus dem Besitz von Geächteten und mithilfe von gewagten Transaktionen verschafft hatte. Crassus war »der reichste und intriganteste Mann in Rom, kein scharrender Geizhals, sondern ein Spekulant im großen Maßstab« (Th. Mommsen).

68 v. Chr. diente Caesar als *Quaestor* unter dem Provinzstatthalter von *Hispania ulterior* (Südspanien). Der *Quaestor* half dem Statthalter bei der Finanzverwaltung. Was liegt näher als die Annahme, dass Caesar bei dieser Gelegenheit mit dem Goldreichtum der Kelt-Iberer in Berührung kam? Wenn man weiß, dass er schon vor dem Beginn seiner Ämterlaufbahn Millionenschulden hatte, wie uns Plutarch überliefert, ist nicht auszuschließen, dass er bereits damals von einer Art Goldvirus infi-

ziert war. Wie würde Jahrhunderte später der spanische Conquistador Hernán Cortez gegenüber dem Aztekenherrscher Montezuma seine Goldgier zu rechtfertigen versuchen? »Wir leiden an einer Herzkrankheit, gegen die nur Gold als Heilmittel dient«, lautete die Ausrede. Und diese gleiche Krankheit dürfte 68 v. Chr. auch Caesar erfasst haben!

65 v. Chr. wurde er *curulischer Aedil* und hatte damit die Ansprüche des stadtrömischen Volkes nach »*Panem et circenses*« (Brot und Zirkusspielen) zu befriedigen; er sicherte sich die Gunst der Plebejer mit mäßigen Getreidepreisen und überaus prunkvollen Spielen. Da Caesar diese Maßnahmen und Veranstaltungen aber selbst finanzieren musste, wuchs sein Schuldenberg weiter. Wichtiger war ihm jedoch, das Volk auf seiner Seite zu wissen.

Doch Popularität befreit nicht von drückenden Geldsorgen. Deshalb hatte sich Caesar in den Kopf gesetzt, ein militärisches Sonderkommando für das goldreiche Ägypten zu bekommen, vielleicht dachte er schon damals an eine Eingliederung Ägyptens als römische Provinz, was ihm gewaltige finanzielle und politische Machtmittel in die Hand gegeben hätte. Doch aus seinem schönen Plan wurde nichts.

Im Jahr 63 v. Chr. wird Caesar nach einem äußerst heftigen Wahlkampf mit 27 Jahren zum *Pontifex maximus,* dem obersten römischen Priester, gewählt: »Für die Bestechung bei dem Wahlkampf um die Stelle des *pontifex maximus* hatte er so gewaltige Summen aufgenommen, dass er am Morgen des Wahltags seiner Mutter erklärte, wenn er nicht gewählt werde, werde er sein Haus nicht wieder betreten, sondern ins Exil gehen.« [30:55].

Das Jahr 62 v. Chr. sah Caesar als *Praetor,* im darauffolgenden Jahr sollte er als *Propraetor* die Provinz *Hispania ulterior* verwalten.

Doch warum *sollte?* – Selbstverständlich wollte Caesar aus einleuchtenden Gründen den vielversprechenden Dienst in Spanien antreten – jedoch seine Gläubiger ließen ihn nicht aus Rom fort. Doch der im Geld schwimmende Crassus trat für ihn ein und bürgte für die drückendsten Schulden Caesars von 830 Talenten, das sind 4 980 000 Denare.* Laut dem Historiker Appian hat Caesar selbst folgenden Gesamtbetrag seiner Schulden angegeben: 25 Millionen Sesterzen, also 6,25 Millionen Denare. [Appian 2,8,26] Der Grieche Plutarch, der eine Biographie Caesars verfasst hat, berichtet sogar von 1300 Talenten, das sind 7 800 000 Denare Schulden, die Caesar bereits, vor dem Beginn seiner politischen Karriere gemacht haben soll! [Plutarch, Caes. 5]

Jetzt konnte Caesar seine Statthalterschaft in Spanien antreten, von dessen Goldreichtum er sich 68 v. Chr. ein Bild gemacht hatte. »In seiner Provinz zeigte er ebenso wie später in Gallien sein Talent, Geld zu machen...« [30:56] Der Reichtum der Kelt-Iberer Spaniens beruhte auf Gold, Silber- und Kupferminen.

Der »wahre Sohn der Wölfin« aber hatte erst Blut geleckt – irgendwann muss er erkannt haben: Wo Kelten siedeln, wird Gold gefördert!

Im Jahr 59 v. Chr. wurde er *Consul*. Zusammen mit Pompeius, damals noch seinem Freund und Partner, erwirkte er die Anerkennung des Königs Ptolemaios XII. von Ägypten, des Vaters der berühmten Kleopatra. Außerdem erhielt dieser den Titel »socius atque amicus populi Romani« – alles natürlich gegen angemessene Bezahlung. Laut Sueton ließen sich die beiden Freunde für ihre Hilfe 6000 Talente (36 000 000 Denare) zahlen, die sie teilten. Gegenüber dem König des ptolemäischen Ägyptens brauchte man mit seinen Forderungen nicht zurückhaltend zu sein, denn die gewaltige Menge des Ptolemäergoldes war legendär.

---

* Der Leser ist sicherlich an einer Vorstellung von der Kaufkraft des römischen Geldes interessiert. Es ist jedoch unmöglich, römische Geldbeträge mit einem allgemein gültigen Schlüssel in heutige Währung umzurechnen. Wir wollen daher nur einige Preisbeispiele aus der Zeit Caesars (in römischen Denaren) angeben: 1 kg Weizen: 0,15; Jahresmiete für eine Wohnung in Rom: 500, für eine Wohnung außerhalb Rom: 125; Tageslohn für einen Tagelöhner: 1; durchschnittlicher Liebeslohn für eine Prostituierte: 2; Jahreseinkünfte eines Bauernhofs mit ca. 60 ha: 30 000. Wir schätzen aus diesen Angaben den Wert eines Denars auf 50–100 DM.

Weiterhin vergab und verkaufte der weltmännische *Consul* und oberste Priester Roms noch mancherlei andere Rechte und Privilegien. Er verschaffte sich auf Kosten des Staates die nötigen Mittel für seine hochfliegenden Pläne und konnte zugleich seine Anhänger zufriedenstellen und belohnen. »Caesars Gold floss in Strömen allen zu, die sich um die Krippe drängten und geeignet erschienen oder die man zu erkaufen strebte.« [30:114].

Dass der *Consul* und *Pontifex maximus* Gaius Iulius Caesar vor nichts zurückschreckte, was seinen ehrgeizigen Plänen diente, und dass seine »Kreativität« immer besorgniserregendere Ausmaße annahm, überliefert uns Sueton: »Während seines ersten Konsulats stahl er aus dem Kapitol dreitausend Pfund Gold und ersetzte es durch ebenso viel vergoldete Bronze.« [Sueton, Caes. 54]. Zum Tempelraub kam also auch noch Betrug – ein eindeutiger Hinweis darauf, dass es mit der Religiosität des Oberpriesters nicht weit her war. Aber wieder hatte ihn Gold geblendet, seine schon krankhafte Gier nach dem Edelmetall kannte keine Grenzen.

Sein Ansehen beim Volk wurde dadurch aber nicht beeinträchtigt. Er begünstigte mit zwei Ackergesetzen die kinderreichen Familien Roms und ließ 20 000 römischen Bürgern mit drei oder mehr Kindern Siedlungsland zuweisen, den römischen Rittern wurde ein Drittel ihrer Pachtsummen erlassen, und schon bald würde sich das Volk in einer großzügigen Geste bei Caesar bedanken – seine Rechnung war aufgegangen.

Goldreichtum, das Verhängnis der Gallier

Was Caesar in Spanien über die Verbindung der Kelten zum Gold gelernt und für seine Zwecke ausgenutzt hatte, sollte weitere Konsequenzen haben. Auch Gallien war Keltenland!

Aus der zeitgenössischen Literatur konnten die Römer erfahren, wie sehr sich die Gallier zum Gold hingezogen fühlten und mit welcher Ausdauer sie ihre Flüsse nach Waschgold durchforschten und die Gebirge nach Berggold.

Goldreichtum, das Verhängnis der Gallier

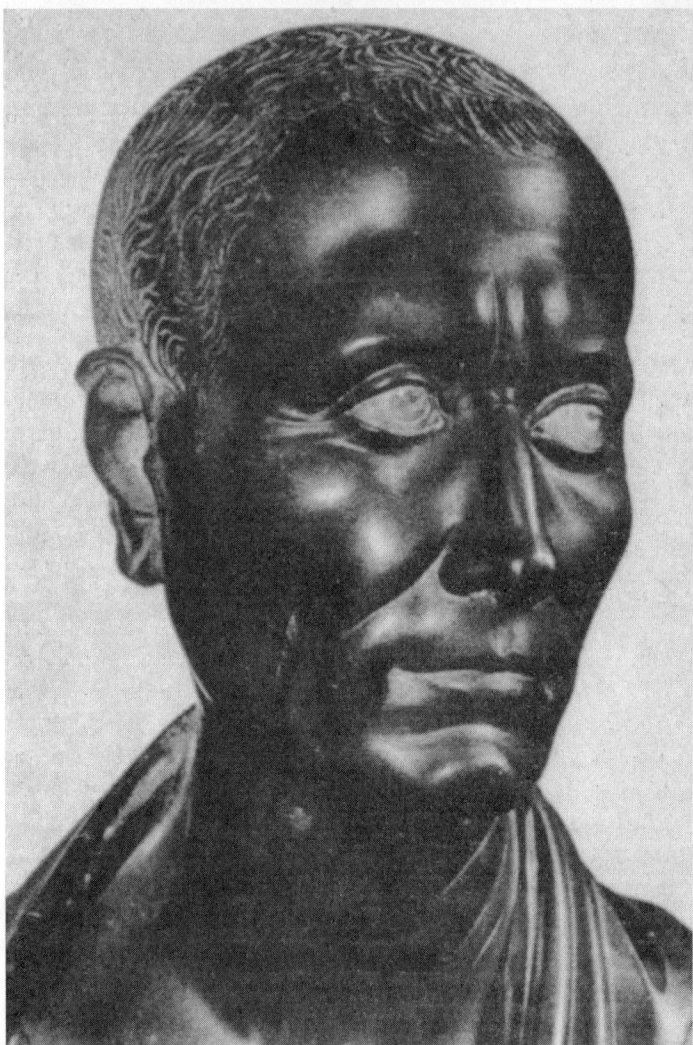

Abb. 22: Gaius Julius Caesar: Keine andere Darstellung gibt die brutale, zielbewusste Härte Caesars besser wieder als diese grüne Basaltbüste in den staatlichen Museen Berlin.

Dazu kam noch, dass es seit 118 v. Chr. im heutigen Südfrankreich die römische Provinz *Gallia Transalpina* gab, nach ihrer Hauptstadt Narbo auch *Gallia Narbonensis* genannt. Schon bei der Annexion dieses Gebietes waren die Römer in der Stadt Tolosa (Toulouse) auf den keltischen Reichtum an Edelmetall gestoßen:

»In Tolosa sind Schätze im Wert von fünfzehntausend Talenten gefunden worden. Ein Teil davon wurde in Heiligtümern aufbewahrt, ein anderer in heiligen Teichen. Die Schätze waren nicht bearbeitet, sondern rohes Gold und Silber…«

Wie Poseidonios und einige andere sagten, gibt es im Land der Kelten überall Schätze, weil es goldreich ist und im Besitz von Menschen, die gottesfürchtig sind und ein einfaches Leben führen. Am besten geschützt waren die Schätze in Teichen, in denen sie massenhaft Gold und Silber versenkt hatten. Als sich die Römer dieses Gebiets bemächtigt hatten, verkauften sie die Teiche öffentlich, und viele der Käufer fanden geschmiedete Silberbarren. In Tolosa befand sich auch der heilige Bezirk, der von der ansässigen Bevölkerung sehr verehrt worden ist und von Schätzen überquoll, weil viele dort Weihegeschenke aufstellten und keiner sie anzutasten wagte. Man kann im Übrigen annehmen, dass von der südfranzösischen Provinz aus immer wieder römische Kaufleute das freie Gallien besuchten und Nachrichten vom dortigen Goldreichtum mitbrachten.

Zurück zu Caesar: Zunächst sah es nicht so aus, als könne er die Finger nach diesem sagenhaften gallischen Gold ausstrecken. Wie üblich bekam er als gewesener *Consul* eine Provinzstatthalterschaft übertragen, und bei dieser Gelegenheit konnten sich die römischen *Plebejer* für seine Großzügigkeit bedanken. Denn vom Volk wurde ein Gesetz eingebracht, das ihm im Jahr 58 v. Chr. die Verwaltung der beiden Provinzen *Gallia Cisalpina* in Oberitalien und *Illyricum* an der östlichen Adriaküste übertrug. Auch in Oberitalien lebten Kelten, auch in Oberitalien fand man Gold. Aber Caesar war mit dieser Entscheidung noch keineswegs zufrieden.

Er veranlasste den Senat, zusätzlich *Gallia Transalpina*, den Großteil des heutigen Frankreich, an ihn zu vergeben. Pompeius selbst stellte den Antrag. Es ist zu vermuten, dass dieser hoffte, Caesar auf diese Weise von Rom fernzuhalten. Wer konnte ahnen, dass Caesar sich in einem Barbarengebiet einen eigenen Herrschaftsbereich aufbauen würde und dass seine Machtmittel nicht zuletzt mithilfe von keltischem Gold weit größer sein würden als die des Pompeius?

Die römische Welt sollte sich bald drastisch verändern – und für einen Teil der keltischen Welt schlug die Schicksalsstunde.

Unter germanischem Druck hatte sich der keltische Stamm der Helvetier entschlossen, seine Heimat in der heutigen Schweiz zu verlassen und sich im freien Gallien neue Wohnsitze zu suchen. Von der Bedrohung der Helvetier durch die Germanen berichtet Caesar in seinen Kriegs-Kommentaren aber nichts; sonst hätte er zugeben müssen, dass die Helvetier sich nicht allein durch wirtschaftliche oder machtpolitische Motive zu ihrem Schritt veranlasst sahen, wie er es behauptet. Diese Behauptung war lediglich ein politischer Schachzug, um die Gefährlichkeit des Stammes vorzutäuschen. Von anderer Seite wissen wir nämlich, dass die Helvetier als ausgesprochen »friedliebend« galten. [Strabo 7,2,2]

Als diese nun ihre Absicht zur Emigration zu erkennen gaben, sah der neue Statthalter Caesar seine Stunde gekommen. Er hatte erkannt, dass nichts seiner finanziellen Lage abträglicher war als Frieden. Eine kriegerische Auseinandersetzung war nötig, bei der es in erster Linie nicht um Sieg ging, sondern um Profit. Würde der Konflikt mit einem profitablen Sieg enden, umso besser!

Für Caesar war es beschlossene Sache, den Helvetierzug zu stoppen und sich des Besitzes der Emigranten zu bemächtigen. Den Berichten des Polybios konnte er entnehmen, dass die Kelten ihren Reichtum – Viehherden und Gold – immer mit sich führten. Und bei Poseidonios war zu erfahren, dass gerade die Helvetier über einen besonderen Goldreichtum verfügten. [Strabo 7,2,2]

Vor ihrem Aufbruch schickten sie zunächst eine Abordnung zu Caesar mit der Bitte, ein kurzes Stück durch die römische Provinz *Gallia Transalpina* ziehen zu dürfen. Natürlich lehnte der Statthalter – angeblich aus Sorge um römische Belange – entrüstet ab. Als die Auswanderer es dann auf einem beschwerlicheren nördlichen Kurs versuchten, wurden schnell Beschwerden anderer keltischer Stämme wegen angeblicher helvetischer Übergriffe konstruiert.

Im Prinzip war es gleichgültig, wie sich die Emigranten verhielten – Caesar suchte die militärische Auseinandersetzung und hätte dafür auf jeden Fall eine Begründung gefunden. Sich als Feldherr zu profilieren und dem römischen Imperialismus erneut Geltung zu verschaffen, war aber nicht sein einziges Motiv...

Eine prachtvolle Ausstellung unter dem Motto »Das Gold der Helvetier«, die in den Jahren 1991 und 1992 die ganze Schweiz begeisterte, hat gezeigt, wie viel von dem Edelmetall in keltischen und älteren Gräbern oder Schatzhorten trotz der römischen Eroberung im Land geblieben ist. Wie viel mehr Gold musste es erst in der Zeit vor den römischen Plünderungen in Helvetien gegeben haben!

Schon in Erwartung dieser Beute hatte Caesar seinen Truppen aus eigenen Mitteln in Oberitalien zwei zusätzliche Legionen hinzugefügt, obwohl er dazu gar nicht berechtigt war. Wie sicher musste er sein, dass sich diese Investition lohnte!

»Und seitdem ließ er sich keine Gelegenheit entgehen, Krieg zu führen, auch wenn er ungerechtfertigt und gefährlich war«, [Sueton, Caes. 24] bemerkt Sueton zu Caesars weiterem Vorgehen. Der Überfall auf die Helvetier war überaus profitabel. Das Gold, das man den toten Kelten – laut Caesar 258 000! – und sicher auch ihren am Leben gebliebenen 110 000 Stammesgenossen abnahm, muss Caesars Auslagen mit Sicherheit um ein Vielfaches an Wert überstiegen haben. Diese Beute befähigte ihn auch, im folgenden Jahr (57 v. Chr.) in Oberitalien zwei weitere Legionen auf eigene Kosten zu rekrutieren. Der Sieg über die Helvetier hatte den römischen Feldherrn in die Lage versetzt, von nun an Militärpolitik ohne irgendwelche Bedingungen oder Einschränkungen zu treiben.

Mithilfe der vom Senat bewilligten und der zusätzlich privat finanzierten Heeresmacht konnte er jetzt darangehen, einen gallischen Stamm nach dem anderen zu unterwerfen. Dabei half ihm die Tatsache, dass es schon immer heftige Rivalitäten unter den keltischen Stämmen gegeben hatte. So fiel es nicht schwer, diese gegeneinander auszuspielen, zumal es vereinzelt, wie z. B. beim Stamm der Haeduer, auch Sympathien für die Römer gab. Der berittene Kriegeradel solcher romfreundlichen Gallier wurde von Caesar gern als Hilfstruppe eingesetzt und musste so gegen seine eigenen romfeindlichen Landsleute kämpfen. Man fühlt sich dabei unwillkürlich an die Ereignisse im Nordamerika des 18. Jahrhunderts erinnert, als Franzosen und Engländer verfeindete Indianerstämme gegeneinander hetzten, um ihre machtpolitischen Interessen durchzusetzen.

Eine weitere taktische Maßnahme verhalf Caesar zum Erfolg: Die Legionen blieben auch während des kampffreien Winters in Gallien und stellten eine ungeheure Belastung für die keltischen Stämme dar, in deren Gebiet sich die Winterlager befanden. Diese Taktik schwächte den Gegner in massiver Weise.

So gelang es Caesar, nach und nach alle gallischen Stämme zu unterwerfen und sich ihrer Goldschätze zu bemächtigen. Seine finanzielle Lage verbesserte sich von Jahr zu Jahr, wobei er seine Truppen stets großzügig beteiligte.

Zwei Expeditionen nach Britannien während dieser Zeit legen den Verdacht nahe, dass er auch dort mit einer reichen Goldbeute rechnete. Das beweist seine eigene Anmerkung: »Als Geld verwenden (die Britannier) Kupfer- oder Goldmünzen.« [Caesar, Bell. Gall. 5,12]

Als er dann auf seinem zweiten Zug nach Britannien den Stammesfürsten Cassivellaunus im heutigen Kent besiegt hatte, tat Caesar etwas Unerhörtes. Obwohl die britische Insel noch keineswegs zum römischen Imperium gehörte, ja nicht einmal eine lockere Bindung an Rom besaß, diktierte er den Stämmen des Cassivellaunus einen jährlich zu zahlenden Tribut – und zwar gegen Stellung von Geiseln, die er nach Gallien mitnahm.

Im Jahre 50 v. Chr. war dann die gallische Frage endgültig im römischen Sinn gelöst: Es gab keinen freien Gallier mehr; von schätzungsweise drei Millionen Kelten war eine Million tot, und wir können nicht einmal erahnen, wie viele Menschen in die Sklaverei verschleppt worden waren.

Dass der Goldreichtum Galliens tatsächlich das Hauptmotiv für Caesars Militäraktionen war, beschreibt der Kaiserbiograph Sueton unmissverständlich:

»In Gallien plünderte er die mit Geschenken vollständig gefüllten Heiligtümer und Tempel der Götter, zerstörte Städte öfter wegen der Beute als wegen eines Vergehens. Daher kam es, dass er Gold in Überfluss besaß und das einzelne Pfund in Italien und den Provinzen für dreitausend Sesterzen zum Kauf anbot.« [Sueton, Caes. 54] Das heißt: Die Menge des erbeuteten Edelmetalls war so gewaltig, dass in Rom der Goldpreis um ein Viertel sank.

Ein deutliches Licht auf die gewaltigen Dimensionen der Beute wirft auch die Tatsache, dass Caesar mit seinem Anteil in Rom ein neues Forum erbauen ließ, das ihn allein über hundert Millionen Sesterzen (25 000 000 Denare) kostete, und dass er den Sold der Legionen »für alle Zeiten« [Sueton, Caes. 26] verdoppeln konnte.

Caesar hatte in Gallien eine Situation vorgefunden, wie sie vom Geographen Strabo beschrieben wird. Dieser beruft sich dabei auf das verschollene Werk des Philosophen, Historikers und Geographen Poseidonios:

»Wie Poseidonios und einige andere sagten, gibt es im Land der Kelten überall Schätze, weil es goldreich ist und im Besitz von Menschen, die gottesfürchtig sind und ein einfaches Leben führen.« [Strabo 4,1,13]

Und in der »Historischen Bibliothek« des aus Sizilien stammenden Diodor können wir lesen:

»Sonderbar und merkwürdig bei den nördlicher lebenden Kelten ist, was in den Götterheiligtümern geschieht; denn in den Tempeln und den heiligen Bezirken in ihrem Land liegt viel

Gold offen herum, das den Göttern als Geschenk geweiht ist.«
[Diodor 5,27,4]

Doch solche Beschreibungen gehörten nach Caesars Eroberungsfeldzug der Vergangenheit an. Jetzt wurde in Gallien römisch gedacht!

Es ist noch nicht sehr lange her, dass die Römer dafür gefeiert wurden, Zivilisation und Kultur in ein barbarisches Gallien gebracht zu haben. Glücklicherweise steht man heute dem Keltentum viel aufgeklärter und verständnisvoller gegenüber. Das wissen wir von der Archäologie und konnten es in den perfekt organisierten Ausstellungen der letzten Jahre sehen.

Dass Caesar die keltischen Goldschätze nicht nur in die eigene Tasche steckte und so seine militärischen und politischen Ziele finanzierte, beweist die Tatsache, dass nach dem zweiten, vierten und siebten Kriegsjahr, vor allem aber nach Beendigung des ganzen Feldzugs in Rom, mehrtägige aufwendige Dankfeste gefeiert wurden, wie sie jeweils vom Senat zum Dank für die von einem Feldherrn und seinem Heer geleisteten Dienste beschlossen wurden. Es müssen also von dem gallischen Beutegold auch große Mengen in den römischen Staatsschatz gewandert sein.

Auffällig ist übrigens, dass Rom der neuen Provinz *Gallia Transalpina* einen Jahrestribut von »nur« 40 Millionen Sesterzen auferlegte, eher ein mäßiger Betrag, der wahrscheinlich die gallische Kriegsbeute berücksichtigte.

Über Caesars Verhalten nach der Unterwerfung Galliens schreibt der Historiker Eduard Meyer: »Caesar konnte nichts weiter tun, als durch maßlose Verschwendung, durch seine Bauten und Spiele, durch umfassende Bestechungen das Volk bei guter Laune zu erhalten und seinen Anhang in Rom, vor allem unter den Beamten und Tribunen, zu sichern und zu mehren, seine Soldaten durch Erhöhung des Soldes und reiche Geschenke aus der Beute an sich zu fesseln... Zugleich veröffentlichte er eine Darstellung seiner Feldzüge in Gallien, in der er in äußerst geschickter Weise seine Willkürlichkeiten und Gewalttaten verschleierte, seine aus eigener Machtvollkommenheit begonnenen Kriege möglichst als Notwehr darstellte, seine Erfolge und seine Verdienste um Rom ins hellste Licht setzte, und so in weiten Kreisen für sich Stimmung zu machen suchte.« [30:244]

Man sollte an dieser Stelle kurz daran erinnern, dass Caesars literarisches Machwerk in unseren Schulen immer noch als Anfangslektüre des Lateinunterrichts benutzt wird. Wie kommt ein Autor zu solch späten Ehren, dem es vor allem darum ging, seine militärische Vorgehensweise zu rechtfertigen und gleichzeitig propagandistisch auszuschlachten?

Leider hat die Literaturgeschichte unaufhörlich Caesars einzigartigen Stil und die Anschaulichkeit seines Werkes gefeiert und ihm fälschlicherweise oft Objektivität und Wahrheitsliebe bescheinigt. Aufgrund solcher Beurteilungen wird »De bello Gallico« noch heute jungen Menschen als Schulstoff vorgesetzt – in einer Zeit und einer Gesellschaft, die es zu ihren vordringlichsten Aufgaben zählen sollte, Krieg für immer zu ächten und Frieden als wertvollstes Gut anzusehen.

Was aber das Bestürzendste ist: Viele Lehrer benutzen die Caesar-Lektüre lediglich als Stoff für Wortschatz- und Grammatikübungen, ohne kritisch Stellung zu nehmen und eindringlich darauf hinzuweisen, dass es in diesem Werk unmissverständlich um Kriegsverbrechen und Völkermord geht.

Goldschwemme in Rom:
Inflation in Wirtschaft und Gesellschaft

Im Jahr 50 v. Chr. widmete sich Caesar ganz der Organisation des unterworfenen Landes, das man jetzt auch *Gallia comata* nannte, das »haarige« Gallien, eine Anspielung auf die langen Haare der Kelten. Ob er dabei schon ahnte, was die bevorstehenden Bürgerkriege Roms kosten würden?

Zurück in Italien, entnahm Caesar bei Beginn dieser Kriege (49–45 v. Chr.) dem Staatsschatz 15 000 Gold- und 30 000 Silberbarren, dazu 30 Millionen gemünzten Geldes [Plinius, Nat. Hist. 33,56]. Offensichtlich war er jetzt nicht mehr gewillt, auch nur Teile seines inzwischen riesigen Privatvermögens für militärische Zwecke zu verwenden. Er fühlte sich als Vertreter der Staatsmacht und setzte bedenkenlos die Mittel dieses Staates für seine Ziele ein.

Die Auseinandersetzungen zwischen Caesar und Pompeius hinterließen nicht nur Leid, Blut und Trümmer – im Jahr 47 v. Chr. ging in Alexandria die größte und berühmteste Bibliothek der damaligen Welt in Flammen auf; eine unermessliche Katastrophe für die geistige Welt, bei der etwa 500 000 Schriften verbrannten.

Unterdessen verfielen in Rom Geldwert und Sitten in ähnlich inflationärer Weise. »Von den vernachlässigten Regierungsgeschäften forderten am meisten die wirtschaftlichen Probleme Caesars Eingreifen, denn seit dem Beginn des Bürgerkriegs war praktisch der gesamte Zahlungsverkehr zusammengebrochen.«

Abb. 23: Caesarianische Münze mit Venusbüste. Caesar führte die Herkunft seiner Familie auf die Göttin Venus zurück.

[06:362]. Deshalb konzentrierte sich Caesar nach seiner Wiederwahl zum *Consul* im Jahre 48 v. Chr. auf die Stabilisierung des Geldmarktes, und 47 v. Chr. wurde er wegen des Staatsnotstandes zum *Dictator* ernannt. 46 v. Chr. beging der namhafteste Befürworter eines republikanischen Roms, der jüngere Cato, wegen Caesars Erfolgen Selbstmord. Im gleichen Jahr weihte der *Dictator*, dem man sein Amt zunächst auf zehn Jahre, später auf Lebenszeit verlängerte, in Rom der Venus und dem Mars einen Tempel, und da er sich für einen Nachkommen der Göttin Venus hielt, diente dieser Tempel zur Verehrung der göttlichen Abstammung seiner Familie.

Abb. 24: Denar mit der Büste Caesars von 44 v. Chr. Als einer der ersten Römer ließ er sein Bild auf eine Münze prägen. Auch das dürfte für seine Zeitgenossen ein Indiz dafür gewesen sein, dass bei Caesar der Größenwahn ausgebrochen und es nur noch eine Frage der Zeit war, wann er die Alleinherrschaft an sich reißen würde. Bekanntlich wurde er daraufhin am 15. März desselben Jahres ermordet.

Dass der offenbar größenwahnsinnig werdende Caesar Münzen mit seinem Bildnis prägen ließ, erscheint noch harmlos, aber es war doch das erste Mal, dass ein Römer sich auf Münzen abbilden ließ.

Bemerkenswert ist auch, dass um diese Zeit die erste reguläre Goldwährung Roms entstand. Das gallische Gold hatte Caesar dazu veranlasst, riesige Mengen von *Aurei* prägen zu lassen, die den Silberdenar als Grundwährung ablösten. Dass die Zahl der damals geprägten Goldmünzen groß gewesen sein dürfte, mag sich auch daraus erschließen lassen, dass noch heute die *Aurei* aus Caesars Zeit im Münzhandel zu relativ günstigen Preisen angeboten werden.

Im Sommer 46 v. Chr. kam Caesar dann endlich dazu, neben den ihm für Siege im Bürgerkrieg bewilligten Triumphen den längst fälligen Triumph über Gallien zu feiern. Er verfügte jetzt über »unermessliche Geldsummen, wie sie die Beute und die Ehrengeschenke und die goldenen Kränze ergaben, die er von allen Seiten empfangen hatte«. [30:385] Appian berichtet, welche Vermögenswerte beim Triumph öffentlich vorgeführt wurden: 65 000 Talente, dazu 2822 goldene Kränze im Gewicht von 20 414 Pfund [30:385], und man darf annehmen, dass ein Großteil der vorgeführten Goldwerte – einschließlich der schon für die Münzprägung eingeschmolzenen – aus Gallien stammte.

An den beispiellosen Triumph »schlossen sich ungeheure Geschenke sowohl an die Soldaten wie an das Stadtvolk, die die früher gemachten Versprechungen noch übertrafen, für jeden Soldaten außer den Landanweisungen für die Veteranen 5000 Denare, für die Centurionen das Doppelte, die höheren Offiziere das Vierfache, für jeden Bürger der Hauptstadt 100 Denare, dazu Getreide und Öl; weiter eine Bewirtung des Volkes, Wettrennen, Schauspiel und ähnliches und gigantische Gladiatorenspiele, bei denen ganze Armeen zu Fuß und zu Ross nebst vierzig Elefanten gegeneinander kämpften, Tierhetzen und eine Seeschlacht… Das Blutvergießen und die Verschwendung waren so ungeheuer, dass es selbst den Römern zu viel wurde.« [30:386]. Wesentlich bedenklicher als die von Caesar verursachte Inflation des Goldpreises und der Zusammenbruch des Geldverkehrs, den er dann 48 v. Chr. korrigieren konnte, war aber der Niedergang der moralischen Werte; das Gold wütete wie eine Seuche und löste Sitten und Gesetze auf. Die Häufung von negativen Äußerungen zeitgenössischer Autoren zum Thema Gold fällt jedenfalls auf.

31 v. Chr. war zur gallischen Goldschwemme eine ägyptische hinzugekommen, nachdem Caesars Erbe und Nachfolger Octavian das Land am Nil unter römische Hoheit gebracht hatte. Damit war auch das legendäre Ptolemäergold in den Besitz Roms übergegangen. Die Kritik verschiedener römischer Dichter klingt wie ein letztes Aufbäumen der Intelligenz gegen den fortschreitenden, vom wachsenden Goldangebot bedingten moralischen Niedergang.

So verurteilte Horaz »das unnütze Gold, die Quelle des größten Unheils«. [Horaz, Carmin. 3,24,48/49] und schlug vor, das ganze Edelmetall ins nächste Meer zu werfen oder es auf das Kapitol zu schaffen. Dort standen die Tempel der wichtigsten römischen Götter, und die Äußerung des Dichters klingt wie eine späte Erinnerung an längst vergangene Zeiten, als Gold auch in Rom weitgehend den Göttern vorbehalten war.

Vergil verwendet in der *Aeneis* Formulierungen wie »blind aus Liebe zum Gold« [Vergil, Aen. 1,349] und »der verfluchte Hunger nach Gold« [Vergil, Aen. 3,57]. Natürlich lässt sich einwenden, dass die *Aeneis* die Gründungsgeschichte Roms beschreibt, also nichts mit der aktuellen Situation zu tun hatte. Aber kommt es nicht auch heute noch vor, dass Autoren in die Charakterisierung fiktiver oder längst vergangener Ereignisse Fragen der Gegenwart einfließen lassen?

Auch Ovid sparte nicht mit Kritik. In seinen *Metamorphosen* bezeichnet er Gold als »Lockmittel des und zum Bösen« [Ovid, Met. 1,140], und in den *Fasti,* einer Art römischem Festtagskalender in Gedichtform, erwähnt er *Terminus,* den Gott der Grenzen, als rühmliche Ausnahme: »Du lässt dich nicht mit Gold bestechen.« [Ovid, Fasti 2,661]

»Oft pflegt in Gold viel Böses verborgen zu sein« [Tibull 1,9,18], schreibt Tibull und klagt, dass es üblich geworden sei »für den Wert von Gold die Treue zu verkaufen« [Tibull 1,9,31], am deutlichsten aber fasst Properz das Ausmaß des ganzen Unheils zusammen: »Alle verehren das Gold. Mit Gold wurde die Treue verjagt, mit Gold wurde das Recht käuflich, dem Gold jagt das Gesetz hinterher« [Properz 3,13,48–50]. Den Höhepunkt des moralischen Verfalls bezeichnet er mit den Worten: »Jetzt wird Iupiter mit Gold betrogen.« [Properz 4,5,53]

Wie schon beim Blick auf die ägyptische Goldschwemme seit 31 v. Chr. angedeutet, beendete die Ermordung Caesars den sittlichen Verfall und den Materialismus nicht. Ganz Rom war vom Goldvirus infiziert und die Seuche nicht mehr aufzuhalten.

Ein entscheidender Griff nach dem Eldorado

Im 5. Buch der Geschichtsbibliothek Diodors findet sich folgendes über das Siedlungsgebiet der Kelten: »Es wird nützlich sein zu unterscheiden, weil dies sehr vielen nicht bekannt ist: Diejenigen, die im Norden von Massalia mitten im Land leben, und die am Fuß der Alpen und Pyrenäen Wohnenden heißen Kelten. Diejenigen aber, die jenseits dieses wirklichen Keltenlandes leben, nennt man Gallier. Sie wohnen sowohl in südlicher Richtung als auch an der Küste des Ozeans, am Herkynischen Wald und noch weiter zu den Skythen hin. Die Römer aber fassen alle diese Völker mit einem Namen zusammen und nennen sie Gallier.« [Diodor 5,32]

Auch wenn Diodor hier offensichtlich das Wohngebiet der gallischen mit dem der im heutigen Deutschland lebenden Kelten verwechselt, so ist doch unmissverständlich, dass die Römer im 1. Jahrhundert genau wussten, dass auch die Bewohner des nördlichen Voralpengebiets Kelten waren. Dieses Wissen sollte für das Gebiet zwischen Alpen und Donau eine verhängnisvolle Folge haben.

Die Alpen als natürliche Bastion Italiens

Jahrhundertelang galten bei den Römern die Alpen als *claustra Italiae*, d. h. Bollwerk Italiens [Servius, Aen. Comm. 10,13] und »Schutzschild gegen Norden« [34:170]. Nach Polybios (ca. 200–120 v. Chr.) soll das Hochland der Alpen nicht zu überschreiten und nicht zu bewohnen sein [Polybios 2,15,10; 3,54,2]. Und: »Die Römer konnten sich nie mit den Alpen anfreunden... – so sagt etwa Livius (21,58,3) über die ›Hässlichkeit der Alpen‹.« [34:1621] An der Bevölkerung des Gebirges und des nördlichen Alpenvorlandes herrschte lange Zeit ein weitgehendes Desinteresse. Deshalb enthält die antike Literatur nur Schablonenhaftes, Abwertendes, ja Widersprüchliches über den Norden und seine Bewohner.

Um die Situation zu verstehen, müssen wir die geopolitische Lage kurz skizzieren:

Im 4. Jahrhundert v. Chr. wanderten von Südfrankreich Kelten nach Oberitalien ein – wurden aber deswegen noch lange nicht Nachbarn der Römer, sondern zunächst der Veneter und Etrusker. Erst ca. 200 v. Chr. machten die Römer die Poebene zu ihrer Provinz. Die zum großen Teil keltischen Einwohner erhielten das latinische Bürgerrecht, eine den Provinzialen vorbehaltene mindere Form des römischen Bürgerrechts. Erst unter Caesar hat man das Land, das jetzt *Gallia Cisalpina* hieß, im Jahre 49 v. Chr. Rom rechtlich gleichgestellt.

Die Alpen aber waren und blieben fremdes, ja feindliches Gebiet. Warum änderte sich in der zweiten Hälfte des 1. Jahrhunderts v. Chr. das Verhältnis der Römer zu den Alpen? Wieso weitete Rom seine Eroberungspolitik bis ins nördliche Alpenvorland aus? Wäre es nicht das Einfachste gewesen, die Alpenpässe zu sichern und das Gebirge weiterhin als eine Art »Super-Limes« zu benutzen?

Wir wissen es bereits: Rom erwartete von einer Eroberung der Alpen und des nördlichen Vorlands reichen Gewinn in Form von Gold und Tributzahlungen.

Die Besetzung der Alpenländer

Mit Caesar war in Rom die erwachte Gier nach Gold nicht untergegangen; der mächtige Strudel, der immer mehr Gold einsaugte, hatte sich verselbständigt.

Nach blutigen Machtkämpfen setzte sich Caesars Adoptivsohn Octavian schließlich als erster Mann Roms durch. Unter dem Ehrennamen *Augustus* übernahm er im Jahr 27 v. Chr. als vom Senat bestätigter *Princeps* die Herrschaft über das gesamte Imperium.

Der neue Kaiser hatte nicht nur eine ungeheure Machtfülle und vereinigte mehrere Ämter in seiner Person, sondern er zog auch als militärischer Oberbefehlshaber die Verwaltung der gefährdeten Randprovinzen an sich. In diesen imperatorischen Provinzen standen die Legionen. Dort konnte der Kaiser allein die Politik bestimmen. Er regierte sie mithilfe eines Statthalters.

Die senatorischen Provinzen hingegen standen unter der Verwaltung des römischen Senats. Einen Sonderstatus besaß das korn- und goldreiche Ägypten, das Privatbesitz des Kaisers, gewissermaßen seine persönliche »Hofdomäne« war.

Kehren wir zurück zu Caesars Erkenntnis, dass überall dort, wo Kelten siedeln, reichlich Gold vorhanden war. Dann wird deutlich, dass bestimmte Provinzen nicht nur aus politisch-militärischen Gründen, sondern »zufälligerweise« auch wegen ihres Goldreichtums von Augustus selbst verwaltet wurden. Der Reichtum dieser Gebiete konnte so leichter in die kaiserliche Privatkasse *(fiscus)* fließen und an der römischen Staatskasse *(aerarium)* vorbeigeleitet werden. Weniger ertragreiche, sozusagen »goldtaube« Provinzen blieben dagegen unter der Aufsicht des Senats.

Den inzwischen in das Imperium eingegliederten Norden Italiens bedrohten laut römischer Staatspropaganda angriffslustige und beutegierige Kelten aus den Alpen. Deshalb erschien eine »Befriedungsaktion« als dringend nötig.

Der Geograph Strabo berichtet: »Wenn sie (die Kelten) sich eines Dorfes oder einer Stadt bemächtigt haben, töten sie nicht nur alle erwachsenen Männer, sondern auch die männlichen Säuglinge. Und auch dabei machen sie noch nicht halt, sondern ermorden sogar die schwangeren Frauen, die laut ihren Wahrsagern einen männlichen Embryo im Leib tragen.« [Strabo 4,206]

Auch Cassius Dio schreibt, die Raubzüge der Kelten im nördlichen Gebiet Italiens seien immer verheerender geworden, und sie hätten sich auch nicht gescheut, durch Oberitalien ziehende Römer und Bundesgenossen zu überfallen. Solche Schauermärchen sind mit großer Sicherheit von römischen oder anderen Händlern des Mittelmeerraums erfunden worden, um Konkurrenten von einem Eindringen in die von ihnen besuchten Gegenden abzuhalten. Zu diesem Zweck konnten die Geschichten gar nicht blutrünstig genug sein.

Dass solche Berichte tatsächlich höchst unglaubwürdig oder zumindest maßlos übertrieben waren, beweist eine weitere Quelle, die sich selbst als völlig überzogene Propaganda entlarvt: »Wie groß die Rohheit der Alpenstämme war, lässt sich leicht an den (keltischen) Frauen nachweisen, die, wenn sie keine Wurfgeschoße hatten, ihre Säuglinge auf den Boden schlugen und sie den (feindlichen) Soldaten ins Gesicht schleuderten.« [Florus 2,22]

Dass Mütter zu keinem Zeitpunkt und an keinem Ort dieser Welt zu einem derartigen Verhalten fähig sind, bedarf keiner weiteren Erklärung. Und selbst wenn in dieser propagandistischen Aussage ein Körnchen Wahrheit enthalten sein sollte, dann kann ein solches Vorgehen nicht als »Rohheit«, sondern nur als Ausdruck äußerster Verzweiflung interpretiert werden.

Neben solchen von den Römern erdachten Vorwänden zum Eingreifen im Alpen- und nördlichen Alpenvorraum versucht die moderne Historie eine Reihe von weiteren, teilweise plausibeln Beweggründen für eine militärische Intervention namhaft zu machen.

An erster Stelle muss man hier die *propagatio imperii* nennen. Man versteht darunter eine Ausweitung des römischen Herrschaftsgebietes, die mit einer Art »Sendungsbewusstsein« gerechtfertigt wurde: man wollte Zivilisation und Kultur exportieren, und dazu gehörte auch das Unterbinden von Grausamkeiten anderer Völker.

Als weiteres Argument wird das römische Sicherheitsbedürfnis genannt. Selbst wenn Nachbarvölker nicht so »barbarisch« waren, wie uns die Zitate weismachen sollen, ging es den Römern immer um die Schaffung gut erschlossener Schutzzonen rund um das Imperium.

Auch ein wirtschaftspolitischer Aspekt soll nicht unerwähnt bleiben. Natürlich waren die Römer an der Erschließung und dem Erhalt sicherer Transitwege interessiert. Weil sich das ehemalige keltische Königreich Noricum mehr oder weniger freiwillig ans römische Reich angeschlossen hatte, war es durchaus vernünftig, eine gesicherte Verbindung zwischen Noricum und Gallien nördlich der Alpen ins Auge zu fassen.

Manche Historiker vertraten und vertreten auch die Meinung, dass Rom die Alpen überschritten habe, um das nördliche Alpenvorland als Aufmarschgelände gegen die Germanen zu gewinnen. Dass sich die Römer aber bald mit dem Limes gegen diesen Feind abgrenzten und von Süden her nie ernstzunehmende Angriffe gegen das freie Germanien unternahmen, macht eine derartige Theorie jedoch ziemlich unwahrscheinlich. »Heute ist diese Ansicht weitgehend fallen gelassen.« [11:21]

Die Römer waren in erster Linie Pragmatiker, natürlich auch in ihrer Kriegsführung und Eroberungspolitik. Man weiß, welchen Aufwand es erfordert, Besatzungstruppen unter ungünstigen Bedingungen auf fremdem Gebiet zu unterhalten. Offenbar aber machte es sich für die Römer bezahlt, das Alpenvorland zu okkupieren und anschließend für Jahrhunderte besetzt zu halten.

Doch zurück zu Caesars Entdeckung reicher Goldlagerstätten und riesiger Goldschätze in Keltengebieten, zu deren Gewinnung man offenbar nur konsequent auf den Spuren der Kelten bleiben musste.

Bereits 44/43 v. Chr., also kurz nach Caesars Tod, hat Lucius Munatius Plancus, der Statthalter von *Gallia comata* und Freund Caesars, einen Feldzug gegen die Raeter unternommen, die in den Zentralalpen bis zum Bodensee ansässig waren. Die Goldbeute muss so groß gewesen sein, dass er es sich leisten konnte, nach den üblichen Geschenken für seine Soldaten, der Ablieferung an die Staatskasse und der Vereinnahmung eines sicher nicht unerheblichen Betrags für sich selbst später den Saturntempel in Rom renovieren zu lassen.

In den Jahren 35–33 v. Chr. hatte Augustus bereits die keltischen Salasser im westlichen Oberitalien bekämpfen lassen. Offiziell hieß es, man wolle sie an der Kontrolle von Alpenpässen hindern; in Wirklichkeit aber wurde der Stamm auch deshalb vernichtet, um an ergiebige Goldminen zu kommen, wie sie von den Salassern ausgebeutet worden waren. Im Goldland Spanien schließlich war es 26 v. Chr. wieder einmal zu Aufständen gegen die römische Herrschaft gekommen. Gegen den heroischen Widerstand der Kelt-Iberer vom Stamm der Asturer und Cantabrer wurde das Land jetzt endgültig unterworfen. Nun konnte Rom sicher sein, dass nichts mehr aus den spanischen Gold- und Silberlagerstätten an der kaiserlichen und staatlichen Kasse vorbeifloss.

Das östlich des Inns gelegene keltische Königreich Noricum war schon seit langer Zeit mit Rom befreundet. Unter Augustus schloss es sich ca. 15 v. Chr. angeblich friedlich dem Imperium an. Bekannt war seit Jahrhunderten das *ferrum Noricum*, ausgezeichnetes Eisen, das sich zu bestem Waffenstahl schmieden ließ und das die Römer schon lange importierten. Dort wurde aber auch Berggold gefördert und Waschgold aus den Flüssen, besonders der Salzach, gewonnen.

Auftrag des Kaisers: Chefsache »Eldorado«

Zwischen 16 und 13 v. Chr. hielt sich Kaiser Augustus in Gallien auf und lernte dort »nebenbei« den dortigen Goldreichtum – soweit noch vorhanden – persönlich kennen. Diese Erfahrungen bewogen ihn vermutlich dazu, sich genauere Informationen über die möglichen Beuteaussichten im nördlichen Alpenvorland zu beschaffen. Bald lief die imperiale Kriegsmaschinerie im Alpenraum auf vollen Touren. Laut antiker Propaganda haben im Jahr 15 v. Chr. die kaiserlichen Prinzen Tiberius und Drusus in einem glorreichen Feldzug die wilden Alpen- und Voralpenstämme der Raeter und Vindelicer geschlagen.

Dass gerade die beiden Stiefsöhne des Kaisers mit dem Feldzug betraut wurden, hatte vermutlich mehrere Gründe. Man wollte ihnen Gelegenheit zu Sieg und Triumph bieten, also einen Prestigegewinn verschaffen. Wahrscheinlich ist auch, dass man das eigentliche Ziel der militärischen Operation, den Griff nach weiterem Keltengold, nur besonders zuverlässigen Personen übertragen wollte. Mit Tiberius und Drusus blieb die »Chefsache Eldorado« gewissermaßen in der Familie.

Tatsächlich hatten die militärischen Operationen bereits im Jahr 35 v. Chr. begonnen, sollten aber erst im Jahr 7 v. Chr. vollständig abgeschlossen sein. Einige Stämme haben die römische Invasion sicherlich kommen sehen und sich »freiwillig« dem Imperium angeschlossen. Doch etwa 50 Stämme leisteten Widerstand. An die Namen dieser Stämme erinnern immer noch die Reste eines einst 50 m hohen Triumph-Denkmals der Römer. Dieses *Tropaeum Alpium* steht rekonstruiert bei La Turbie nördlich von Monaco an der Côte d'Azur. Die monumentale Ausführung dieses Denkmals ist ein Beweis dafür, für wie bedeutend Rom den Feldzug hielt.

Eigenartigerweise ist vor nicht langer Zeit eine Theorie aufgekommen, wonach es im nördlichen Alpenvorland zur Zeit des römischen Alpenfeldzugs noch kaum Kelten gegeben habe, sodass die Invasoren in ein praktisch menschenleeres Land eingerückt seien; die Bewohner seien schon vorher von aus Norden eindringenden Germanen vertrieben worden. In schroffem Gegensatz zu den antiken Quellen stützte sich diese Ansicht darauf, dass sich im Alpenvorland kaum keltische oder römische Funde für die Zeit kurz vor, während und unmittelbar nach der römischen Invasion nachweisen lassen.

Die archäologische Erforschung des keltischen Süddeutschland ist, was eine flächendeckende Erfassung anbelangt, noch nicht allzuweit fortgeschritten. Oft war man bisher auf Zufallsfunde oder Notgrabungen angewiesen. Dazu kommt, dass der größte Teil der Kelten kleine unbefestigte Dörfer aus Holzhäusern bewohnte, die nur unscheinbare Bodenspuren hinterließen. Außerdem waren Bestattungen in Grabhügeln in keltischer Zeit aus der Mode gekommen, und die unscheinbaren Flachgräber können meist nur durch Zufall entdeckt werden.

Doch jeder Tag kann neue spektakuläre Funde bringen. Dies hat sich 1992/93 gezeigt, als man bei Oberammergau eindeutige

Beweise für die Anwesenheit der 19. römischen Legion im Voralpengebiet kurz vor der Zeitenwende entdeckte. Auch Hinweise auf eine Militäraktion in unmittelbarer Nähe ließen sich finden. Die dort tätigen Archäologen sind sicher, dass eine genaue Untersuchung der Umgebung weitere Informationen liefern wird [50].

Die Anwesenheit eines Kontingents römischer Elitetruppen ist auf jeden Fall ein Beweis für militärische Operationen in diesem Gebiet. Diese wichtige archäologische Entdeckung bestätigt genau die wenigen Schilderungen, die wir über die römische Invasion im Alpenvorland besitzen.

Der Historiker Velleius Paterculus berichtet über das Vorgehen der römischen Truppen:

»Dadurch, dass sie viele Städte und Festungen erstürmten und auch in offener Feldschlacht erfolgreich waren, bezwangen sie Stämme, die durch die Landschaft sehr geschützt, äußerst schwer angreifbar, zahlreich und von ungestümer Wildheit waren. Dabei war das (befürchtete) Risiko für die römischen Heere größer als deren (tatsächliche) Verluste, während die Feinde sehr viel Blut lassen mussten.« [Velleius Paterculus 2,95]

Dieses Zitat zeigt, auf welche Schwierigkeiten die römischen Eroberer vorbereitet waren. Das Alpenvorland war damals viel reicher gegliedert als heute und bot eine Unmenge an Schlupfwinkeln in Sumpflandschaften, Wäldern und Flussauen. Auf den Höhenrücken lagen befestigte Siedlungszentren. Außerdem erwartete man den erbitterten Widerstand eines zahlenmäßig starken Gegners.

Wie konnte ein Invasionsheer trotz solch ungünstiger Voraussetzungen in ein paar Monaten einen derartigen Gegner ausschalten und das Land dauerhaft in den Griff bekommen?

Denken wir an das 20. Jahrhundert: Einen vergleichbaren militärischen Erfolg hatten weder Franzosen noch Amerikaner in Indochina, auch nicht in jüngster Zeit die Russen in Afghanistan oder Tschetschenien. Selbst mit dem Einsatz modernster Technik, mit Satelliten, Flugzeugen und Hubschraubern, mit Luftaufklärung und präzisen Landkarten sowie Panzern und Ge-

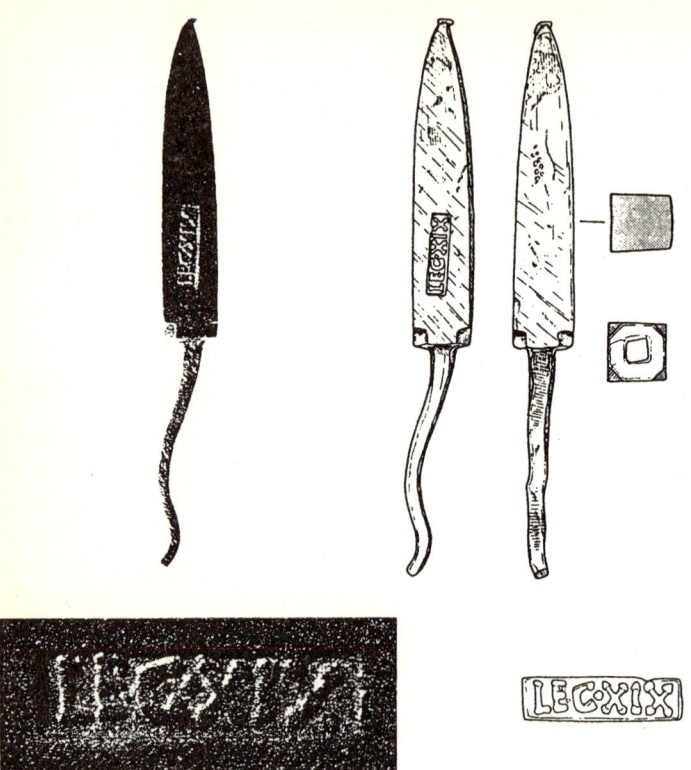

Abb 25: Katapultpfeilspitzen der 19. Legion. Aufgrund dieser und anderer Waffenfunde bei Oberammergau konnte 1992/93 archäologisch eindeutig nachgewiesen werden, dass mindestens eine römische Legion an der Unterwerfung des keltischen Alpenvorlands beteiligt war.

schützen wäre es fast unmöglich gewesen, ein derartiges Gelände wie das damalige Alpenvorland innerhalb eines Sommers unter Kontrolle zu bringen.

Aber halten wir uns die Situation des Jahres 15 v. Chr. plastisch vor Augen: Die Zeiten waren längst vorbei, in denen ein unkontrollierter keltischer Heerhaufen römische Truppen in Panik versetzen konnte. Während sich die römische Kriegsmaschinerie ständig weiterentwickelte und sich auf dem Höhepunkt ihrer Perfektionierung befand, hatten die Kelten wahrscheinlich wenig dazugelernt. Seit Jahrzehnten sammelten die Raeter und Vindelicer mit Ausnahme von kleineren Raubzügen keine militärischen Erfahrungen mehr. Die Römer dagegen hatten ihren Feldzug minutiös geplant und schon seit dem Beginn der Alpeninvasion im Jahr 35 v. Chr. ständig neue strategische Erkenntnisse hinzugewonnen.

Die römischen Truppen des Tiberius und Drusus bewegten sich mit beachtlicher Marschgeschwindigkeit. Wie war das möglich?

Auffällig ist, dass die beiden frühesten römischen Posten im Alpenvorland, nämlich Augsburg-Oberhausen und Epfach, am Lech und damit an der wichtigsten Nord-Süd-Verbindung lagen, der die Römer später den Namen »Via Claudia Augusta« gaben. Ist die Überlegung da nicht naheliegend, dass sich die Okkupatoren bereits bestehender keltischer Straßen bedienten, um möglichst schnell nach Norden vorzustoßen, und eben an dieser schon vorhandenen Trasse feste Plätze für Besatzungen hinterließen?

Und sollten die keltischen Straßen technisch nicht weit genug entwickelt gewesen sein oder nur als »Schmalspur« existiert haben, wurden sie von den fähigen römischen Straßenbauern verbessert.

Im Grund war die Aktion gegen Raetien und Vindelicien im Jahr 15 v. Chr. nur der Schlusspunkt einer längeren Entwicklung. Weil man sich in Rom relativ sicher war, dass die Sache mit einem militärischen Erfolg enden würde, ging man auch kein allzu großes Risiko damit ein, kaiserlichen Prinzen das Kommando zu übertragen und ihnen auf diese Weise militärische Lorbeeren zu verschaffen.

Dass Velleius Paterculus den keltischen Gegner so martialisch beschreibt, ist sicherlich Teil der römischen Propaganda. In Wirklichkeit war der Feind vermutlich gar nicht so furchteinflößend, zumal wir wissen, dass Stammesrivalitäten für das Keltentum typisch waren. Ein Gegner ohne Taktik und militärisches Oberkommando aber konnte für die perfekt ausgerüsteten und kampferprobten römischen Elitetruppen kein unüberwindliches Problem darstellen.

Dazu kommt die Tatsache, dass Raeter und Vindelicer mit Sicherheit von der Katastrophe, die Caesar über die Gallier gebracht hatte, wussten. Vielleicht haben Teile der alpinen und voralpinen Kelten daraus die Überzeugung abgeleitet, Widerstand gegen den römischen Militärapparat sei sinnlos und selbstmörderisch. Darum ist es durchaus denkbar, dass sie sich gar nicht oder nur halbherzig am Widerstand ihrer Stammesbrüder beteiligt haben.

Für die römische Propaganda aber war dies kein Thema. Hatte man das wahre Ziel des Alpenfeldzugs, die keltischen Goldschätze, nicht dadurch verschleiert, dass man den Kelten unerhörte Grausamkeiten andichtete, gegen die man vorgehen müsse? Dazu passte es aber nicht, dass der Gegner gar nicht so stark war, wie ihn sich die Allgemeinheit vorstellte, oder genügend Vernunft besaß, sich nicht auf einen Kampf einzulassen.

Deshalb gab sich die römische Caesarenepoche nicht mit einer »Kriegsberichterstattung« nach Art eines Velleius Paterculus zufrieden, sondern griff darüber hinaus zu anderen Mitteln. Die imperiale Propaganda verlangte eine poetische Überhöhung und Würdigung der Ereignisse. So beauftragte Augustus den Dichter Horaz, ein Loblied auf das Kaiserhaus und den Alpenfeldzug der Prinzen Drusus und Tiberius anzustimmen. In zwei daraufhin entstandenen Gedichten klingt die »Beschreibung« der römischen Invasion dann folgendermaßen:

»Welche Bemühung der Senatoren, welche aller Römer, könnte wohl deine Tugenden, Augustus… für immer dankbar verewigen, du größter der Fürsten…? Erst neulich haben die Vindelicer dich kennen gelernt und was du durch Krieg vermagst. Denn mit deinem Heer hat Drusus die Genaunen, ein kriegerisches Volk, die gewandten Breunen und ihre auf den schauerlichen Alpen errichteten Burgen niedergeschmettert... Bald darauf hat Tiberius eine schwere Schlacht geliefert und die riesigen Raeter geschlagen. Es war sehenswert, in welches Verderben er im Kampf die Herzen derer getrieben hat, die sich für einen Tod in Freiheit opferten.« [Horaz, Carm. 4,14]

»Die Vindelicer sahen Drusus am Fuß der raetischen Alpen Kriegführen... Ihre lange Zeit und weithin siegreichen Scharen haben durch die Kriegskunst des jungen Mannes schmerzlich erfahren, was Verstand, was Begabung... mit Recht zu leisten vermögen.« [Horaz, Carm. 4,4]

Welche Arroganz und Menschenverachtung klingt aus diesen Zeilen! Die Römer waren sich also wohlbewusst, dass es sich im Sommer des Jahres 15 v. Chr. um den verzweifelten Freiheitskampf von Alpen- und Voralpenstämmen handelte. Umso bestürzender das Loblied auf die kaiserlichen *virtutes* (männliche Tugenden), die Augustus dazu veranlasst hätten, ohne Einsatz der eigenen Person über Leichen zu gehen. Dabei hatte es die hier poetisch gefasste kaiserliche Propaganda offensichtlich nicht nötig, Begründungen für das militärische Vorgehen anzugeben.

Natürlich fehlt in diesem Zusammenhang auch der kommerzielle Hintergrund des Feldzugs. Es ist fraglich, ob Horaz und mit ihm der größte Teil der römischen Bevölkerung überhaupt etwas von der eigentlichen Motivation für den Krieg, der Gier nach dem Keltengold, gewusst oder geahnt haben.

Wenn heute noch immer – in ganz Südbayern – keltische Regenbogenschüsselchen gefunden werden, handelt es sich dabei um Goldprägungen der vindelicischen Stämme, aber auch der keltischen Boier, die bis etwa 60 v. Chr. im heutigen Böhmen ansässig waren. Überhaupt scheint es seit dem 2. Jahrhundert v. Chr. enge Beziehungen der Kelten im Alpenvorland zu ihren östlichen Nachbarn gegeben zu haben.

Fasst man aufgrund solcher historischer Informationen und Hintergründe alle Münzfunde zusammen, so kommt man auf Tausende von Regenbogenschüsselchen, muss aber mit Bestürzung erfahren, dass noch im 19. Jahrhundert der größte Teil solcher Münzen eingeschmolzen worden war. Wie aktuell die Fundsituation ist, zeigt sich darin, dass in Bayern seit dem Ende des 2. Weltkriegs Hunderte von keltischen Goldmünzen entdeckt wurden, z. T. in umfangreichen Münzhorten. Allein auf dem Gebiet des Oppidums von Manching kamen bisher über 800 keltische Prägungen ans Tageslicht. Ein Teil dieser Münzen wurde in Manching selbst geschlagen, aber es gab auch andere Prägestätten.

Wenn man zusätzlich davon ausgeht, dass ungezählte Münzen und sicherlich auch Schmuck und Kultgegenstände aus Gold im Lauf der Jahrhunderte eingeschmolzen wurden oder in Privatbesitz verschwanden, kann man erahnen, dass eine riesige Zahl von Regenbogenschüsselchen und importierten keltischen Prägungen die Antike überlebt hat.

Wie groß muss da erst die Menge des Goldes gewesen sein, auf die die Römer im Jahr 15 v. Chr. bei den raetisch-vindelicischen Völkerschaften gestoßen sind? Auch wenn wir den Verlustfaktor nicht genau kennen, können wir doch annehmen, dass gewaltige Mengen keltischen Goldes aus dem Alpenvorland zu römischen Goldmünzen umgeschmolzen wurden. Steht man heute vor den glänzenden keltischen Schätzen in bayerischen Sammlungen, kann man sich gut vorstellen, wie der Glanz des Goldes die Römer einst ins nördliche Alpenvorland gelockt hatte.

Und wie erging es unseren vindelicischen Kelten bei Schöngeising? Die Römer errichteten am Amperübergang in der heutigen Ortschaft Schöngeising eine Straßenstation mit Brücke und gaben der Station den Namen *Ambrae* nach dem, keltischen Namen der Amper. Hier führte die Straße von Salzburg nach Augsburg über den Fluss, von hier aus konnte man die keltische Siedlung und die Viereckschanzen überwachen. Während die Kelten in erster Linie entlang des Ampertals gesiedelt hatten, bevorzugten die Besatzer Plätze an der römischen Straße, wie aus entsprechenden Funden erkennbar ist. Leider sind erst vor ein paar Jahren die Reste dieser römischen Amperbrücke bei der Hochwasserfreilegung für immer zerstört worden – dabei hätte man mithilfe der Dendrochronologie aus den hölzernen Relikten das Alter der Brücke bestimmen können!

Nach der Unterwerfung des Gebietes erhielt die neue Provinz den Namen *Raetia et Vindelicia;* im 1. Jahrhundert n. Chr. war nur noch die Bezeichnung *Raetia* in Gebrauch. Vielleicht sollte diese Verkürzung eine späte Rache dafür sein, dass die Unterwerfung der voralpinen Kelten den Eroberern mehr zu schaffen gemacht hatte als die Ausschaltung der raetischen Gebirgsstämme. Glaubten die Römer auch hier, die Erinnerung an einen unliebsamen Gegner mit seinem Namen auslöschen zu können?

Über die Unterworfenen erzählt Strabo kurz vor seinem Tod im Jahr 19 n. Chr., »dass jetzt schon das 33. Jahr ist, seitdem sie ruhig sind und regelmäßig Steuern zahlen.« [Strabo 4,6,9] Daraus geht eindeutig hervor, dass genügend Vindelicer den römischen Feldzug überlebt haben müssen und es sich lohnte, für sie eine eigene Steuerverwaltung einzurichten. Wahrscheinlich nutzten die Römer dazu bestehende keltische Verwaltungsstrukturen. So konnte man sicher sein, dass das Gold, das den Römern während der Okkupation noch nicht in die Hände gefallen war, schließlich doch noch der staatlichen und kaiserlichen Kasse zugute kam.

Außerdem berichtet der römische Senator und Historiker Cassius Dio über die Einwohner der Provinz Raetia: »Da sie sehr zahlreich waren und die Gefahr einer Rebellion bestand, führten die Römer den stärksten und größten Teil ihrer jungen Männer aus dem Land und ließen nur so viele dort zurück, dass sie zwar im Stand waren, das Land zu bebauen, aber unfähig, einen Aufstand zu beginnen.« [Cassius Dio 54,22]

Teile der Bevölkerung Raetiens wurden – wie üblich – als Sklaven verkauft, und auf ihrem Land wurden nach anderen antiken Quellen römische Veteranen angesiedelt. [Tac., Ann. 1,44].

Außerdem war es römische Praxis, wehrfähige Männer eines unterworfenen Landes möglichst weit entfernt von ihrem Heimatland als Hilfstruppen einzusetzen. Diese Auxiliarkohorten hatten dort als fremde Besatzer kaum Kontakt mit der ortsansässigen Bevölkerung und waren dadurch kaum in der Lage, sich mit ihr gegen die Römer zu verbünden. Die schwachen römischen Besatzungen in Raetien deuten jedenfalls darauf hin, dass man mit den wehrfähigen Männern das eigentliche Bedrohungspotential außer Landes geschafft hatte.

Die raetischen und vindelicischen Hilfstruppen zeichneten sich übrigens später durch große Tapferkeit und Zuverlässigkeit aus und werden noch einige Male in der römischen Geschichtsschreibung erwähnt, besonders im Zusammenhang mit Kämpfen gegen die Germanen. Da die Römer die Kelten als hervorragende Reiter kennen gelernt hatten, diente ein Teil der Raeter und Vindelicer in der Kavallerie. Wir wissen, dass um die Mitte des 2. Jahrhunderts n. Chr. in der Provinz *Raetia* maximal 10 520 Kelten zu den römischen Hilfstruppen gehörten, mindestens 3540 davon waren beritten. Es handelte sich also um eine regelrechte »Regionalarmee«, ein »exercitus Raeticus (rätisches Heer)«. [10:126–128]

»Der verfluchte Hunger nach Gold«
Vergil, Aen. 3,57

Eine Kultur wird vernichtet

Mit seinen beiden Britannien-Expeditionen in den Jahren 55/54 v. Chr. hatte Caesar der römischen Eroberungspolitik den Weg gewiesen: auch dort lebten Kelten, auch bei ihnen war Keltengold zu holen.

Wir wissen nicht, wie oft die jährlichen Tribute, die Caesar den Stämmen des Cassivellaunus auferlegt hatte, in Rom eintrafen, und auch nicht, was mit den Geiseln geschah, die er aus Britannien mitgenommen hatte…

Danach unternahm Kaiser Augustus einen weiteren Versuch, Britannien zu erobern. Seine beiden Züge in den Jahren 34 und 26 v. Chr. blieben allerdings in der Planungsphase stecken.

Vielleicht hat dies damit zu tun, dass er sich zur gleichen Zeit auch den Goldgebieten zwischen Adria, Donau und Schwarzem Meer zuwandte, die z. T. ebenfalls von Kelten bewohnt waren: 34 v. Chr. unterwarf er in dieser Region das Gebiet der später *Dalmatia* genannten Provinz am Ostufer der Adria. Mit der Eroberung der Provinz *Moesia* in den Jahren 29/28 v. Chr. und der Einrichtung *Thracias* als Klientelstaat (15 v. Chr.) sowie der Besetzung von *Pannonia* in den Jahren 12–9 v. Chr. hatten die Römer das gesamte südliche Ufer der Donau an sich gerissen – einschließlich der reichen Flussgoldgebiete in den Donauniederungen. Bezeichnenderweise wurden all diese Provinzen als »gefährdete Gebiete« deklariert, d. h., sie waren als imperatorische Provinzen direkt der Finanzverwaltung der Kaiser unterstellt, und dort vorhandenes, zum großen Teil keltisches Gold konnte ohne Hindernisse in den *fiscus*, die kaiserliche Privatkasse, fließen.

Britannien und seine Goldschätze waren aber nicht vergessen. Im Jahr 40 n. Chr. nahm Kaiser Caligula den alten Plan wieder auf, begnügte sich dann aber seltsamerweise damit, mit seinem Flaggschiff von Gallien aus einige Meilen aufs Meer hinauszufahren, um als symbolische Beute ein paar Muscheln zu fischen. Warum er daraufhin umkehrte, ist schwer zu beantworten, doch passt dies durchaus in die lange Reihe seiner bekannten »Verrücktheiten«. Ob man daneben auch an eine Weigerung der Truppen denken sollte, ein derart riskantes Unternehmen überhaupt in Angriff zu nehmen?

Erst zur Zeit des Kaisers Claudius nahm die Eroberung Britanniens konkrete Gestalt an. Nachdem sich die römischen Truppen in Gallien nur sehr zögernd dazu hatten »überreden« lassen, wurden schließlich unter dem Befehl des Aulus Plautius vier Legionen auf die Insel geschickt, die Teile Süd-Englands eroberten. Der Kaiser kam sogar selbst nach Britannien, um sich mit der Erstürmung der Königsburg Camulodunum einen Triumph in Rom zu sichern. Das okkupierte Gebiet organisierte man anschließend unter dem neuen Statthalter Plautius als Provinz *Britannia*.

Im Frühling 61 n. Chr. erhielt die keltische Welt der britischen Insel den Todesstoß, von dem sie sich nie mehr erholen sollte: der römische Feldherr und Statthalter Suetonius Paullinus schlug das keltische Widerstandsheer der Königin und Druidin Boudicca in einer Schlacht in der Nähe des wichtigsten keltischen Druidenzentrums auf der Insel Mona, dem heutigen Anglesey. Die Römer erwarteten ihre Gegner auf einem Gebiet, das den Kelten heilig war, und begingen so bewusst ein Sakrileg, das die Truppen der Königin Boudicca zu einem unüberlegten Angriff provozierte. Was war der Anlass?

Zuvor hatte Prasutagus, König der keltischen Icener und Ehemann Boudiccas, neben seinen Töchtern auch den römischen Kaiser Nero zum Erben eingesetzt, um seine Autonomie zu wahren und die Römer von Übergriffen abzuhalten, die aber nach seinem Tod in ihrer Gier das ganze Territorium besetzten. Deshalb rief seine Witwe zum Widerstand auf, worauf sie in einer Strafaktion von den Römern wie eine Sklavin ausgepeitscht und ihre Töchter geschändet wurden. Um das Schicksal ihrer Familie und die Zerstörung des Druidenzentrums auf Mona zu rächen, ließ die Königin die jungen Römerstädte Londinium, Verulamium und Camulodunum niederbrennen, worauf dann der römische Angriff folgte.

Vor der letzten großen Auseinandersetzung mit den Römern sprachen sich die Britannier nach Tacitus selbst Mut zu, indem sie sich einredeten, sie kämpften für ihre Heimat, ihre Frauen und Eltern, die Römer dagegen nur aus Habgier [Tacitus, Agr. 15]. Als sich die britannische Niederlage gegen den Statthalter Suetonius Paullinus abzeichnete, beging die Königin und Druidin in einem kultischen Akt Selbstmord.

Nun war der Süden Britanniens endgültig römisch. Man hatte nicht nur das Territorium erobert, sondern auch die geistige Macht der Druiden vernichtet. Weil die Priester aber u.a. den Goldhandel beaufsichtigt hatten, war damit die Kontrolle über eine der wichtigsten Komponenten der britannischen Wirtschaft in römische Hände gefallen.

Abgesehen vom größten Teil Irlands und dem nördlichen Teil Britanniens, Gebiete, die sich zunehmend zum Asyl für das freie Keltentum entwickelten, gab es jetzt nur noch ein ehemals keltisches Gebiet, nach dessen Gold die Römer ihre gierigen Hände ausstrecken konnten. Es handelte sich um *Dacia*, einen großen Teil des heutigen Rumänien. Dort hatte es eine skythische und eine keltische Periode gegeben, und es ist davon auszugehen, dass davon Lebensart und Zivilisation des thrakischen Volksstamms bestimmt waren, der seit dem 2. Jahrhundert v. Chr. die keltischen Eroberer abgelöst hatte. Dazu gehörte auch die Vorliebe für Gold. So war es nur konsequent, dass dieses Gebiet in den Jahren 105/106 n. Chr. dem Imperium einverleibt wurde.

Die Einrichtung der Provinz *Dacia* im Jahr 106 n. Chr. markierte übrigens nicht nur den letzten Griff nach keltischem Gold, sondern gehörte zu den letzten Zielen der römischen Expansionspolitik. Seit der Eroberung Galliens war man über

150 Jahre den Kelten und ihrem Gold auf der Spur geblieben, und diese späte Eroberung war der Schlusspunkt der unter Caesar begonnenen Entwicklung.

Mit Ausnahme Schottlands und eines Großteils Irlands war die keltische Welt römisch geworden. Eine Okkupation des übrigen Irland interessierte die Römer wahrscheinlich deshalb nicht, weil sie mit der Besetzung der Wicklow Mountains im Südosten das reichste Goldgebiet bereits besaßen.

Eine Kultur, welche jahrhundertelang die Geschicke Europas mitbestimmt hatte, war zwar nicht völlig untergegangen, durfte aber nur noch unter neuen Vorzeichen und diktierten Bedingungen weiterleben. Alles war jetzt von einer römischen Kulturschicht überlagert und geprägt.

Einige Reste des freien Keltentums haben auf Irland überlebt, wo es in den ersten christlichen Jahrhunderten eine neue Blüte erlebte. Aber auch in den anderen, einst keltischen Gebieten haben sich Spuren erhalten, die zwar oft unscheinbar sind, die aber jeder wahrnehmen kann, der bereit ist, sich mit wachen Sinnen z. B. durch das ehemalige Gallien, den Alpenraum und das Alpenvorland zu bewegen.

Wer war der Sieger?

Die Römer natürlich! – Nach dem Gewinner zu fragen, erscheint fast unsinnig. Aber vielleicht ist die Frage gar nicht so falsch…?

Erinnern wir uns kurz, wie alles begann:

In die Steppengebiete am Schwarzen Meer war Unruhe gekommen. Skythen, Thraker und die geheimnisvollen Kimmerier setzten sich in Bewegung und bedrängten andere Stämme. Einige wanderten nach Südosten und brachten die dortigen Kulturen in bedrohliche Unordnung. Andere zogen es vor, der Donau nach Westen zu folgen.

In Mittel- und Westeuropa begannen Stammesverbände zu entstehen, die man etwa seit dem 7. Jahrhundert v. Chr. Proto-Kelten nennen kann. Seit ungefähr dem Jahr 500 v. Chr. spricht man von den eigentlichen Kelten, deren Kultur als Latènezeit bezeichnet wird. Die Römer nannten die Kelten »Galli«. Heute noch erinnern davon abgeleitete Namen wie Gallien, Galizien, Portugal und Galater an keltische Besiedlung.

Bis zum 3. Jahrhundert v. Chr. waren keltische Volksstämme den Römern militärisch überlegen; einige kriegerische Kontakte beweisen das. Das änderte sich, als Rom die karthagische und griechische Handelsmacht im Mittelmeer gebrochen und in seine Dienste genommen hatte.

Nun begannen die Römer, keltische Gebiete zu besetzen. Der Ausgangspunkt war die Eroberung der iberischen Halbinsel, die bis 218 v. Chr. zum Herrschaftsgebiet der Karthager gehört hatte. Bei dieser Gelegenheit, bei der Eroberung der norditalienischen Keltengebiete und Galliens, erkannte Rom: Wo Kelten leben, gibt es Gold.

Nachdem Rom die ihm erreichbare Welt nahezu vollständig okkupiert hatte, geschah, was allen Eroberern in der Geschichte passierte: Sie wurden in den Verwaltungsfunktionen nach und nach von den Eroberten ersetzt. Das Bestreben nach persönlicher Machterhaltung erzeugte Zerwürfnisse, die in Bürgerkrieg mündeten: das Reich wurde geteilt und zerfiel. Die Unterdrückten erhoben sich, und die von außen drängenden Völker nutzten die Schwäche. Im Norden Europas drangen die Germanen nach und überrannten das *Imperium Romanum*.

Die Völkerwanderung setzte in Mitteleuropa schließlich den Schlusspunkt und gleichzeitig das Signal für einen Neubeginn.

Aus Irland kamen Kelten zurück und begannen als christliche Mönche, das noch von den Römern zur Staatsreligion erklärte Christentum zu reformieren und zu stabilisieren...

Wer war der Sieger? Gab es überhaupt Sieger?

Eines zumindest ist geblieben: das Gold, Sonnen- oder Tränenmetall, auf jeden Fall der Stoff, der Visionen und Illusionen weckt und dem alle – mehr oder weniger – hinterherjagen. Es schmückt weiterhin Köpfe und Hälse, glänzt an Stätten religiöser Verehrung, wartet versteckt in Truhen, überdauert an vergessenen Plätzen...

Keltische Kulturelemente: beständig wie Gold

Lange Zeit vermittelte die archäologische Fundsituation ein unvollständiges Bild der Kelten im Alpenvorland. In den letzten Jahren änderte sich dies, da immer mehr keltische Kulturrelikte in Bayern, Schwaben, Österreich und der Schweiz gefunden wurden. Aber schon Jahrzehnte zuvor hatte man erkannt, dass viele einst den Römern zugeschriebene Kulturdenkmäler keltisch waren: in ehemaligen Keltengebieten sind noch jetzt da und dort keltische Spuren in Form von Viereckschanzen, Erdburgen und Tagebergbauen zu entdecken.

Eine Reihe von Museen haben sich des keltischen Erbes angenommen und bedeutende Ausstellungen organisiert. Die erste fand 1980 im Keltenmuseum in Hallein statt. Dieser Ort bot sich auch deshalb an, weil ca. 40 km südöstlich davon der Ort Hallstatt liegt, nach dem die frühkeltische Hallstattkultur benannt worden ist. Es folgten Ausstellungen in Paris, Venedig, in verschiedenen Orten der Schweiz und 1993 in Rosenheim.

Die Ausstellungen glänzten vor allem mit den Erzeugnissen der keltischen Handwerkskunst und Manufakturen. Glaswaren sowie Goldschmiedeerzeugnisse von einzigartiger Qualität und ungewöhnlichem Phantasiereichtum wurden gezeigt. Von den hohen metallurgischen Kenntnissen der Schmiede zeugten zahlreiche Waffen und Werkzeuge. Über die keltischen Münzen brauchen wir hier kein weiteres Wort zu verlieren.

Neben den materiellen Zeugen der keltischen Vergangenheit gibt es aber noch andere, die auf den ersten Blick nicht als solche zu erkennen sind. Oder hätten Sie gewusst, dass allein in Bayern weit über 100 Fluss- und Ortsnamen eindeutig keltischen Ursprungs sind? Hier nur einige Bespiele für Flussnamen und ihre eigentliche Bedeutung:

Isar = die Reißende

Lech = der Fließende

Amper, Ammer, Emme = *Wasser*
Rhein = *Fluss*

Auch der Name *Donau* und der Namensbestandteil *-ach* wie z. B. in *Salzach* stammen aus dem Keltischen. Das ist nicht verwunderlich, da wir wissen, dass Wasser für die Kelten ein heiliges Element war, das man mit möglichst vielen kultischen Namen bezeichnen wollte.

Keltische Ortsnamen haben sich nur erhalten, wenn die Römer den Namen in romanisierter Form übernommen haben. Besonders typisch für keltische Ortsnamen sind Zusammensetzungen mit:

-dunum (= Burg),
briga (= Hügel oder Höhenfestung) und
-durum (= Tor).

Dazu gehören Orte wie Kempten (Cambo*dunum*), Straubing (Sorvio*durum*) und Bregenz (*Briga*ntium).

Doch nicht nur Orts- und Flussnamen haben das keltische Erbe bewahrt: Nach der römischen Invasion »lebten die Kelten überall in Europa weiter, und obwohl ihre Sprachen in den meisten Gegenden ausstarben, überlebten ihre Ideen, ihr Aberglaube, ihre Volksfeste...« [40:12]

Vielleicht warten Sie jetzt noch darauf, dass wir uns mit dem keltischen Irland, Schottland, Wales und nicht zuletzt mit Gallien beschäftigen.

Ja, zweifellos haben sich in diesen Regionen mehr keltische Kulturelemente erhalten als im übrigen Europa. In Irland und Britannien ist das kein Wunder, denn die Inseln wurden erst spät und nur zum Teil von den Römern besetzt.

Dagegen war Gallien eines der früh von den Römern besetzten keltischen Länder. Die Romanisierung erfolgte dort schnell und intensiv. Deshalb akzeptierten die Kelten römische Kulturelemente und umgekehrt, sodass sich ein gallo-römischer Stil entwickeln konnte.

Über die keltische Kultur der genannten Länder an dieser Stelle mehr zu sagen, würde den Rahmen dieses Buches sprengen. Außerdem gibt es darüber bereits eine kaum mehr überschaubare Menge teils hervorragender Literatur.

Worauf wir hier am Ende dieses Buches noch kurz eingehen wollen, ist eine Erscheinung, die sich seit dem Beginn der großen Kelten-Ausstellungen im Jahr 1980 abzeichnet. Es ist nämlich zu beobachten, dass mit wachsender Kenntnis der Qualität keltischer Kultur nicht nur die Begeisterung, sondern auch der Stolz auf die »nationale« Vergangenheit zunehmen.

Blättern wir ein wenig im Katalog zur Salzburger Landesausstellung im Keltenmuseum Hallein (1980). Grundtenor dieser Ausstellung war es offensichtlich, eine gewisse Eigenständigkeit der römischen Provinz Noricum herauszustellen, die sich gegen eine allgemeine Romanisierung entschiedener behauptet zu haben scheint als Gallien und Raetien.

Aber auch mit dem Feind aus dem Norden sind die Bewohner eines Teils des heutigen Österreich besser zurecht gekommen: »Dem Noriker ist offensichtlich das gelungen, was die Gallier vergeblich versuchten und wozu die Kelten in Süddeutschland nicht in der Lage waren: mit den Germanen zu verhandeln.« [38:46]

Ist da nicht ein wenig von den Rivalitäten herauszuhören, mit denen jeder immer wieder konfrontiert wird, der sich mit der Geschichte der Kelten beschäftigt? Sollte etwa mit der Begeisterung für das keltische Erbe auch der Funke des einstigen Strebens nach Eigenständigkeit und Unabhängigkeit übergesprungen sein?

Nicht weniger stolz auf die Leistungen ihrer keltischen Vorfahren, der Helvetier, sind die Schweizer. Besonders auffällig wird dies im Zusammenhang mit der Beschreibung eines sensationellen Schweizer Fundes: einer Goldbüste des Kaisers Marc Aurel (161–180 n. Chr.). Im Katalog der schon mehrfach erwähnten Ausstellung »Das Gold der Helvetier« (1991/92) lesen wir dazu: »Wir wissen nicht, wer den Auftrag für die Kaiserbüste erteilte und wo in Aventicum sie aufgestellt war; jedenfalls rundet sie in würdiger Weise unser Bild vom goldreichen Helvetien und dessen Bewohnern und Bewohnerinnen ab.« [18:100]

Man bekennt sich ausdrücklich zu seinen keltischen Vorfahren; dazu ein weiteres Zitat aus der genannten Publikation: »Warum ließen die Gründungsväter des Bundesstaates Schweiz ihren neuen Staat nicht an Stelle von Wilhelm Tell mit Divico, einem keltischen Vorfahren und dem ersten namentlich bekannten Bewohner der heutigen Schweiz beginnen?« [18:13]

Und weiter heißt es da: »Die Forschung der letzten Jahrzehnte hat die Zeit der Kelten stark aufgehellt und zeigen können, dass die Bewohner des schweizerischen Territoriums eine wichtige Rolle im keltischen Europa innehatten.« [18:13]

Die heutigen »Helvetier« wären keine Keltennachfahren, würden sie nicht auch folgendes betonen: »Die ›Helvetii‹ erscheinen schon im ersten Kapitel von Cäsars Bericht über den Gallischen Krieg... und werden hier fast auffällig hervorgehoben: ›Die Helvetier übertreffen die übrigen Gallier an Tüchtigkeit...‹« [18:23]

War nicht neben der Eifersucht auf andere Stämme auch gerade der Stolz auf die eigene kulturelle Identität ein Wesensmerkmal der Kelten? Mit jedem archäologischen Fund aus keltischer Zeit wächst jedenfalls die Hochachtung vor einem Volk, das man unter die großen Völker der Frühgeschichte und der Antike einreihen muss. Denn sie waren »die wahren Schöpfer Europas, die Vorfahren aller modernen Europäer« [40:11].

Doch kehren wir noch einmal zurück ins süddeutsche Alpenvorland, dem Gebiet mit den meisten keltischen Viereckschanzen und den größten Keltenstädten. In der Kelten-Ausstellung (Rosenheim 1993) der Prähistorischen Staatssammlung München unter dem Motto: »Das keltische Jahrtausend in Bayern« war das Bedeutsame nicht nur, dass man sich eindeutig für einen Zusammenhang zwischen der vorkeltischen und der allgemein als keltisch anerkannten Kultur aussprach, was zum Motto vom »Keltischen Jahrtausend« führte, das nicht allein für die 500 Jahre der Latènezeit gilt, sondern es wurden auch die Leistungen der süddeutschen Kelten, die bei früheren Ausstellungen meist zu kurz gekommen waren, zum ersten Mal richtig gewürdigt.

Goldene Kaiser-Büsten oder namentlich bekannte keltische Ahnen, Theorien über norische oder gallische Diplomatie, all das sind wichtige Beweise und Erkenntnisse: Der einzige keltische Geldbeutel (erste Hälfte des 2. Jahrhunderts v. Chr.) wurde bei Manching in Bayern gefunden – und darin befanden sich noch sechs Goldmünzen!

Auf ein großes Missverständnis in der nachkeltischen Welt wollen wir zum Schluss noch kurz eingehen. Es schien, als wäre eine schicksalsträchtige Einteilung Caesars für alle Zeiten akzeptiert und zementiert worden: die Rheingrenze. Dabei ist sie sicherlich bei den meisten keltischen Stämmen auf Unverständnis gestoßen. Diese wussten ganz genau – und trotz aller Stammesrivalitäten –, dass rechts und links des Rheins Keltenland war.

Nachdem es aber zu der von aller Welt bestaunten deutschfranzösischen Aussöhnung und Freundschaft gekommen ist, darf und muss betont werden, dass es sich dabei auch um eine Rückbesinnung auf ein gemeinsames Erbe handelt.

Sollte dieser Gedanke nicht Mut machen im Hinblick auf ein gemeinsames Europa, das es in gewissem Sinn schon einmal gegeben hat, ohne dass dabei nationale Eigenarten unterdrückt worden wären oder sich alle einem Diktat unterworfen hätten?

Bunte Herbstfarben leuchteten, wohin man auch blickte. Buchen streckten ihr leuchtendes Gelb und Rot in das Grün der Fichten. Golden ließen die Strahlen der Sonne den von Laub bedeckten Waldboden glänzen. Nein, es half nichts. Sie konnten sich noch nicht vom Thema lösen, mit dem sie sich so lange und intensiv beschäftigt hatten.

Laub deckte die Gräben und Wälle der »Sunderburg«, verwischte auch einige hundert Schritte weiter und tiefer auf der ur-

Abb. 26: Die Spuren des prähistorischen Bergbaus verschwinden. Im Waldbau werden zunehmend schwere Maschinen eingesetzt, um alte Wurzelstöcke zu entfernen und den Boden zu glätten. Damit erleichtert man die Neupflanzung von Bäumen. Diesem Ungetüm begegnete das Autorenteam im Wald bei Schöngeising, nicht weit vom keltischen Goldfeld entfernt.

alten Flussterrasse die Konturen der unregelmäßigen Gräben und Wälle um die zwei großen Steine, die moosbewachsen, narbig und etwas unheimlich aus dem Waldboden ragten. »Waren das nun Opfersteine oder nicht?«

Die Frage schien in den leuchtenden Farben des Oktobers zu verschwinden. Die drei Männer gingen den schmalen, tief eingesenkten Weg hinab, der steil zum Auenwald abfiel.

Sie ärgerten sich ein bisschen, weil wieder einige besonders tiefe und deutliche Gräben mit Bauschutt und anderem Abfall gefüllt worden waren. Bis in ein paar Jahren würden keine Spuren mehr vom Goldtagebergbau übrig sein.

Es blinkte und glitzerte silbern hinter den Fichten und Eichenstämmen. Wie magisch angezogen, gingen die drei darauf zu. In gleißenden Strähnen, Fäden und Wirbeln strömte die Amper durch ihr Bett, auf dessen Grund man jetzt im Herbst einzelne Kiesel deutlich erkennen konnte.

»Ob man auf die Sandbank dort drüben kommen kann, ohne nass zu werden?«

Einer von den dreien wartete gar keine Antwort ab, kletterte die Uferböschung hinab, hielt sich an Wurzeln und Weidenzweigen fest, balancierte über Steine, und schon stand er trockenen Fußes auf der Sandbank. Spielerisch stocherte er mit den Schuhspitzen im Sand, bückte sich und ließ Sand durch die Hände rieseln.

»Oh, schaut mal!«

»Das ist nur ein Stückchen Glimmer, das sehe ich schon von hier aus. Wirf es weg, gehen wir weiter!«

Doch er lächelte nur, legte das »Stückchen Glimmer« behutsam in ein Taschentuch und steckte es sorgfältig in die Jackentasche.

Anhang

Alle Zitate aus den antiken Quellen sowie aus der fremdsprachigen modernen Literatur wurden von Gerhard Nägele ins Deutsche übersetzt.

Die vollständigen Titel der *antiken Quellen* können über die Namen der Autoren im *Quellenverzeichnis* gefunden werden.

Für die wörtlich oder sinngemäß *zitierten Werke aus der modernen Literatur* werden im Text nur Zahlen verwendet. Die jeweilige Zahl lässt sich über die *Bibliographie* dem jeweiligen Werk zuordnen. Die Zahl nach dem Doppelpunkt bezeichnet die Seite, auf der sich das Zitat im jeweiligen Werk findet.

Verzeichnis der zitierten antiken Quellen

Agatharchides
  Periplus Maris Erythraei (Umsegelung des Roten Meeres)
Appian
  Romaika (Römische Geschichte)
Athenaios
  Deipnosophistai (Gelehrtengastmahl)
Caesar
  De bello Gallico (Über den gallischen Krieg)
Cassius Dio
  Romaika (Römische Geschichte)
Cicero
  De Divinatione (Über die Weissagung)
Diodor
  Bibliotheke (Geschichtsbibliothek/Griechische Weltgeschichte)
Florus
  Epitome bellorum omnium (Abriss aller Kriege)
Herodot
  Historiai (Historien)
Horaz
  Carmina (Gedichte), Epodoi (Gedichte)
Livius
  Ab urbe condita libri (Römische Geschichte seit Gründung der Stadt)
Ovid
  Metamorphoseis (Verwandlungen), Fasti (Festkalender)
Plinius d. Ältere
  Naturalis Historia (Naturgeschichte)

Plutarch
 Bioi paralleloi (Vergleichende Biographien)
Polybios
 Historiai (Weltgeschichte)
Properz
 Gedichte
Sallust
 Historiae (Geschichte, darin: Mithradates-Brief)
Servius
 In Vergili carmina commentarius (Kommentar zu den Werken Vergils)
Strabo
 Geographika (Erdbeschreibung)
Sueton
 De vita Caesarum (Über das Leben der römischen Caesaren)
Tacitus
 Germania (Beschreibung Germaniens), De vita Iulii Agricolae (Biographie des Iulius Agricola), Annales (Jahrbücher)
Tibull
 Gedichte
Velleius Paterculus
 Historiae Romanae (Römische Geschichte)
Vergil
 Aeneis

Bibliographie

Wörtlich oder sinngemäß zitierte Literatur

1 *Bachmann, H.-G. et al. -ed. –,* Gold. Mineral, Macht und Illusion: 500 Jahre Goldrausch, Ausstellungskatalog Mineralogische Staatssammlung München, extraLapis No. 2, Christian Weise Verl. München, 1992
2 *Betz, O.,* Considerations on the real and the symbolic value of gold, S. 19–28 in: 32
3 *Botheroyd, S. und P.,* Lexikon der keltischen Mythologie, 2. Aufl., Eugen Diederichs Verlag, München, 1995
4 *Busley, H. et al.,* Der Landkreis Fürstenfeldbruck, Hrg.: Landratsamt Fürstenfeldbruck, EOS-Druckerei St. Ottilien, 1992
5 *Cauuet, B.,* Celtic gold mines in west central Gaul, S. 219– 240 in: 32
6 *Christ, K.,* Krise und Untergang der römischen Republik, 3. Aufl., Wissenschaftliche Buchgesellschaft, Darmstadt, 1993
7 *Czysz, W. et al.,* Die Römer in Bayern, Konrad Theiss Verlag, Stuttgart, 1995
8 *Dannheimer, H. & Dopsch, H.,* Die Bajuwaren, Kat. d. gemeinsamen Landesausstellung des Freistaates Bayern und des Landes Salzburg, Mattsee/Salzburg 1988, Hrg.: Freistaat Bayern und Land Salzburg, 1988
9 *Dannheimer, H, & Gebhard, R. -ed. –,* Kat. d. Anstellung »Das Keltische Jahrtausend« (Rosenheim 1993) d. Prähistorischen Staatssammlung München, Museum für Vor- und Frühgeschichte, Verl. Philipp von Zabern, Mainz, 1993
10 *Dietz, K.,* Die Blütezeit des römischen Bayern, S. 100–176 in: 07
11 *Dietz, K.,* Okkupation und Frühzeit, S. 18–99 in: 07
12 *Eluère, Ch.,* Celtic gold torcs, S. 22–37 in: Gold Bull. 20 (1/2), 1987
13 *Eluère, Ch.,* L'oro, S. 349–355 in: 33
14 *Forbes, R. J.,* Metallurgy in Antiquity, E. J. Brill, Leiden, Netherlands, 1950

15 *Forrer R. -ed. –*, Keltische Numismatik der Rhein- und Donaulande, Bd. 2, Bibliograph. Nachträge u. Ergänzungen, Akadem. Druck- u. Verlagsanstalt Graz, Austria, 1969
16 *Frei, H.*, Der frühe Eisenerzbergbau und seine Geländespuren im nördlichen Alpenvorland, S. 1–89 in: Münchner Geogr. Hefte 29, Kallmünz/Regensburg (Lassleben), 1966
17 *Frei, H.*, Der frühe Eisenerzbergbau im nördlichen Alpenvorland, S. 67–134 in: J'ber. Bayer. Bodendenkmalpflege 6/7, München, 1967
18 *Furger, A. -ed. –*, Gold der Helvetier, Ausstellungskat. des Schweizer Landesmuseums, Eidolon Verl., Einsiedeln, 1991
19 *Geistbeck, A.*, Die Goldwäscherei an den südbayerischen Flüssen, Jahresbericht der Geographischen Gesellschaft in München für 1877–1879, H.6, Akademische Buchdruckerei von F. Straub, München, 1880
20 *Goldenberg, G.*, Frühe Umweltbelastungen durch Bergbau und Hüttenwesen, S. 107–113 in: 46
21 *Hartmann, F. S.*, Zur Hochäckerfrage, S. 73–102 in: Oberbayerisches Archiv für vaterländische Geschichte, 38. Band, Kgl. Hof- und Universitätsbuchdruckerei von Dr. E. Wolf & Sohn München, 1879
22 *Herrmann, V,* Ein frühneuzeitlicher Gold-Röstofen auf dem Goldberg bei Goldkronach, S. 181–183 in: Das archäologische Jahr in Bayern 1994, Konrad Theiss Verlag, Stuttgart, 1995
23 *Kirchheimer, F,* Das Rheingold, S. 184–187 in: Aufschluss 20, 1969
24 *Krause, R.*, Viereckschanze mit »zentralörtlicher« Funktion, S. 30–33 in: Archäologie in Deutschland, Heft 4/1995, Konrad Theiss Verlag, Stuttgart, 1995
25 *Kruta, V.*, The Greek and Celtic worlds: A meeting of two cultures, S. 585–590 in: 36
26 *Küster, H.*, Geschichte der Landschaft in Mitteleuropa, Lizenzausgabe für die Büchergilde Gutenberg, Frankfurt und Wien, mit Genehmigung der C. H. Beck'schen Verlagsbuchhandlung, München, 1995
27 *Lehrberger, G.*, Goldlagerstätten und historischer Goldbergbau in Bayern, S. 17–63 in: 48
28 *Lehrberger, G.*, Die Goldreviere in Böhmen – mehr als Glanz vergangener Zeiten, S. 73–88 in: 48
29 *Lori, J. G.*, Sammlung des baierischen Bergrechts, mit einer Einleitung in die baierische Bergrechtsgeschichte, München, bey Franz Lorenz Richter, 1764

30 *Meyer, E.,* Caesars Monarchie und das Principat des Pompejus. Innere Geschichte Roms von 66 bis 44 v. Chr., 3. Aufl., J. G. Cotta'sche Buchhandlung Nachf. Stuttgart und Berlin, 1922
31 *Moosleitner, F.,* Handwerk und Handel, S. 208–219 in: 08
32 *Morteani, G. & Northover, J. P. -eds. –,* Prehistoric Gold in Europe, Kluwer Acad. Publ. Netherlands, 1995
33 *Moscati, S. -ed. –,* I Celti, Kat. d. Ausstellung »I Celti«, Palazzo Grassi, Venedig, 1991, Gruppo Editoriale Fabbri Bompiani, Mailand, 1991
34 *Olshausen, E.,* Einführung in die historische Geographie der Alten Welt, Wissenschaftliche Buchgesellschaft, Darmstadt, 1991
35 *Priesner, C.,* Erträumtes Gold. Bayerische Fürsten und ihre Alchimisten, S. 217–223 in: 48
36 *Pugliese Carratelli, G. -ed. –,* The western Greeks, Engl. Ausg. des Katalogs d. Ausstellung »I Greci in occidente«, Palazzo Grassi, Venedig 1996, Thames and Hudson, London, 1996
37 *Rieckhoff, S.,* Faszination Archäologie. Bayern vor den Römern, Verl. Friedrich Pustet, Regensburg, 1990
38 *Rieckhoff-Pauli, S.,* Das Ende der keltischen Welt, S. 37–47 in: 42
39 *Ross, A.,* The pagan Celts, 2. Aufl., B. T. Batsford Ltd., London, 1986
40 *Ross, A.,* Druids, gods and heroes from Celtic mythology, Peter Lowe, o. O., 1986
41 *Ross, A. & Robins, D.,* The life and death of a Druid prince, Verl. Simon & Schuster, New York, 1989
42 *Salzburger Landesausstellung (Hallein 1980),* Die Kelten in Mitteleuropa, Salzburg, 1980
43 *Schöppner, A.,* Bayrische Sagen, Dritter Band, Verl. Lothar Borowsky, München, 1854
44 *Steuer, H.,* Bergbau auf Silber und Kupfer im Mittelalter, S. 75–91 in: 46
45 *Steuer, H.,* Von der Steinzeit bis zum Mittelalter – Erzgewinnung als Spiegel der Epochen, S. 7–15 in: 46
46 *Steuer, H. & Zimmermann, U.,* Alter Bergbau in Deutschland, Konrad Theiss Verl., Stuttgart, 1993
47 *Thoma, H.,* Gülden Sach' in Strom und Bach, S. 10–13 in: Charivari Nr. 4 (April 1996) »Gold im Herzen Europas«, Karl Wenschow GmbH, München,1996
48 *Verein der Freunde und Förderer des Bergbau- und Industriemuseums Ostbayern, Schloss Theuern -ed. –,* Kat. d. Ausstellung »Gold

im Herzen Europas«, Schriftenreihe des Bergbau- und Industriemuseums Ostbayern, Bd. 34, Druckhaus Oberpfalz, Amberg, 1996
49 *Waldhauser, J.*, Goldbergbau und Goldseifengewinnung in Böhmen von den Anfängen gegen Ende der Steinzeit bis zur Zeit der Völkerwanderung (5. Jh. n.Chr.), S. 65–72 in: 48
50 *Zanier, W.*, Neues zum Alpenfeldzug des Drusus im Jahre 15 v. Chr., S. 587–596 in: Germania, Jg. 72, 2. Halbband, Verl. Philipp von Zabern, Mainz, 1994
51 *Zeller, K. W.*, Tracht, Bewaffnung und Schmuck, S. 237–248 in: 08
52 *Ziegaus, B.*, Keltische Münzen in der Oberpfalz, S. 127–133 in: 48
53 *Ziegaus, B.*, Das keltische Münzwesen, S. 220–227 in: 09

Weiterführende Literatur

für den Leser, der sich noch ausführlicher mit dem Thema beschäftigen möchte:

Benda, L. -ed. –, Das Quartär Deutschlands, Kongressband zum 14. Kongress der Internationalen Quartärvereinigung (INQUA) in Berlin 1995, Borntraeger, Berlin, Stuttgart, 1995

Burnett, A. M. & Crawford, M. H. -ed. –, The Coinage of the Roman World in the Late Republic, Proceedings of a colloquium held at the British Museum in September 1985, BAR International Series 326, 1987

Cunliffe B., Die Kelten und ihre Geschichte, 5. Aufl., Gustav Lübbe Verl., Bergisch Gladbach, 1995

Duval, P-M., Die Kelten, C. H. Beck Verl. München, 1978

Ertl, R., 3000 Jahre Tauerngoldbergbau, S. 273–281 in: Aufschluss 16, 1965

Forrer, R. -ed. –, Keltische Numismatik der Rhein- und Donaulande, Bd. 1, Akadem. Druck- u. Verlagsanstalt Graz, Austria, ergänzte Neuauflage, 1968

Gebhard, R. & Lorenzten, A., Die Kelten in Bayern, Hefte zur Bayerischen Geschichte und Kultur, Bd. 15, München, 1993

Grasser, W., Bayerische Münzen, Rosenheimer Verl., Reihe Rosenheimer Raritäten, 1980

Green, M. J. -ed. –, The Celtic world, Routledge, London & New York, 1995

Grimal, P., Römische Kulturgeschichte, Droemersche Verlagsanstalt, 1960

Hope, M., Magie und Mythologie der Kelten, Heyne Verlag, 1990

Jerz, H., Geologie von Bayern II. Das Eiszeitalter in Bayern, E. Schweizerbart, Stuttgart, 1993

Jockenhövel, A. & Kubach, W. -ed. –, Bronzezeit in Deutschland, Archäologie in Deutschland, Sonderheft 1994, Konrad Theiss Verl., Stuttgart, 1994

Kellner, H.-J., Die Römer in Bayern, Süddeutscher Verl. GmbH, 2. erg. Aufl., 1972

Kirchheimer, F., Bericht über Spuren römerzeitlichen Bergbaus in Baden-Württemberg, S. 361–371 in: Aufschluss 27, 1976

Kirchheimer, F., Bemerkungen und Nachträge zu dem Schrifttum über Deutsche Flussgold-Gepräge, Berichte 90, S. 2301–2304, Sonderdruck, 1975

Kirchheimer, F., Vom Gold der deutschen Flüsse, S. 92–97 und Tafel 9–13 in: Jahrbuch 7, 1973

Kirchheimer, F., Erläuterter Katalog der deutschen Flussgoldgepräge, Kricheldorf-Verl., Freiburg im Breisgau, 1972

Kirchheimer, F., Die Bergbaugepräge aus Baden-Württemberg, Kricheldorf-Verl., Freiburg im Breisgau, 1967

Kirchheimer, F., Vom Rheingold, S. 305–314, 12 Abb. in: Ruperto-Carola 41, 1967

Kirchheimer, F., Über das Gold des Alpenrheins, S, 19–33 in: Österreichische Akademie der Wiss., Wien: Sitzungsberichte d. math.-naturwiss. Abt. 1, 1966

Kirchheimer, F., Über das Rheingold, S. 55–85 in: Jh. geol. Landesamt Baden-Württ. 7, 1966

Kirchheimer, F., Neue Bergbau-Medaillen, S. 68–70 in: Bergfreiheit, 1957

Krön, P -ed. –, Die Kelten in Mitteleuropa, Amt der Salzburger Landesregierung, Kulturabteilung, Salzburg, 1980

Kuckenburg, M., Siedlungen der Vorgeschichte in Deutschland, 300 000 bis 15 v. Chr, Dumont Verl., 2. Aufl., Köln, 1994

Kümmerl, K., Goldwäscherei in bayerischen Flüssen, S. 391–392 in: Die ostbairischen Grenzmarken, Heft 11, 1927

Mayer, M., Über das Goldwaschen in den Flüssen Altbayerns, S. 98–99 in: Vereinsnachrichten der Monatsvers. 2. Okt. 1893, in: Monatsschrift des historischen Vereins von Oberbayern, 1. u. 2. Jg. 1892 & 1893, Kgl. Hof- und Universitätsdruckerei, München, 1893

Munkert, A., Die Ablieferung von Waschgold an das K. Hauptmünzamt, S. 28–30 in: Mitteilungen der Bayerischen Numismatischen Gesellschaft, 28. Jg., 1910

Neu, W. & Liedke, V, Denkmäler in Bayern, Band 1, 2, Oberbayern, R. Oldenbourg Verl. München, 1986

Ohlenschlager, F. -ed. –, Römische Ueberreste in Bayern, J. Lindauer'sche Buchhandlung (Schöpping), München, 1903

Pauli, L., Die Alpen in Frühzeit und Mittelalter, C. H. Beck Verl., München, 1980

Planck, D. -ed. –, Der Keltenfürst von Hochdorf, Kat. d. Ausstellung d. Landesdenkmalamts Baden-Württemberg, Stuttgart 1985, Konrad Theiss Verl. Stuttgart, 1985

Pobé, M. & Roubier, J., Kelten – Römer, Walter-Verl. Olten u. Freiburg im Breisgau, 1958

Posepny, F. I., Das Goldvorkommen Böhmens und der Nachbarländer: 23. Das Gold der südbayerischen Donauzuflüsse, S. 250–253 in: Archiv für Practische Geologie, F. Posepny -ed. –, 2. Bd. 1895, Freiberg in Sachsen, 1895

Prähistorische Staatssammlung, Archäologie in Bayern, W. Ludwig Verl. Pfaffenhofen, 1982

Puchner, K., Frühmittelalterliche Goldwäscherei in bayerischen Ortsnamen, S. 17–21 in: Zeitschrift für bayerische Landesgeschichte, Bd. 33/1, 1970

Römisch-Germanisches Zentralmuseum zu Mainz, Ausgrabungen in Deutschland, Teil 1, Verl. des Museums, Mainz, 1975

Schmid, W. M., Bayerisches Gold, S. 191–192 in: Monatsschrift für die ostbayrischen Grenzmarken, Heft 10, 1921

Spindler, K., Die frühen Kelten, Philipp Reclam jun., Stuttgart, 1983

Vollenweider, H., Caesars Entwicklung bis zum Konsulat im Urteil seiner Zeitgenossen, Dissertationsdruckerei AG. Gebr. Leemann & Co., Zürich, 1945

Weber, F., Die vorgeschichtlichen Denkmale des Königreiches Bayern, im Selbst-Verlag des Kgl. Generalkonservatoriums der Kunstdenkmale und Altertümer Bayerns, München 1909, 1. Band: Oberbayern, 1909

Abbildungsnachweis

Abb. 1: Foto: O. Förster
Abb. 2: Foto: O. Förster
Abb. 3: Foto: O. Förster
Abb. 4: Foto: O. Förster
Abb. 5: aus: Dannheimer, H., Prähistorische Staatssammlung, 2. Aufl., Schnell & Steiner Verl. München, Zürich, 1980, S. 75
Abb. 6: Zusammengestellt und leicht verändert von O. Förster aus: Busley, H. et al., Der Landkreis Fürstenfeldbruck, Hrg.: Landratsamt Fürstenfeldbruck, EOS-Druckerei St. Ottilien, 1992, S. 112, 114
Abb. 7: aus: Busley, H. et al., Der Landkreis Fürstenfeldbruck, Hrg.: Landratsamt Fürstenfeldbruck, EOS-Druckerei St. Ottilien, 1992, S. 108.
Abb. 8: aus: Schwarz, K., Die Geschichte eines keltischen Temenos im nördlichen Alpenvorland, S. 326 in: Römisch-Germanisches Zentralmuseum zu Mainz, Ausgrabungen in Deutschland, Teil 1, Verl. des Museums, Mainz, 1975
Abb. 9: aus: Schwarz, K., Die Geschichte eines keltischen Temenos im nördlichen Alpenvorland, S. 326 in: Römisch-Germanisches Zentralmuseum zu Mainz, Ausgrabungen in Deutschland, Teil 1, Verl. des Museums, Mainz, 1975
Abb. 10: Kartierung und Gestaltung: O. Förster; Kartengrundlage: Topographische Karte von Bayern 1:25 000
Abb. 11: Entwurf, Foto und Gestaltung: O. Förster
Abb. 12: Kartierung und Gestaltung: O. Förster; Kartengrundlage: Topographische Karte von Bayern 1:25 000
Abb. 13: aus: Dannheimer, H. & Gebhard, R. -ed. –, Kat. d. Anstellung »Das Keltische Jahrtausend« (Rosenheim 1993) der Prähistorischen Staatssammlung München, Museum für Vor- und Frühgeschichte, Verl. Philipp von Zabern, Mainz, S. 225, Abb. 191

Abb. 14: aus: Dannheimer, H. & Gebhard, R. -ed. –, Kat. d. Ausstellung »Das Keltische Jahrtausend« (Rosenheim 1993) d. Prähistorischen Staatssammlung München, Museum für Vor- und Frühgeschichte, Verl. Philipp von Zabern, Mainz, 1993, S. 103, Abb. 78

Abb. 15: aus: Krämer, W., 20 Jahre Ausgrabungen in Manching, S. 290, Abb. 2 in: Römisch-Germanisches Zentralmuseum zu Mainz, Ausgrabungen in Deutschland, Teil 1, Verl. des Museums, Mainz, 1975

Abb. 16: aus: Menghin, W., Frühgeschichte Bayerns, Konrad Theiss Verl. Stuttgart, 1990, Tafel 46a (Prähistorische Staatssammlung München) und 46b (Römisches Museum Augsburg)

Abb. 17: aus: Agricola Georg, Vom Bergkwerck XII Bücher, Getruckt zu Basel durch Jeronymus Froben und Niclausen Bischoff im 1557. jahr mitt Keiserlicher Freyheit, S. CCLXXII

Abb. 18: aus: Grasser, W., Bayerische Münzen, Rosenheimer Verl., 1980, S. 164 (Staatliche Münzsammlung München)

Abb. 19: aus: Agricola Georg, Vom Bergkwerck XII Bücher, Getruckt zu Basel durch Jeronymus Froben und Niclausen Bischoff im 1557. jahr mitt Keiserlicher Freyheit, S. CCLIX

Abb. 20: aus: Waldhauser, J., Goldbergbau und Goldseifengewinnung in Böhmen von den Anfängen gegen Ende der Steinzeit bis zur Zeit der Völkerwanderung (5. Jahrhundert n. Chr.), S. 72, in: Verein der Freunde und Förderer des Bergbau- und Industriemuseums Ostbayern, Schloss Theuern -ed. –, Kat. d. Ausstellung »Gold im Herzen Europas«, Schriftenreihe des Bergbau- und Industriemuseums Ostbayern, Bd. 34, Druckhaus Oberpfalz, Amberg, 1996

Abb. 21: aus: Andreae, B., Römische Kunst, 4. Aufl., Herder Verl., Freiburg, 1982, S. 14, Abb. 3 (Konservatorenpalast, Rom)

Abb. 22: aus: Andreae, B., Römische Kunst, 4. Aufl., Herder Verl., Freiburg, 1982, S. 54/55, Abb. 20 (Staatliche Museen, Berlin)

Abb. 23: aus: Grimal, P., Römische Kulturgeschichte, Droemersche Verlagsanstalt Th. Knaur Nachf., München Zürich, 1961, S. 547, Abb. 187 (Editions Arthand, Paris)

Abb. 24: aus: Cunliffe, B., Die Kelten und ihre Geschichte, 5. Aufl., Gustav Lübbe Verlag, Bergisch Gladbach, 1995, S. 146 (Collection ESR Zürich, Fotograf: Leonard v. Matt)

Abb. 25: aus: Zanier, W., Neues zum Alpenfeldzug des Drusus im Jahr 15 v. Chr., S. 589, Abb. 2 in: Germania, Jg. 72, 2. Halbband, Verl. Philipp von Zabern, Mainz, 1994

Abb. 26: Foto: O. Förster

Register

Damit das Register nicht zu umfangreich wurde, sind folgende sehr häufig vorkommende Stichwörter *nicht* enthalten:
Alpen, Alpenvorland, Bayern, Druiden, Gallien, Gallier, Kelten, Latènezeit, Österreich, Römer, Rom.

Aare 53
Adia 168, 195
Aeneis 152, 178, 195
Afghanistan 187
Agatharchides von Knidos 101, 121 ff.
Agricola, Georg 77, 96
Ägypten 12, 14, 96, 101, 121, 164 f., 178 f., 182
Alaska 10, 22, 49
Alexandria 96, 175
Allia 157
Alluvionen 19, 123
Almaden 102
Altmühltal 70
Amalgam 43, 102, 115, 126 f., 140
Amazonas 10
Amerika 120
Ammer 201
Amper 15, 23, 25, 27, 29 f., 36, 44, 60 ff., 65, 69 f., 72, 75, 77 f., 188 f., 192, 201
Antiochus III., König von Syrien 160
Appian 165, 177
Aquileia 159
Arabien 121
Archimedes 43
Argonautensage 12
Aribert, Bischof von Freising 110

Asturer 185
Athahualpa, letzter Inka-Herrscher 39
Athenaios von Naukratis 101, 140
Äthiopien 121
Augsburg 72, 108, 192
-Oberhausen 189
Augustus, römischer Kaiser 146, 178, 181, 184 f., 190, 195
Australien 10 f., 44, 120
Auxiliarkohorten 193
Aventicum 202

Bajuwaren 109
Bayerischer Wald 40, 77, 104
Bodensee 184
Böhmen 10, 39 ff., 58, 102, 106, 110, 112 f., 131, 191
Böhmerwald 77
Boier 191
Bonanza Creek 21
Boudicca 196 f.
Brasilien 10, 15, 19
Bregenz 201
Breunen 190
Britannien 33, 59, 70, 106, 139, 146 f., 154, 171, 195 f., 201
Buren 11

Caesar 32 f., 84, 86 f., 92, 94, 137, 139, 146, 152 ff., 162–166, 168–179, 181 f., 184, 190 f., 195, 198, 203 f.
Calgacus 154
Caligula, römischer Kaiser 196
Calvin 96
Camulodunum 196 f.
Cantabrer 185
Cassius Dio 182, 193
Cassivellaunus 171, 195
Cato 176
Cibola, die sieben Städte von 95
Cicero 14, 145, 149
Claudius, römischer Kaiser 146, 196
Conquista 12
Cortez, Hernán 164
Crassus 163 f.
Critognatus 154

Dacia 197
Dalmatia 195
Dawson City 11, 21 f.
Delphi 59
Dictator 158, 176
Diodor 32, 130 f., 159, 172, 180
Discovery Creek 21
Divieiacus 146
Donau 10, 44, 48, 50, 52 f., 68 f., 82, 87 f., 94, 109, 118, 180, 195
Drusus 185 f., 189 f.
Durius 159

Eisen-Tagebergbau, keltischer 71 f.
Eldorado 10, 12, 14, 95, 180 f., 185 f.
Elektrum 43
Emme 53, 201
England 120
Epfach 189
Erosion 35 f., 50
Etrusker 79, 157, 181

Feuersetzen 121, 129
Fire Assay 100 f., 140
Flussregulierungen 44
Frankreich 59, 131, 169

Galater 199
Galizien 199
Gallia Cisalpina 168, 181
– comata 174, 184
– Narbonensis 168
– Transalpina 168 ff., 173
Genaunen 190
Germanen 94, 146, 169, 184, 186, 194, 199, 202
Germering 71
Gimbutas, Marija 51
Goldadern 35
Goldblattkreuze 109
Goldenes Vlies 12
Golderz 41, 101 f.
Goldhaltige Erde 123 f.
Goldkronach 112
Goldseifen 35 f., 46
Goldwäsche 10, 25 f., 29 f., 77, 108 ff., 112–116, 118 ff., 131, 139 f.
Gold Affinierung 47
   Bergbau 30, 47, 71 f., 109 f., 112 f., 121, 126 f., 130 f.
   Berggold 41, 122 f., 126, 166, 185
   Donaugold 118
   Feingehalt 43
   Flussgold 28, 53, 75, 106, 115, 117 f., 120, 123
   Inngold 118
   Isargold 44
   Karat 43 f.
   Legierungen 43
   Nugget 41
   Reinigung 42, 103
   Rheingold 115, 119 f.
   Seifengold 34

Register

Tagebergbau 11, 47, 65, 67f., 70–74, 200
Waschgold 65, 114ff., 159, 166
Griechenland 84, 160
Großbissendorf 40

Haeduer 171
Hallstatt 53, 60
Hekataios von Milet 48, 57
Helvetier 101, 169f., 202f.
Herkynischer Wald 180
Hermes Trismegistos 96
Herodot 48, 57
Hesiod 158
Hispania ulterior 163f.
Hochäcker 69f.
Horaz 160, 178, 190f.

Icener 196
Iller 44
Illyricum 168
Indochina 187
Inka 12, 39
Inn 44, 53, 68f., 118
Irland 59, 70, 197ff., 201
Isar 40, 44, 68f., 118, 200
Italien 84, 72, 92, 174, 180ff.
Iuno Moneta 157
Iupiter 157, 179

Kaiserstuhl 110
Kalifornischer Goldrausch 10, 120
Kanada 11, 21f.
Kapitol 157, 166
Karat 43f.
Karl Ludwig, pfälzischer Kurfürst 115
Karthager 159, 199
Karthago 81, 159f., 199
Kaspisches Meer 51, 53
Kelheim 87
Keltenstraßen 56, 189

Kempten 201
Kent 171
Kimmerier 52, 198
Kleopatra 165
Klondike 11, 21f., 36
Königswasser 42, 98
Kreuzzüge 59
Kupellation 100, 102
Kurgan 51
Kurpfalz 115

Langobarden 109
La Tène 59
Latium 160
La Turbie/Monaco 186
Lech 44, 68, 189, 200
Lena 36
Lex Oppida 157
Livius 151, 156ff., 181
Llyn Cerrig, Schatzfund von 146f.
Loisach 118
Londinium 197
Ludwig das Kind, ostfränkischer König 110

Main 53, 68f., 112
Manching 87f., 104, 192, 204
Marc Aurel, römischer Kaiser 202
Mars 157, 176
Massalia 180
Massif Central/Frankreich 131
Maximilian I., Herzog von Bayern 114
Maximilian II., König von Bayern 120
Maximilian III. Joseph, Kurfürst von Bayern 31, 118
Memmingen 67
Meyer, Eduard 173
Midas, phrygischer König (Sage) 12
Mithridates VI., König von Pontos 153

Moesia 195
Molasse 26, 36, 45, 71
Mommsen, Theodor 163
Mona 146, 196 f.
Montezuma, letzter Aztekenherrscher 164
Munatius Plancus, Lucius 184
München 25, 44, 62, 118
Münzprägung, keltische 81
Münzschätze, keltische 82 f.

Napf 53
Narbo 168
Naue, Julius 62
Nero, römischer Kaiser 147, 196
Neuenburger See 58
Nome 10
Nordirland 147
Noricum 184 f., 202
Nostradamus 96
Nubien 121

Oberammergau 186
Oberitalien 58, 126, 159, 168, 170, 181, 184
Oberösterreich 53
Octavian s. Augustus
Ophir 12
Oppidum 84–88, 90, 94, 192
Ostfrankreich 58
Otava 131
Otto I., römisch-deutscher Kaiser 110
Ovid 158, 178

Palatin 149
Pannonia 195
Patrizier 151, 160
Perfall, Freiherr von 30, 118 f.
Perseus, König von Makedonien 160
Philipp II., König von Makedonien 12

Philipp II., König von Spanien 96
Philippinen 11
Phönizier 106, 159
Phraates III., parthischer König 153
Pizzarro, Francisco 12
Plautius, Aulus 196
Plebejer 151, 164, 168
Plinius d. Ältere 38, 77, 84, 102 f., 123 f., 126, 140, 145, 160, 174
Plutarch 163, 165
Po 159, 181
Polybios 32, 59, 169, 180
Pompeius 165, 169, 175
Pongau 110
Portugal 59, 199
Poseidonios von Apameia 32, 101, 168 f., 172
Prasutagus 196
Properz 179
Provinzen, imperatorische 182, 195
–, senatorische 182
Ptolemäer 178
Ptolemaios XII., König von Ägypten 165
Pyrenäen 159, 180
Pythagoras 137
Pytheas von Massilia 32

Raeter 184 f., 189, 191
Raetia 193 f.
– et Vindelicia 193
Raetien 108, 190, 202
Regenbogenschüsselchen 41, 82, 88, 191
Reihengräberfelder, bajuwarische 109
Rhein 10, 46, 53, 110, 117 f., 201, 204
Romulus und Remus 148 f., 151
Ross, Anne 56, 70, 138
Rubinglas 104
Rumänien 197

Sabinerinnen 151
Salasser 184
Sallust 153
Salomon, biblischer König 12
Salzach 44 f., 53, 110, 185, 201
Salzburg 110, 113, 192, 202
Schöngeising 15, 25, 27, 60 ff.,
  64–67, 72, 77 f., 192
Schottland 154, 198, 201
Schwaben 68
Schwarzes Meer 51, 195, 198
Schweiz 10, 50, 53, 58, 112, 169 f.,
  200, 202
Skythen 12, 14, 52, 180, 197 f.
Slowenien 53, 103
Spanien 59, 84, 96, 102 f., 113, 126,
  130, 159, 163, 165 f., 185
Strabo 32, 77, 110, 169, 172, 182,
  193
Straubing 201
Südafrika 11, 15, 44
Sueton 33, 146, 165, 170, 172
Suetonius Paullinus 147, 196 f.

Tacitus 37, 147 f., 154, 197
Tauern 45, 53, 110
Terminus 178
Tertiär 26, 36
Thracia 195
Thraker 52, 197 f.
Thüringer Wald 112
Tiber 150
Tiberius 185 f., 189 f.
Tibull 179
Timaios von Tauromenion 32
Tolosa 168
Torques 79 f., 142

Traun 53
Traven, Bruno 38
Tropaeum Alpinum 186
Tschechien 53
Tschetschenien 187

Ungarn 53
Urnengräber 51

Velleius Paterculus 187, 189 f.
Venedig 107 f.
Venediger/Venezianer 106 f.
Veneter 181
Venus 176
Vercellae 126, 159
Vergil 152, 155, 158
Vergina 12
Verne, Jules 38
Verulamium 197
Via Claudia Augusta 189
Victumulae 159
Viereckschanzen, keltische 27, 66 f.,
  84 f., 192, 200, 203
Vindelicer 88, 189 ff., 192 ff.
Völkerwanderung 108, 199

Wachsausschmelzverfahren 87
Wertach 118
Wicklow Mountains/Irland 139, 198
Wilhelm V., Herzog von Bayern
  114
Windach 30, 44, 118 f.
Witwatersrand 11, 36

Yukon 10 f., 22

Zaire 18 f.

PEKING 1900: EIN AUFSTAND ERSCHÜTTERT DIE WELT

Explosionsartig entladen sich 1900 durch den Aufstand der fremdenfeindlich gesinnten Boxer die Konflikte zwischen dem chinesischen Kaiserreich und den Großmächten, die China unter sich aufteilen wollen. Gestützt auf Augenzeugenberichte und mit sicherem Blick für anschauliche Details erzählt Diana Preston die dramatische Geschichte dieser Rebellion, die das schwierige Verhältnis Chinas zum Westen und das arrogante Verhalten der ausländischen Mächte bezeugt.

Diana Preston
Rebellion in Peking
Die Geschichte des Boxeraufstands
448 Seiten, gebunden
DM 44,– / € 22,80
ISBN 3-421-05407-X

DIE TRAGÖDIE AM SÜDPOL – MITREISSEND ERZÄHLT

Wie der Untergang der Titanic zählt das Scheitern von Robert F. Scotts Expedition zu den großen Tragödien des beginnenden 20. Jahrhunderts. Sie haben bis heute nichts von ihrer Dramatik eingebüßt.

»Eine atemberaubende Lektüre, die den Leser noch nach der letzten Seite frösteln läßt«
The Courant

Diana Preston
In den eisigen Tod
Robert F. Scotts letzte Fahrt zum Südpol
336 Seiten, gebunden
DM 49,80 / € 25,–
ISBN 3-421-05353-7

DVA
www.dva.de